Norbert ALTER

LA GESTION DU DÉSORDRE EN ENTREPRISE

Nouvelle édition augmentée

L'Harmattan
5-7, rue de l'École Polytechnique
75005 Paris - FRANCE

L'Harmattan Inc.
55, rue Saint-Jacques
Montréal (Qc) - CANADA H2Y 1K9

Collection Logiques Sociales
fondée par Dominique Desjeux
et dirigée par Bruno Péquignot

En réunissant des chercheurs, des praticiens et des essayistes, même si la dominante reste universitaire, la collection *Logiques Sociales* entend favoriser les liens entre la recherche non finalisée et l'action sociale.
En laissant toute liberté théorique aux auteurs, elle cherche à promouvoir les recherches qui partent d'un terrain, d'une enquête ou d'une expérience qui augmentent la connaissance empirique des phénomènes sociaux ou qui proposent une innovation méthodologique ou théorique, voire une réévaluation de méthodes ou de systèmes conceptuels classiques.

Dernières parutions

Isabelle de LAJARTE, *Du village de peintres à la résidence d'artistes*, 1999.
Brigitte LESTRADE, *Travail temporaire : la fin de l'exception allemande*, 1999.
Michel VERRET (avec la coll. de Paul Nugues), *Le travail ouvrier*, 1999.
Isabelle PAPIEAU, *La comtesse de Ségur et la maltraitance des enfants*,1999.
CHATZIS, MOUNIER, VELTZ & ZARIFIAN, *L'autonomie dans les organisations. Quoi de neuf ?*, 1999.
Jacques LEENHARDT et Pierre JÓZSA, *Lire la lecture*, 1999.
RAMÉ Sébastien, *L'insertion professionnelle et sociale des néo-enseignants*, 1999.
Chryssoula CONSTANTOPOULOU (ed.), *Altérité, mythes et réalités*, 1999.
Anne-Marie DIEU, *Valeurs et associations entre changement et continuité*, 1999.
Thierry FILLAUD, Véronique NAHOUM-GRAPPE, Myriam TSIKOUNAS, *Histoire et alcool*, 1999.

Précédente édition, 1993
© L'Harmattan, 1999
ISBN : 2-7384-8171-X

Mes remerciements vont aux personnes interviewées pour réaliser cet ouvrage. Elles m'ont souvent aidé, par leur volonté de comprendre, à aller au-delà de mes hypothèses.

Laïs Bastos Passarelli, Tom Dwyer, Nelly Mauchamps, Menahem Rosner et Céline Saint Pierre m'ont accueilli à l'étranger. Qu'ils trouvent ici l'expression de ma sincère amitié.

Les collègues et amis du Laboratoire de Sociologie du Changement des Institutions, et ceux du Laboratoire de Sociologie du Travail et des Relations Professionnelles retrouveront ici bon nombre de références à leurs travaux : ils permettent aujourd'hui de penser l'entreprise autrement et de s'y repérer.

France Télécom et le Département « Hommes, Technologies, Travail » du Ministère de la recherche ont su considérer ce détour réflexif comme un « investissement ». Certains ont bien voulu discuter avec sympathie les élaborations de cette réflexion. Je pense en particulier à Christian Dubonnet, Dominique Martin, Renaud Sainsaulieu, Denis Segrestin, Emmanuèle Reynaud, Jean-Daniel Reynaud et Pierre Strobel. Ils ont concrètement participé à l'idée finalement défendue ici. Je les en remercie et très sincèrement.

Du même auteur

La bureautique dans l'entreprise. Les acteurs de l'innovation, Éditions Ouvrières, Paris, 1985.

Informatiques et management : la crise (en coll.), La Documentation Française, collection IDATE, Paris, 1986.

Le manager et le sociologue (en coll. avec Christian Dubonnet), L'Harmattan, Paris, 1994.

Sociologie de l'entreprise et de l'innovation, PUF, Paris, 1996.

PRÉFACE À LA TROISIÈME ÉDITION

Lors de la première édition de ce livre, en 1990, j'avais mis en évidence le rapport étroit entre les capacités d'innovation des entreprises et leur "désordre", leur déficit de régulation sociale. Depuis cette date, le désordre s'est accru. Les acteurs des entreprises n'ont pas trouvé le repos que leur aurait procuré une nouvelle configuration de l'entreprise, un ordre social stable et légitime.

Les règles ne sont donc pas plus claires. Au contraire, tout le monde se plaint du manque de repères, du caractère absurde de certaines décisions, des permanentes contradictions dans les politiques de management, des effets dévastateurs des politiques de l'emploi, de la crise du sens de l'ensemble humain que représente l'entreprise. Parallèlement, de plus en plus d'acteurs se mobilisent dans le sens de l'innovation, que celle-ci soit un moyen de contester l'ordre antérieur ou qu'elle représente la tentative de définition d'un ordre modernisé. De plus en plus baissent également les bras, parce qu'ils se lassent de l'effort et de l'anxiété que représentent le changement permanent, l'impossibilité de savoir de quoi demain sera fait.

Les dix dernières années de recherche sur le fonctionnement des entreprises convergent dans ces perspectives. Les sociologues utilisent ainsi le terme de "changement permanent" ou de "modèle de la crise", les psychologues celui de "créativité" ou "souffrance", les économistes celui de "dérégulation" ou de dynamique des "conventions" et les gestionnaires celui d'"incertitude" ou de processus. Tous ces termes signifient bien qu'il existe un rapport étroit entre l'innovation et le désordre, celui-ci étant autant un facteur de créativité et de renouveau que de destruction de l'ordre passé. De ce point de vue, l'innovation représente autant le bien et la vie que le mal et la mort. Elle est la simultanéité de ces deux dimensions.

J. Schumpeter (1912) avait parfaitement identifié, au plan économique, cette situation. Selon lui, l'innovation correspondait à un processus de "destruction créatrice". Création puisque ce processus est le moyen faire naître de nouvelles combinaisons entre les différentes ressources économiques et organisationnelles d'une entreprise ou d'un marché. Destructrice parce que cette élaboration nouvelle suppose de se défaire des combinaisons antérieurement élaborées. Cette définition, tirée vers une perspective sociologique, permet de comprendre que l'innovation est l'occasion de l'émergence de rationalités et d'acteurs nouveaux mais qu'elle représente un "coût" : celui de la destruction des régulations sociales antérieures. Plus encore, l'émergence des logiques d'innovation entre en conflit avec l'ordre établi antérieurement. Le processus d'innovation, du point de vue collectif et du point de vue individuel, représente cette rencontre tumultueuse.

Elle s'articule selon quatre dimensions, dont chacune fait l'objet de cette préface :
- la complémentarité antagonique entre logique d'innovation et d'organisation ;
- le milieu social semi-clandestin de l'innovation ;
- l'ambiguïté des relations entretenues : entre don et calcul ;
- les effets de lassitude des acteurs par rapport au processus vécu.

1. L'irréductible antagonisme entre organisation et innovation

Toute organisation a pour but de programmer, de coordonner et standardiser les activités de travail ; sa mise en œuvre consiste donc en une réduction des incertitudes du processus de production. A l'inverse, l'innovation a pour but de transformer les relations entre les différents éléments du processus de production et du rapport au marché; sa réalisation repose sur une capacité de réaction, de créativité, de transformation des règles, une capacité à tirer parti des incertitudes. Ces deux logiques sont bien évidemment complémentaires, mais elles sont également antagoniques.

1.1. Ford et Schumpeter

L'organisation scientifique du travail repose sur l'analyse des tâches et leur décomposition en unités élémentaires. Elle permet de définir avec précision les contours des activités "rationalisées" à effectuer en excluant systématiquement les initiatives des opérateurs. Celles-ci, en effet, perturbent, selon Taylor, le déroulement optimal des opérations ; elles ne sont utiles que lorsque l'organisation n'est pas scientifiquement réglée.

A des degrés variés, cette recherche de réduction de l'incertitude existe également dans les autres formes d'organisation. Que ce soit l'organisation matricielle (qui s'appuie sur une très fine répartition des niveaux de compétence), le management participatif (qui élargit l'espace et les moments de la participation), le modèle "flexible japonais" (qui repose sur une recomposition du travail), la "gestion par projet" (qui consiste à redéfinir l'organisation en fonction du type de produit à réaliser), toutes ces formes d'agencement des rapports sociaux de travail ont bien pour but de réduire l'incertitude par la "programmation" : trouver les modalités de production et de coordination qui, à l'avance, permettent de définir les activités des uns et des autres.

Ceci ne signifie pas que toute organisation est taylorienne, mais plus simplement que toute organisation a pour finalité de prévoir et d'optimiser les ressources disponibles à un moment donné, et qu'elle élabore pour ce faire un "programme rationnel". En intégrant à ces données la technologie du convoyeur à bande (la chaîne) ainsi qu'une conception globale de l'économie fondée sur la production de masse, H. Ford a élaboré une conception de l'organisation et de son rapport à la société que rien ne semblait devoir changer.

Ça n'est que récemment, à la fin des années quatre-vingt, que la sociologie du travail et l'économie ont progressivement accepté l'idée que les pays développés et leur organisation de travail changeaient globalement de modèle et se tournaient vers l'intégration de l'innovation, et donc de l'incertitude dans les processus de production. L'innovation se programme en effet mal. Plus encore, elle se développe dans les espaces non encore programmés de l'entreprise ou de son marché. Revenons aux travaux classiques concernant la définition de l'innovation.

J. A. Schumpeter (1912) distingue l'invention (la réalisation d'une nouvelle ressource pour l'entreprise), de l'innovation (l'intégration de cette nouvelle ressource dans un bien mis sur le marché). Il définit également l'innovation comme le passage d'une invention au marché, comme l'ensemble des activités consistant à transformer une idée en objet commercialisable. Mais surtout, l'auteur présente l'innovation comme la réalisation de combinaisons nouvelles entre les différentes ressources de l'entreprise : méthodes de production, marché disponible, organisation de l'entreprise, matières premières ou produits semi-finis. Cette lecture, d'une nature et d'un niveau dépassant le cadre des organisations, est pourtant bien utile pour comprendre les processus analysés ici.

L'auteur montre en effet que la réalisation de ces combinaisons nouvelles repose sur l'activité spécifique d'agents économiques, les "entrepreneurs" ; ceux-ci sont suffisamment indépendants des contraintes économiques immédiates pour prendre les risques nécessaires pour dépasser la "routine", l'articulation élaborée à un moment donné des ressources de l'entreprise. Ces entrepreneurs ne sont pas nommés, désignés ou identifiés comme tels a priori : ils agissent indépendamment de leur position dans l'organisation ou dans le circuit économique : ils peuvent appartenir au milieu des actionnaires, des experts, voire de l'Etat, mais se caractérisent tous par leur capacité à assurer une "destruction créatrice" consistant à renouveler l'appareil économique en traquant l'"ancien" au profit du "nouveau".

Cette action se heurte aux résistances des "exploitants", les hommes de l'organisation en place, pour trois types de raisons :
- "objectives", car la réalisation de la production suppose de définir des prévisions et de s'y tenir de manière stricte ;
- "subjectives", car la réalisation d'une innovation suppose d'imaginer de nouvelles normes, tant sur le plan des relations que sur celui des rendements ;
- "sociales", car les relations entretenues par les innovateurs avec les autres acteurs s'apparentent plus à des luttes d'influence qu'à une alliance immédiate pour le projet.

Selon Schumpeter, l'action d'innovation n'est donc pas seulement définie dans une perspective économique : il faut associer à l'élaboration de combinaisons nouvelles l'opposition entre risque et routine ainsi que le conflit entre nouvelles et anciennes normes de production. Mais, de manière plus globale, l'innovation "dérange" parce qu'elle se fonde sur du "coup d'oeil et de l'intuition" ainsi que sur une capacité à transgresser les règles établies, et du même coup, à être non prévisible.

1.2. Les vertus du bricolage

Comment les entreprises parviennent à intégrer simultanément organisation et innovation ? Les auteurs sont quasi unanimes sur la réponse : l'innovation se développe sous une forme peu codifiée, dans des services peu structurés et selon des modalités mal prévues, voire non prévues.

Les travaux classiques du domaine mettent bien en évidence ce phénomène (cf. par exemple Burns et Stalker (1961) ou Lawrence et Lorsh (1969). Dans ces deux recherches, on constate que l'innovation s'adapte mal à l'organisation, quelle que soit la nature de celle-ci : l'innovation se développe par "différenciation", en s'écartant du modèle organisationnel général, utilisé comme référence pour identifier les obligations des uns et des autres et agir en "intégration".

Si l'innovation s'intègre aussi mal dans un quelconque giron institutionnel, malgré les expériences répétées des entreprises et les nouvelles formes d'organisation développées par le management, c'est essentiellement parce qu'on ne peut prévoir à l'avance la manière dont elle va se dérouler. Il existe bien sûr des principes, étapes et modalités régissant sa mise en oeuvre. Mais l'observation montre que bizarrement, l'innovation correspond à un phénomène économique sur lequel sont réalisés de nombreux investissements, mais à propos duquel on agit nécessairement en partie à l'"aveuglette" : on ne dispose initialement pas de l'ensemble des informations permettant d'effectuer un choix définitif, et encore moins un "choix rationnel".

2. Apprentissage collectif et transgression des règles

On connaît bien aujourd'hui la notion d'apprentissage organisationnel, développée initialement par C. Argyris et D. Schön, puis reprise en France par les chercheurs en gestion (cf. par exemple C. Midler, op. cit., ou A. Hatchuel et B. Weill, 1992) : il s'agit d'une analyse économique et cognitiviste des comportements collectifs permettant l'intégration de connaissances nouvelles dans la mise en oeuvre du fonctionnement des organisations. On connaît moins bien l'idée d'apprentissage collectif (cf. par exemple M. Crozier et E. Friedberg, 1977 ; N. Alter, 1990) qui consiste à analyser les modifications du système de relations sociales (stratégique ou culturelle) des acteurs pour comprendre la façon dont ils parviennent à travailler autrement. Cette approche permet pourtant de bien comprendre (au sens de la compréhension weberienne) ce qui oppose les deux logiques identifiées, celle de l'organisation et de l'organisation.

La détaylorisation n'est pas, ou pas seulement, le résultat de choix organisationnels directoriaux eux-mêmes guidés par l'augmentation de la pression de la concurrence. Ce mouvement est aussi le résultat de la rencontre entre les deux logiques décrites, celle de l'innovation pouvant être présentée comme celle "d'innovateurs". Ces innovateurs disposent d'une compétence de nouveaux professionnels" (H. Kern et M. Schumann, 1986 ; N. Alter, 1985) : il savent traiter des tâches complexes en univers incertain, ce savoir n'étant pas codifié mais tiré de l'expérience et de l'appartenance à un réseau de pairs.

2.1. L'incertitude comme facteur de compétence

Le temps et l'énergie spontanément consacrés à l'optimisation d'un système technique, à l'élaboration d'une stratégie commerciale adaptée, ou à un procédé de fabrication nouveau sont un investissement : un effort permettant d'acquérir un capital professionnel en vue d'obtenir ultérieurement une capacité stratégique. Cet investissement représente donc le moyen d'inventer une source de compétence et d'autonomie. Il permet, dans un deuxième temps, de jouer, en acteur, dans le système social. Il s'agit d'une "création de ressources stratégiques".

Prenons l'exemple des cadres d'une même banque. Dans le service international de la bourse, ils prennent des positions à risques conçues comme "irresponsables" par le siège. Ils se mettent en cheville avec les clients pour demander un "accord préalable" à la place de "l'accord d'office" préconisé par le siège. L'accord préalable nécessite de demander l'autorisation du client avant de passer des ordres en bourse ; il nécessite également l'élaboration d'une stratégie financière spécifique au portefeuille ; il permet donc de se référer aux souhaits du client. Il devient alors possible de court-circuiter la politique du siège : celle-ci tend à standardiser les décisions en demandant aux clients de donner leur accord d'office. Cette méthode est la seule permettant de personnaliser la relation entreprise/client et de mettre en lumière la légitimité des actions des innovateurs et la valeur de leur professionnalisme.

Ces situations, régulièrement répétées, donnent à l'entreprise son caractère mobile et sa capacité à se transformer, alors que les jeux défensifs (M. Crozier, 1963 ; M. Crozier et E. Friedberg, 1977) contribuent à verrouiller les systèmes bureaucratiques. Le changement de logique reflète une profonde transformation : les acteurs jouent autrement parce qu'ils trouvent d'autres moyens pour exercer leur propre rationalité et celle de l'entreprise.

Dans les situations d'innovation, les acteurs parviennent à modifier les contraintes de l'organisation pour "inventer" de nouvelles formes de pouvoir. Faute de règles d'organisation solidement structurées, les nouveaux professionnels définissent en effet leurs ressources par itération, en fonction de leur champ d'investigation du moment et des sources de pouvoir qu'ils peuvent en dégager. Ils inventent leurs ressources, au même titre que des procédures, pour parvenir à jouer.

2.2. La récurrence des séquences d'apprentissage

Ce sont ces transformations des représentations (C. Giraud, 1992) et des valeurs (R. Sainsaulieu, 1977) qui expliquent fondamentalement le jeu des acteurs. Il peut régulièrement être observé selon une perspective diachronique en trois temps : incitation à l'innovation ; appropriation de l'innovation ; institutionnalisation de l'innovation. Dans les faits, les positions de jeu évoluent au rythme des actions réciproques et des transformations culturelles :

- la phase A, celle de l'incitation à l'innovation voit les directions être les seules porteuses de l'innovation ; à ce moment les innovateurs résistent parce qu'ils ne distinguent pas encore les façons de tirer parti de ce changement ; les légalistes résistent également car le changement de règles du jeu leur semble modifier, à leur désavantage, l'ordre établi ;

- la phase B, celle de l'appropriation fait apparaître une profonde transformation ; dorénavant les directions "laissent faire" les innovateurs qui sont les seuls à pouvoir donner sens au projet initial, en le déformant ; ils deviennent donc les "pilotes de l'innovation" ; de leur côté, les légalistes renforcent leur stratégie de résistance, les avancées des innovateurs représentant à leurs yeux le bien fondé de leur conception conservatrice ;

- la phase C, celle de l'institutionnalisation, met en évidence une nouvelle mutation: les directions reprennent en main l'innovation, et elles sont activement aidées pour ce faire par les légalistes qui, faute de pouvoir préserver l'ordre social antérieur, s'efforcent d'en construire un nouveau, dans lequel les règles retrouveraient leur force ; à l'inverse, les innovateurs, à ce moment du processus, deviennent "résistants" car ils perdent une partie du territoire conquis antérieurement.

Cette lecture diachronique met en évidence la versatilité des acteurs par rapport à une innovation : ils définissent leur comportement non par rapport à une conception stable de leur "rôle social" ou de leur "position d'acteur" mais par rapport à l'état stratégique et culturel de leur situation à un moment donné. Ce fait a une importance sur au moins deux plans :
- il signifie que l'innovation n'est pas le résultat de la seule action dirigeante, mais que celle-ci n'est pas pour autant étrangère à sa réussite ; les directions ne "décident pas" en la matière mais régulent, articulent et apprennent ; ceci est fondamentalement différent des analyses de l'innovation présentant l'action des entreprises comme totalement aveugles aux effets inattendus de leur action et ne sachant pas en tirer parti (M. Akrich, M. Callon, B. Latour, 1988) ;
- l'innovation n'est alors ni le résultat d'une décision unilatérale, ni le résultat d'une action collective programmée, ni le résultat totalement inattendu de décisions, ni même un résultat relativement stable, quelle qu'en soit l'origine; l'innovation est une institutionnalisation, celle de pratiques collectives permettant à l'entreprise de se transformer.

2.3. Acteurs de l'efficience et acteurs de l'efficacité

C'est bien l'incertitude qui, in fine, apporte la compétence et l'autonomie ; les acteurs de l'innovation tirent donc parti de manière stratégiquement avantageuse des technologies ouvertes et contribuent à les inventer. Ces dimensions stratégiques ne sont pas erratiques. Elles sont soutenues par des logiques économiques de l'innovation qui supposent l'acceptation et le traitement de l'incertitude. Elles ne peuvent être ni programmées ni élaborées selon les critères classiques de l'économie : il faut y intégrer la notion d'apprentissage, l'agent devant intégrer progressivement des informations dont il ne dispose initialement pas.

Les innovateurs participent ainsi activement à la flexibilité de l'organisation et des techniques, à la "réactivité" (la capacité collective à saisir une opportunité de marché, selon les termes du management), à la qualité et à l'adaptabilité des produits. Mais ces actions sont difficilement mesurables parce que leurs objectifs sont flous, changeants et contradictoires. Elles reposent sur les investissements immatériels, lesquels ne peuvent être rapportés à la productivité directe du travail : ils représentent une consommation intermédiaire de services que les outils de mesure de la gestion ne peuvent ni analyser, ni affecter avec précision.

L'efficience, la capacité à tirer un parti optimal des ressources disponibles est donc le critère essentiel de la légitimité des professionnels. Il s'agit bien d'une entente avec la logique économique de l'entreprise représentée par les directions. Mais aucun des deux acteurs ne peut imaginer, identifier et définir le contenu de cette convention sans tenir compte de l'action de l'autre. La difficulté à reproduire cette donnée, à la standardiser, tient au fait qu'elle demeure une action de transgression puis d'institutionnalisation, pas suffisamment prévisible pour en faire une politique structurée.

On comprend mieux ici l'intérêt des pratiques d'institutionnalisation. L'efficience, par effet d'apprentissage collectif, laisse progressivement place à l'efficacité, à la capacité à atteindre les objectifs. La réduction de l'incertitude permet progressivement de planifier et d'organiser en termes de mesures claires et stables. Il existe une itération permanente entre ces deux formes de raison économique : parce que l'autonomie des innovateurs repose sur une conception "entrepreneuriale", au sens "aventure" que donne J. A. Schumpeter à ce terme ; et parce que les directions ont une conception managériale, qui suppose de tenir les deux bouts de la chaîne : innovation et organisation.

2.4. Apprentissage, action et institutionnalisation

L'institutionnalisation correspond ainsi en partie à une rationalisation. Mais l'institutionnalisation définit ses règles et son modèle de référence à partir des pratiques sociales, en les élevant au niveau formel ; elle agit ex-post. Au contraire, la rationalisation est généralement conçue comme une activité ex-ante, se définissant par rapport à une conception "scientifique" et linéaire de l'organisation.

L'institutionnalisation a pour objectif d'assurer un équilibre entre plusieurs acteurs et ne fait donc pas que transformer en loi des pratiques qui étaient de l'ordre de l'informel : elle réduit les incertitudes du cadre de leur exercice pour le rendre durable et prévisible
La gestion de l'innovation se fonde donc sur la création de nouvelles règles d'organisation. Cette création ne se réalise pas à partir de l'analyse préalable des "besoins" mais selon les réactions du corps social. Cette action correspond finalement à un apprentissage collectif. L'institutionnalisation n'est cependant qu'un moment de la régulation d'ensemble : elle est la règle à un moment donné mais pas durablement.

La permanence du mouvement tient à deux raisons. Chacune de ses phases correspond à une nouvelle association d'acteurs qui la trouvent légitime. L'institutionnalisation est ainsi partiellement un accord. Mais certains acteurs, dirigeants ou innovateurs, poussent toujours plus loin les limites de l'institution : ils ont découvert, au coeur du conflit, l'importance des espaces de jeu dont ils disposent. Ainsi, la micro-informatique contribue durablement à modifier le rapport des utilisateurs au système d'information d'ensemble et à la direction informatique ; ainsi, le développement d'une stratégie commerciale contribue à redéfinir durablement les places respectives de la production et de la vente dans l'entreprise.

3. La "communauté déchirée" et le don

Le processus décrit repose sur la mobilisation d'un acteur collectif, qu'on a appelé "innovateur". Il s'apparente aux "cosmopolites" (décrits par Merton) porteurs de la diffusion de l'innovation parce que disposant de moins de contraintes normatives que les populations établies ; il s'apparente également aux professions et corps de l'Ancien Régime (tels que décrits par Sewell) porteurs de solidarité et, simultanément de luttes intestines.

3.1. Les réseaux et les règles

De manière générale, toute théorie de l'innovation repose sur une analyse en termes de réseaux ; M. Callon et B. Latour rendent parfaitement compte de cette perspective. Concernant le fonctionnement des organisations, on peut présenter les choses de manière spécifique : d'une série de fonctions scientifiquement articulées, ou tendant à l'être, la logique d'innovation se définit par l'émergence de principes structurants fondés sur une conception commune du métier. Il s'agit d'une "déréglementation" de l'organisation, qui se traduit par un passage progressif des formes organisationnelles classiques vers des réseaux (E. Lazega 1992).

L'existence de ces réseaux ne peut être confondue avec "l'organisation en réseau" développée dans certaines entreprises : les réseaux sont une construction des innovateurs. Ils servent l'efficacité de l'entreprise, mais ils sont aussi le résultat d'une stratégie collective. Ces réseaux sont toujours, au moins à un moment donné, subversifs :
- ils sont partiellement informels, et parfois clandestins ; par exemple la messagerie électronique est souvent utilisée sous forme de "collèges invisibles" de collègues qui trouvent dans ce média un moyen de renforcer leur réseau en

transgressant les règles de transmission formelle de l'information ;

- ils représentent un système d'alliance au moins autant qu'un agencement organisationnel spécifique: ils transgressent les territoires institutionnels pour occuper ceux de zones où résident ses savoirs et ses alliances ;

- ils disposent de connaissances, de savoirs faire, qui appartiennent spécifiquement à la communauté qu'ils représentent.

3.2. L'univers du don

On sait que le renouveau de la théorie du don correspond à un échec relatif des théories strictement utilitaristes (cas de l'économie néoclassique) ou fondamentalement articulées sur l'idée de "convention et d'accord légitimes" (L. Boltanski et L. Thévenot) : ces deux perspectives butent en effet sur la compréhension de la coopération, entre les salariés et l'entreprise mais également à l'intérieur du groupe de ces mêmes salariés (N. Alter, 1996).

Cette perspective théorique éclaire la nature sociale de l'échange assurant la pérennité et l'efficacité de la rencontre entre les innovateurs.

Dans ce groupe, il existe un véritable code de bonne conduite à propos de l'échange de savoirs, de la clandestinité ou de la publicité des actions, du partage de la reconnaissance sociale. Par exemple dans les entreprises largement concernées par les transformations technologiques, le groupe assure concrètement la médiation entre les développements parfois excessifs réalisés par des bricoleurs de génie de leur groupe et la capacité d'absorption souvent étroite qu'en a l'institution. Les réalisations technico-organisationnelles réussies jouissent par ailleurs d'une large publicité. De même, avant de pouvoir jouir de l'autonomie et de la reconnaissance sociale locale apportées par leurs innovations, les acteurs doivent développer leurs applications de manière clandestine, cachée, pendant une ou deux années. Elles ne sont rendues publiques qu'à partir du moment où elles représentent une source d'efficacité suffisante pour contrebalancer celle des services centraux.

La réussite de l'action collective repose sur ce moment de clandestinité qui est aussi celui de la maturation stratégique : c'est à l'occasion de l'invention des usages, que les innovateurs découvrent progressivement les ressources de leur jeu et qu'ils tissent une sorte de fédération cachée.

Une qualité supplémentaire caractérise par ailleurs l'instrumentalité des relations telle que la décrit M. Liu (1981). Dans le milieu des innovateurs, où l'action collective est offensive et les connaissances instables, la "règle de la chaleur" dans les relations a pour fonction de permettre le soutien mutuel nécessaire à l'exercice d'activités professionnelles et stratégiques en situation de forte incertitude. Des actions de soutien mutuel à caractère affectif, amical et chaleureux s'exercent à l'occasion des moments difficiles de l'activité. Lors de situations techniquement ou socialement complexes, l'entraide et la coopération s'accompagnent souvent de convivialité car ces difficultés sont irréductibles à une obligation précise : elles supposent la manifestation de sympathie, de similitude des sentiments, pour être dépassées. De même, le soutien mutuel s'exerce à l'occasion des conflits avec l'extérieur : la communauté se constitue en "bande" ou en "groupe de soutien" pour affronter les rigueurs affectives imposées par la négociation et le conflit permanents dans les relations avec "les autres", groupes légalistes ou directions.

Le processus d'innovation repose en effet sur les incertitudes technico-organisationnelles citées. Mais celles-ci représentent également des situations d'anxiété, qui résultent de l'exercice de la prise de risque, de la mise en œuvre d'actions dont les résultats sont incertains. Le développement du soutien mutuel explique ainsi la capacité dont le groupe dispose en matière d'apprentissage de connaissances et de stratégie : c'est au cœur du conflit qu'il développe le mieux son activité de protection, de possibilité pour ses membres de fonctionner par essais/erreurs.

3.3. Le don calculé

La force du groupe des innovateurs reposerait donc sur la force des normes implicites de comportement et sur la loyauté : l'appartenance au "milieu" offrirait ainsi des atouts supplémentaires, et obligerait à "savoir se tenir", et souvent strictement. Mais l'échange social peut également faire l'objet de calculs, sans pour autant pouvoir être réduit à un échange économique (N. Alter, 1996).

Malgré les sanctions (en particulier l'exclusion) que le groupe peut infliger à ses membres, la trahison et l'infidélité se pratiquent, dans deux perspectives principales : tirer un parti individuel d'une opération menée collectivement ; passer à une position conformiste en valorisant les acquis collectifs dans un esprit opposé.

L'exercice de ces libertés n'est à l'évidence pas toujours le résultat d'un projet stratégique élaboré longuement, un projet rationnel. Une question reste cependant en suspens : dans la mesure où l'accès à une compétence de type innovateur passe par la participation à l'action collective décrite et que ce type de compétence peut être nécessaire pour faire carrière, ne peut-on imaginer que l'accès à des positions sociales élevées passe par ce moment de déviance constructive et qu'il soit effectivement conçu comme tel dès le départ ? Le meilleur moyen d'une stratégie individuelle n'est-il pas de tirer un parti individuel du bien collectif accumulé par la communauté ?

La réponse est à l'évidence négative pour les OS ou les ouvriers de métier, car dans ces communautés le bien collectif ne peut pas être dissocié du groupe pour trois raisons :
- le tour de main d'un ouvrier ne s'exerce pas en dehors de l'atelier ;
- la morale du groupe est stricte : un ouvrier syndiqué est (ou était) clairement "contre les patrons" ;
- la reconnaissance sociale se fait à l'intérieur du groupe : un ouvrier trouve peu de grâce en dehors du regard de ses pairs.

Pour les innovateurs, l'infidélité représente un lourd tribut mais pas autant que dans ces communautés ouvrières et pour deux raisons :

- le bien collectif peut être dissocié du groupe : l'innovateur d'un réseau commercial peut par exemple tirer parti de sa connaissance des pratiques de travail effectives de ce secteur pour devenir un bon contrôleur de gestion ou un spécialiste des opérations de marketing ;
- l'exercice de cette liberté s'appuie sur le caractère dual de l'organisation d'ensemble ; en sortant de la communauté des professionnels, l'individu sait pouvoir retrouver une inclusion ailleurs ; il y perdra ses amis mais retrouvera des alliés; l'exclusion est donc bien la sanction majeure de la faute mais modérée par le fait qu'il existe une inclusion de rechange.

La communauté des innovateurs a ainsi deux dimensions contradictoires : elle se fonde sur des valeurs et des normes de relation structurantes, elle est investie de relations affectives, chaleureuses, et même de rites spécifiques à l'esprit pionnier (petites fêtes, rencontres hors travail). Mais elle est aussi trivialement instrumentale et utilitaire : elle n'a rien d'une communauté reposant sur une éthique égalitariste.

Les enjeux majeurs des innovateurs, autonomie, reconnaissance sociale, influence sur l'organisation et sur l'entreprise, ne peuvent donc se réduire à une volonté collective de contrôler l'institution. Ils correspondent aussi à des enjeux à l'intérieur du groupe : ils sont l'objet de tiraillements incessants entre ses différents membres. Ceux-ci ont donc des objectifs et des capacités d'action collectifs, qui se manifestent par des solidarités fortes. Mais la culture n'a rien de fusionnel et de définitif : elle représente le moyen nécessairement commun de négocier avec l'institution.

4. La lassitude, le sujet et l'acteur

Lorsque les jeux sont mobiles et les positions instables, la réitération de l'investissement stratégique et identitaire conduit certains à se lasser de leur action : ils préfèrent retrouver un rôle, se soumettre à la contrainte plutôt que d'exercer un pouvoir qui suppose le recours constant à l'effort et au risque. Ce paradoxe théorique (du point de vue du concept d'acteur) est une évidence du point de vue de la pratique.

4.1. La faute et le contrôle

L'analyse diachronique de situations de travail montre ainsi une relation entre l'effort représenté par l'action stratégique et la position d'acteur : un faible investissement ne permet pas d'accéder à sa propre rationalité, un investissement trop lourd et continu conduit à y renoncer. L'exercice répété de rapports conflictuels amène au choix paradoxal d'un acteur qui décide de ne plus utiliser ses ressources. Il s'agit d'un renoncement et non d'une incapacité à agir, il s'agit d'un cantonnement volontaire dans un rôle.

Les écarts à la règle qui permettent une meilleure efficience dans l'utilisation d'une machine-outil ou dans le rapport entretenu avec un client sont également des fautes. Reprenons le déroulement logique d'une régulation de ce type. La faute permet d'améliorer la compétence en développant un espace de jeu. Pour développer leur capacité commerciale certains employés de banque trichent ainsi avec la loi ; ils dérégulent avant l'heure. Quelques exemples connus : à l'occasion d'un transfert de livret, ils arrangent les dates de valeurs pour que le client ne soit pas pénalisé ; ils acceptent de réaliser des prêts sans bénéfice pour garder la confiance du client ; ils réalisent des prêts interdits en déguisant leur objet ; ils trichent également avec les règlements internes pour des raisons comparables. Ces fautes présentent un caractère bien particulier sur le plan des rapports sociaux :

- elles sont rarement conçues par les innovateurs comme un élément de régulation, un ajustement de la règle aux pratiques (J.D.Reynaud, 1988) ; elles ne trouvent leur légitimité qu'après accord avec les directions ; et la régulation est parfois suffisamment lente pour être confondue avec la règle ;

- même si ces fautes font l'objet d'un accord implicite, elles peuvent être dénoncées par les garants de l'ordre, pour ajuster leur propre activité de régulation; dénoncer une faute et la sanctionner est ainsi un exercice subtil : il consiste à réduire la liberté de l'innovateur sans pour autant se défaire de sa coopération.

La faute augmente ainsi à première vue l'autonomie des innovateurs parce qu'elle élargit leurs espaces de jeu. Elle accentue également les capacités de contrôle pour les raisons décrites. De fait, elle accentue bien l'interdépendance entre les deux sources de régulation. Mais les effets sont dissemblables. Sur le plan du processus de travail, elle améliore la coopération. Sur le plan individuel et collectif, elle fragilise l'acteur parce qu'il est mis en situation de risque et de sanction négative.

4.2. L'acteur et le sujet

Cette position de travail ambiguë, ainsi que l'ambiguïté des relations entretenues avec les pairs, peuvent conduire à entamer profondément la capacité de participation active et critique des opérateurs. De plus en plus d'observations vont dans ce sens : elles constatent un affaiblissement de la pertinence du jeu social et même du sujet incorporé dans l'acteur.

La psychosociologie (N. Aubert et V. de Gaulejac, 1991) et la psychodynamique (C. Dejours, 1992) constatent des états de "souffrance" liés à la manipulation de l'identité des sujets au travail par les directions d'entreprises. On constate des états de nature comparable mais selon une perspective doublement différente. D'abord disciplinaire, mais ceci importe assez peu pour l'identification du phénomène, et aussi analytique, ce qui est plus important. L'idée générale est que les innovateurs sont autant prisonniers des chaînes qu'ils inventent que de celles avec lesquelles on les lie.

La demande d'évaluation provient souvent des acteurs de l'innovation ; elle n'est donc pas seulement un outil de contrôle mais un outil d'intervention des pouvoirs naissant sur le système social qui les porte. Les critères traditionnels ne permettent pas, en effet, de prendre en compte la valeur ajoutée par une organisation moins formaliste mais plus mobile. L'amélioration spontanée des relations commerciales avec fournisseurs et clients, la mise en œuvre de produits non programmés ou la perversion réussie d'une technologie ne participent d'aucun registre d'évaluation car ils ne sont pas définis comme des objectifs de l'organisation. Les innovateurs sont alors confrontés à l'obligation d'inventer ces registres. Les négociations directes avec les dirigeants vont souvent dans ce sens. Il s'agit de passer d'évaluations centrées sur la capacité à atteindre les objectifs d'un service, à d'autres, centrées sur la capacité à assurer la rentabilité de l'entreprise. Les innovateurs, s'ils doivent être considérés comme prisonniers de "l'emprise de l'organisation", sont donc des prisonniers volontaires.

La lassitude ne saurait donc être confondue avec celle du seul opérateur ou du sujet, même si ceux-ci sont bien un élément constitutif de l'acteur. Cette situation est le résultat d'un surmenage, mais le travail n'est ni imposé ni répétitif. Il ne s'agit pas non plus d'une "contrainte librement consentie". Il s'agit de l'invention d'une contrainte permettant de définir une légitimité, laquelle passe par la réalisation d'une charge de travail excessive. C'est un auto-surmenage.

Ces analyses mettent donc en évidence le caractère fondamentalement ambivalent de l'acteur organisationnel. Dans les situations d'innovation en tout cas, la liberté ne se réduit pas à exercer du pouvoir ; elle peut aussi consister à privilégier, au moins momentanément, le repos, et la situation de dominé, à la lutte et aux avantages qu'on en tire.

Ceci amène à une autre conclusion, dans une perspective sociologique. On peut accepter avec R. Boudon (1977) que les individus sont les "atomes logiques de l'analyse". Mais ils ont plus d'âme que les atomes de la matière. Ils peuvent donc choisir de se désintéresser de l'action pour retrouver un "rôle" leur permettant de se défaire des turpitudes de l'action.

Une dernière conclusion, du point de vue de la gestion, consiste à insister sur la situation pour le moins paradoxale des entreprises : faute de capacité à tirer parti de leurs déviants, elles risquent de les renvoyer au conformisme et de se retrouver elles-mêmes dans des routines limitant les possibilités d'innovation, la résistance devenant la logique dominante vis-à-vis du "changement".

BIBLIOGRAPHIE DES OUVRAGES CITES

Akrich M., Callon M. et Latour B., A qui tient le succès des innovations ? *Gérer et comprendre*, 1988, n°11 et 12.
Alter N, *La bureautique dans l'entreprise*, Les Editions Ouvrières, Paris, 1995.
Alter N., *La gestion du désordre en entreprise*, Paris, L'Harmattan, 1990.
Alter N., Innovation et organisation : deux légitimités en concurrence, *Revue française de sociologie*, 1993, XXXIV-2.
Alter N., La lassitude de l'acteur de l'innovation, in *Sociologie du travail*, 1993 n°4.
Alter N., *Sociologie de l'entreprise et de l'innovation*, Paris, P.U.F, 1996.
Amadieu J. F., *Organisations et travail. Coopération, conflit et marchandage*, Paris, Vuibert, 1993.
Aubert N. et de Gaulejac V., *Le coût de l'excellence*, Paris, Le Seuil, 1991.
Batifoulier P., Cordonnier L. et Zenou Y., L'emprunt de la théorie économique à la tradition sociologique : le cas du don contredon, *Revue économique*, 1992, n°5.
Boltanski L., et Thèvenot L., *Les économies de la grandeur*, Cahiers du Centre d'études de l'emploi, Paris, P.U.F, n° 31, 1987.
Boltanski L., et Thèvenot L., *De la justification*, Paris, Gallimard, 1991.
Burns T., et Stalker G.M., *The management of innovation*, Londres, Coriat B., *Penser à l'envers. Travail et organisation dans l'entreprise japonaise*, Paris, Christian Bourgois Editeur, 1991.
Crozier M., *Le phénomène bureaucratique*, Paris, Le Seuil, 1963 ; 1971.
Crozier M. et Friedberg E., *L'acteur et le système*, Paris, Le Seuil, 1977.
Dejours C., *Travail, usure mentale. De la psychopathologie à la psychodynamique du travai*l, Paris, Bayard Editions, réédition, 1993
Giraud C., *L'action commune*, Paris, L'Harmattan, 1993.

Lawrence P.R. et Lorsh J.W., *Adapter les structures de l'entreprise*, trad. fr., Paris, Les Editions d'Organisation, 1967 ; 1973.

Lazega E., Analyse de réseaux d'une organisation collégiale ; les avocats d'affaires, *Revue française de sociologie*, 1992, Vol. XXXIII-4.

Lazega E., Analyse de réseaux et sociologie des organisations, *Revue française de sociologie*, 1994, Vol. XXXV.

Liu M., Technologie, organisation du travail et comportement des salariés, in *Revue française de sociologie*, 1981, XXII-2.

Mauss M., *Sociologie et anthropologie*, Paris, P.U.F, 1950 ; 4ᵉ édition, 1968.

Merton R.K., *Eléments de théorie et de méthode sociologique*, trad. fr., Paris, Plon, 1949 ; 1965.

Midler C., *L'auto qui n'existait pas*. Management des projets et transformation de l'entreprise, Paris, Interéditions, 1993.

Padioleau J.G., *L'ordre social*, Paris, L'Harmattan, 1986.

Roy D., Quota restriction and Gold-Bricking in a Machine Shop, *American Journal of sociology*, 1952, Mars.

Sainsaulieu R., *L'identité au travail*, Paris, Presses de la FNSP, 1977.

Sainsaulieu R., (eds.) *L'entreprise, une affaire de société*, Paris.

Schumpeter J. A., *Théorie de l'évolution économique*, trad. fr., Paris, Dalloz, 1912 ; 1935.

Segrestin D., *Sociologie de l'entreprise*, Paris, Armand Colin, 1992.

Sewell W. H. Gens de métier et révolutions. *Le langage du travail de l'Ancien Régime à 1848*, trad. fr., Paris, Aubier Montaigne, 1980 ; 1983.

Touraine A., *La conscience ouvrière*, Paris, Le Seuil, 1966.

Norbert Alter
Juin 1999

PRÉFACE A LA DEUXIÈME EDITION

Depuis la première édition de cet ouvrage, en 1990, les différentes formes de chômage pénètrent le fonctionnement même des entreprises : avoir un emploi suppose aussi de parvenir à le garder. En 1993, peu de salariés s'investissent dans leur emploi sans penser à sa précarité. La précarité du travail et le chômage ne sont donc plus seulement des situations ; ce sont aussi des représentations du monde, un enjeu permanent qui interviennent directement dans les manières d'être, d'exécuter, de concevoir ou de diriger en organisation. Cet ouvrage, s'il devait être refait, tiendrait donc compte de ce contexte, la sociologie de l'entreprise n'étant plus indépendante de celle de l'emploi.

Pour le reste, l'ouvrage demeure d'actualité. Les travaux menés depuis ces trois ou quatre dernières années, par des sociologues, des psychologues et des gestionnaires convergent en effet largement avec les thèses présentées ici à propos de l'innovation.

L'entreprise apparaît ainsi comme un système ouvert : son rapport au marché et ses capacités d'apprentissage institutionnel la distinguent bien de bureaucraties traditionnelles. On passe ainsi progressivement d'une sociologie des organisations à celle de l'innovation, à la condition d'accepter l'idée "d'entreprise" et d'incertitudes économiquement légitimes.

Mais, simultanément, la gestion bute sur les processus d'innovation qui reposent sur l'apprentissage, lequel ne peut être géré selon des procédures et étapes précises. La rationalisation du travail, par le biais de l'institutionnalisation, représente alors une activité permanente d'accompagnement des pratiques inventives. C'est tout le contraire d'une grande décision fixant des règles du jeu stables selon une conception unilatérale de la logique économique.

L'entreprise ne saurait par ailleurs être confondue avec un acteur unique et homogène : elle est un équilibre des rapports sociaux internes, assuré par la légitimité des règles, moeurs et valeurs, par la force de leur légalité et, plus souvent, par une interaction entre les deux. Cet équilibre est durable parce qu'il correspond à un consentement majoritaire aux principes de vie régissant le fonctionnement de l'entreprise. Sous cet angle, l'entreprise peut donc effectivement être conçue comme une institution. Mais celle-ci n'embrasse pas la logique de l'ensemble des acteurs avec la même force.

L'autre perspective sociologique, abordée dans ce livre sous le thème de la "Lassitude de l'acteur" est également une source de convergence avec de nouveaux travaux concernant le "stress", la souffrance au travail. La capacité à innover peut en effet amener à une dilution des acteurs qui la portent. La fragilité de cette situation repose sur une incapacité du management : celle de tirer parti de sa déviance en la soutenant. On ne peut donc suivre les réflexions qui mettent en évidence l'intérêt du chaos en organisation : un système social n'a rien à voir avec un système biologique. En particulier parce que le premier est fondé sur l'intentionnalité, les projets et les désirs des acteurs, et qu'à force d'être bousculés ceux-ci peuvent sortir du "système".

Ces analyses mettent finalement en évidence le caractère fondamentalement ambivalent de l'acteur organisationnel. Dans les situations d'innovation en tout cas, la liberté ne se réduit pas à exercer du pouvoir. Elle peut aussi consister à privilégier, au moins momentanément, le repos, et la situation de dominé, à la lutte et aux avantages qu'on en tire. Ceci amène à une autre conclusion. Les individus sont les "atomes logiques de l'analyse". Mais ils ont plus d'âme que les atomes de la matière. Ils peuvent donc choisir de se désintéresser de l'action pour retrouver un rôle leur permettant de se défaire des turpitudes de l'action.

Mai 1993

INTRODUCTION

Ce livre développe une idée simple : l'innovation organisationnelle est toujours conflictuelle et jamais achevée. Elle est portée par des acteurs aux valeurs et aux stratégies contradictoires. Ces acteurs partagent l'idée de réussite de l'entreprise et d'efficacité ; mais ils donnent à ces termes un contenu différent.

Pour les uns l'innovation permet seulement de moderniser le processus de production. Pour les autres elle représente aussi l'occasion de participer à la définition du sens de l'entreprise.

La mobilité des produits et des procédés de fabrication, caractéristique majeure des entreprises contemporaines, amène simultanément à un bouleversement du paysage social : l'instabilité des savoirs et des enjeux, la mobilité des acteurs, des lois économiques et des sources de légitimité augmentent considérablement les incertitudes du fonctionnement.

Il est donc opportun de se poser deux questions. Peut-on programmer, ordonner l'innovation autour de règles et modes opératoires précis ? L'innovation ne suppose-t-elle pas d'accepter une part de désordre ?

Une expérience originale me conduit sans trop d'hésitation à prendre le parti intellectuel du désordre. Sociologue dans une grande entreprise pendant dix ans, pressé par les questions d'acteurs malmenés par la mobilité des structures, j'ai compris par la pratique, ce qui était théorisé ailleurs. Une entreprise dispose d'une direction qui définit les cibles de l'innovation, les objectifs et les moyens pour les atteindre. Cette direction dispose d'un pouvoir étendu, mais pas celui de définir et de contrôler les sources de l'innovation. Celles-ci sont une propriété du corps social dans son ensemble. La transformation de l'organisation apparaît alors comme le résultat d'une composition entre la volonté des dirigeants et le pouvoir dont dispose le « reste » de l'entreprise. La position de sociologue interne laisse ainsi entendre trop de confidences, voir trop d'arrangements entre les acteurs, de perplexités et d'hésitations partagées, pour croire que les décisions des uns soient douées d'une capacité à dicter unilatéralement l'action des autres, ou que la « raison » finit toujours par l'emporter.

L'analyse sociologique de situations d'autres entreprises, délibérément retenues pour leur caractère novateur, m'a convaincu que cette relative vacuité de la position dirigeante s'avère plus vraisemblable que l'inverse. Les hommes qui occupent cette position peuvent avoir d'immenses qualités. Mais ils ne sont pas pour autant extra-ordinaires. Ils n'ont à leur disposition qu'une capacité limitée à percevoir la totalité complexe des jeux sociaux. De même, les opérateurs des autres niveaux hiérarchiques imaginent souvent parfaitement l'enjeu que représente l'innovation, mais dans une perspective définie et limitée par leur propre logique.

La transformation de l'organisation se développe ainsi dans une sorte d'épais brouillard, les uns et les autres disposant de représentations limitées par leur position et leur expérience d'acteur. La clarté ne se produit qu'à l'occasion de la rencontre de ces deux logiques, laquelle s'effectue par tâtonnements et oppositions, réciproques et successifs, et non par l'exercice d'une quelconque suite d'activités logiquement calculées, programmées et prévues par l'une des deux parties.

Ces flux et reflux des capacités des uns et des autres amènent à découvrir, ou plutôt à vérifier que l'apparente stabilité des institutions cache souvent un désordre intérieur considérable. Ils convainquent également que les entreprises se trouvent tiraillées, au même titre que les acteurs qui les composent, entre deux tendances antagonistes : socialisation et stabilité d'une part, déviance et innovation d'autre part.

J'ai pris du temps et du recul, pour aller à l'étranger, mesurer l'intérêt de ces constats. J'ai écouté des collègues, analysé des situations de travail, discuté mes propres observations avec différents acteurs d'entreprises variées.

Je suis revenu de ces périples avec un sentiment confus : celui de disposer d'un moyen de comprendre les entrées et les sorties d'un système d'innovation, ses contraintes et ses résultats. Le système lui-même m'apparaissait comme une « boîte noire », spécifique aux traditions culturelles, aux modalités de formation et de législation sociale de chacun des pays.

La dernière étape de cette recherche s'est matérialisée par un retour aux sources, à de nouveaux entretiens, trois années plus tard, sur les terrains français, pour comprendre le contenu de cette « boîte noire » : la façon dont les acteurs porteurs de ressources stratégiques et de cultures différentes, réussissent collectivement à produire de l'innovation. Ces analyses finales représentent le principal résultat de ce livre.

L'innovation organisationnelle ne peut être ni programmée ni prévue de manière circonstanciée. Elle dépasse en effet les capacités culturelles dont disposent les acteurs pour se représenter les articulations sociales qu'elle suppose. L'innovation ne peut faire partie intégrante de l'organisation car elle la dépasse, la transforme. Paradoxalement l'innovation repose alors sur un déficit institutionnel, un désordre au moins passager des règles et des valeurs, qui permet de rompre avec les régulations antérieures et de projeter l'ensemble organisé vers un nouveau système de relations.

L'originalité de l'innovation tient aux comportements de ceux qui la portent. Leur participation ne s'exerce pas sur un élément et un seul du système social mais sur l'ensemble de la micro-société que constitue l'entreprise. Les innovateurs ne sont pas que des bricoleurs ou des négociateurs de génie : en s'appropriant une technique ou une idée, ils interviennent sur le sens même de l'idée d'entreprise. Mais leur position est fragile. Pour agir ils doivent inventer des solutions, et pas seulement administrer leur position. Innovation rime alors avec travail, acteur avec efficacité mais parfois avec lassitude. Le désordre n'a en effet rien d'une auto-régulation spontanée et festive : il se traduit parfois en anomie.

Résultat de longues pérégrinations, cet ouvrage repose donc sur une double expérience : celle de l'entreprise et celle de la recherche, celle qui incite à intervenir dans le jeu social et celle qui consiste à l'analyser. La méthode de recueil et de présentation du matériau garde la trace de cette ambivalence. Sur la vingtaine d'entreprises citées certaines ont fait l'objet d'investigations précises et même méticuleuses, d'autres n'ont fait l'objet que d'une visite et d'entretiens avec des « témoins privilégiés ».

La présentation des résultats d'ensemble se situe elle aussi à la croisée de ces deux chemins. J'ai suffisamment multiplié les entretiens, rencontres et présentations de résultats intermédiaires pour savoir qu'il n'existe pas « une » entreprise et une « seule » façon pour innover. J'ai également assez vécu en entreprise pour savoir qu'une bonne typologie satisfait tout le monde. J'ai pourtant choisi de présenter ces résultats sous forme d'idéal-type en sacrifiant la courtoisie distante que permet la nuance, au profit du face à face que suppose une présentation « robuste » des faits.

L'ouvrage ne prétend donc ni à l'exhaustivité ni au compte rendu d'une réalité statistiquement moyenne : il tend à former la trame explicative d'une série de phénomènes apparemment indépendants ; il accentue délibérément certains de leurs aspects ; il s'appuie aussi sur de nombreux travaux théoriques ou empiriques qui permettent de comprendre l'entreprise comme l'agencement mouvant et incertain de rapports sociaux. Les exemples pris à l'étranger n'ont donc pas pour objectif de réaliser un constat transnational ; l'objectif est plus modeste : le recours à l'étranger est le moyen d'accéder à des situations caractéristiques du champ observé.

Ce travail repose enfin sur une question claire : celle des processus sociaux de l'innovation en organisation. Cette question s'oppose diamétralement à l'analyse des mécanismes de reproduction sociale en organisation, lesquels existent bien, mais m'intéressent moins. Elle s'oppose également à une visée normative et verticale de l'innovation : pour l'avoir vue en œuvre, je ne crois pas en ses vertus mobilisatrices.

L'ensemble est donc un essai. Mais pas une utopie. Ces lignes rencontrent le discours de bon nombre d'auteurs et le comportement de bien des acteurs.

CHAPITRE I

LE TRAVAIL CHANGE DE NATURE

La lecture des éléments comptables des investissements des entreprises fait apparaître un mouvement saisissant : dorénavant, le savoir et l'innovation deviennent la polarisation économique dominante, au détriment du travail manuel et de la production.

La nature des emplois oscille entre la production et la gestion de l'innovation. Du triptyque solide, matières, travail et croissance, l'entreprise s'étire vers trois nouveaux pôles : services, information et concurrence.

A la logique industrielle se juxtapose ainsi progressivement la logique informationnelle : une articulation cohérente de faits conduisant certains secteurs des entreprises à se définir par leur capacité à consommer et à produire de l'information. Mais cette tendance ne saurait faire oublier le passé : la configuration générale des emplois correspond d'une part à cette évolution et d'autre part à l'immense secteur industriel ou administratif traditionnel, dont le volume reste encore dominant.

1. INVESTIR POUR INNOVER

Au-delà des invocations, phraséologies et idéologies qu'il contient, le mot « innovation » demeure central pour comprendre la mutation. La capacité à satisfaire la demande par un accroissement de la production ne permet plus de « faire la différence ». La réussite suppose d'inventer en permanence de nouveaux biens et services.

Henry Ford avait fondé le succès de son entreprise sur la mise en œuvre d'un processus de production de masse. Les constructeurs automobiles japonais ont pu s'octroyer une large part du marché mondial en faisant le contraire : en multipliant le nombre de modèles, d'options et de prestations. IBM a longtemps été séduit par une conception « fordienne » de ses produits et de son marché : l'entreprise a ainsi oublié que des inventeurs de génie, prêts à réaliser des outils informatiques légers et adaptatifs, pouvaient réussir autrement. Les grandes banques découvrent avec un enthousiasme mitigé que la seule gestion de leurs produits traditionnels ne garantit ni le succès, ni la survie : elles doivent diversifier et surtout faire évoluer, dynamiser et personnaliser leurs prestations.

1.1. Investissements immatériels

La standardisation des biens impose aux entreprises de redéfinir leurs capacités concurrentielles en s'adaptant à la demande, ou en la créant. Pour ce faire, elles intègrent dans les produits une part de services et de matière grise croissante. Même dans des métiers peu réputés pour leur caractère « high tech », l'incorporation de services et de connaissances au produit permet d'augmenter la rentabilité de l'activité. L'exemple d'une entreprise de vêtements pratiquant le sur-mesure industriel est ici instructif (1).

— Les mesures prises sur un client dans la boutique sont retournées, sous forme de costume, dans les deux jours.

— Outre l'avantage commercial considérable de ce type d'échange entre les deux pôles de l'entreprise et le client, la flexibilité permet d'approcher le « zéro stock ».

— L'ensemble de l'opération repose sur un investissement télématique qui permet de gérer et de transmettre les données en temps réel.

Bon nombre d'indicateurs rendent compte de ce type de situations. Entre 1983 et 1987, le chiffre d'affaires de l'UAP a triplé. Selon sa présidente, cette réussite repose largement sur une transformation des produits et des compétences,

---

(1) Nous reprenons l'exemple à la Fondation Claude Nicolas Ledoux, « Les services : une nouvelle source de compétitivité des entreprises », FAST, *Occasional Paper*, n° 181, avril 1987.

l'ensemble du changement s'appuyant sur l'informatique (2) : en quatre ans, 10 000 terminaux sont installés, leur presque totalité permettant par ailleurs de disposer de programmes d'EAO (3). Le redressement réalisé par Rhône-Poulenc entre 1983 et 1988 s'est appuyé essentiellement sur un doublement de son activité de recherche (4). Les entreprises les plus compétitives sont également celles qui investissent le plus en formation (5).

On pressent ce type de mutation. Mais on en connaît mal les données. La modification des clefs du succès entraîne une métamorphose de la nature des investissements des entreprises. De façon croissante, elles privilégient l'accès aux savoirs, qui permettent d'innover, au détriment des structures, qui ne font que produire. Les données comptables fournies par les travaux de M.C. Kaplan (6) ont ainsi un caractère saisissant (Tableau 1).

Les investissements immatériels, composés des activités concernant la recherche et développement, la formation, les logiciels et le commercial représentent 21 % de la formation brute de capital fixe en 1974 et 41 % en 1987.

Les investissements matériels, composés des matériels de production, de transport et des bâtiments suivent la tendance inverse. Leur diminution relative accrédite l'idée que l'on se trouve peut-être dans cette troisième révolution industrielle tant annoncée : celle de la force du savoir ; de 1982 à 1988, le taux de croissance annuel moyen des investissements immatériels est de 4,1 % et de 1,1 % pour les investissements matériels.

Le changement est tellement brutal que la lexicologie et les pratiques en balbutient encore. L'investissement nouveau est nommé « immatériel », « incorporel » ou « intellectuel » en fonction de ce que l'on cherche à mettre en évidence :

---

(2) Y. CHASSAGNE, « Anticiper le progrès », in *Ressources Temps Réel*, n° 45, 1988.
(3) Enseignement Assisté par Ordinateur.
(4) J.-R. FOURTOU, « Privé, public ? Ce qui compte d'abord, c'est la compétition ». In *Le Nouvel Economiste*, n° 683, 1989.
(5) E. VERDIER et G. PODEVIN, « Formation continue et compétitivité économique », CEREQ, Collection *Études* n° 51, septembre 1989.
(6) M.C. KAPLAN, « La montée de l'investissement intellectuel ». In *Revue d'Économie Industrielle*, n° 40/41, 1987. Également J.P. BRUCKLEN et M.C. KAPLAN, *Évolution de la nature et de l'investissement*, Crédit National 1985.

Tableau 1 — *Évolution des principaux indicateurs des investissements immatériels*

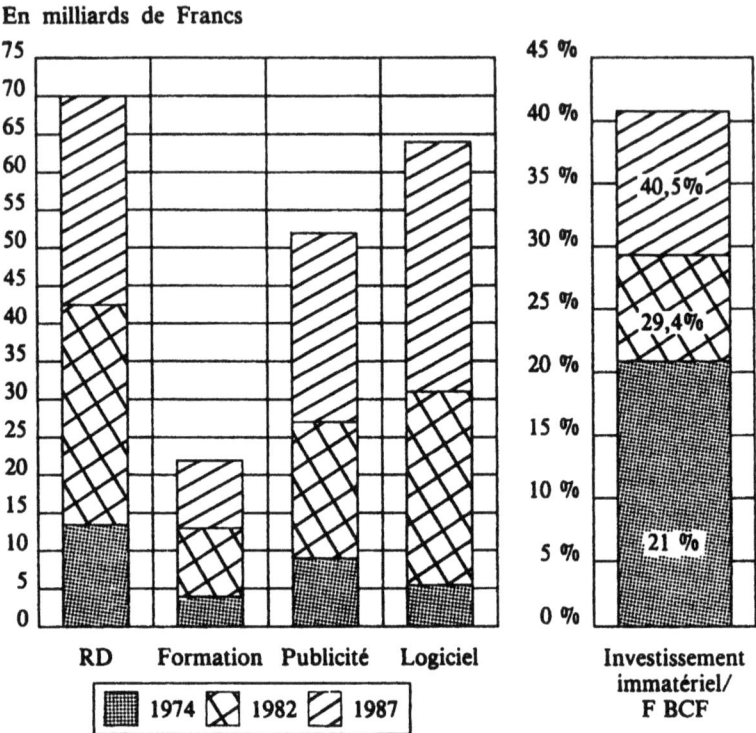

Source : Crédit National.

le développement des ressources non physiques, capitalistiques ou celui des connaissances. Mais ces différences n'empêchent pas un large consensus sur l'identité même du phénomène.

La recherche et le développement sont au cœur de la mutation. Hier caractérisés par des découvertes aléatoires, des idées « géniales » et occasionnelles, ils deviennent un maillon essentiel de l'entreprise, géré comme tel : il n'existe que peu de points communs entre l'invention de la « traction avant » et le processus ayant permis la commercialisation des « quatre roues motrices ». Les discours et les données abondent presque tous dans le même sens. La recherche et le développement supposent d'être privilégiés par rapport à des activités plus immédiatement rentables. Le succès des entreprises passe par ce type d'investissement.

L'informatique correspond à la transformation et à l'optimisation des processus de travail. Longtemps cantonnée dans les traitements industriels et administratifs de masse, avec pour objectif l'augmentation de la productivité, cette technique participe aujourd'hui largement à une recherche de rentabilité plus globale. Dans l'atelier, les différents systèmes d'Assistance par Ordinateur (AO) représentent les moyens d'augmenter la flexibilité des processus et la qualité des produits. Dans les bureaux, la micro-informatique, la télématique ou l'intelligence artificielle élargissent, accélèrent et éventuellement fiabilisent les activités de gestion, de conception et de décision. Le croisement de ces multiples cibles de l'informatique amène parfois à des situations burlesques ou équivoques. L'idéal technicien l'emporte parfois sur la raison économique et la sophistication des matériels sur les besoins de l'entreprise. Mais l'arbre ne saurait cacher la forêt : l'informatique et ses dérivés sont la pierre angulaire du mouvement qui juxtapose savoirs et mobilité des biens et services.

La formation représente le substrat du potentiel d'innovation : elle est l'accompagnement obligé d'entreprises contraintes à la mobilité. Elle concerne donc autant les connaissances opératoires, qui permettent d'agir dans un nouveau cadre, que les connaissances générales, qui permettent d'envisager et de définir ces nouveaux cadres.

La loi Delors de 1971 apparaissait ambitieuse, voire humaniste. Aujourd'hui, les volumes financiers consacrés à la formation dépassent le quota réglementaire : l'effort global de formation représente 2,54 % de la masse salariale. Hors agents de l'État, 1,8 millions d'actifs se trouvaient en situation de formation en 1972 et 3,9 millions en 1986 (7). Il y a une trentaine d'années, le changement de rôle, de tâches et de savoirs étaient un « accident ». L'accident devient une situation structurelle pour certaines entreprises. Plus elles passent de l'ordre de la production à l'ordre de l'innovation et plus elles s'appuient sur la formation. Le secteur des hautes technologies et de la banque consacre ainsi souvent plus de 5 % de la masse salariale à la formation.

---

(7) J.F. GERME, « Un devoir ou un autel pour les entreprises », in *Projet*, n° 218, 1989.

Les activités commerciales, quatrième pôle des investissements immatériels, identifient et gèrent les cibles de l'innovation. L'entreprise industrielle traditionnelle se contente de distribuer ses produits : la captivité relative des marchés « fait le reste ». La stratégie commerciale devient, dans la logique informationnelle, vitale : elle articule les ressources et les contraintes de l'entreprise avec son marché (8).

Dans un premier temps, le marketing a pour fonction d'évaluer le potentiel d'un nouveau produit en analysant sa durée de vie commerciale, son potentiel de croissance, en rapportant ses caractéristiques aux capacités de production et de commercialisation de l'entreprise. Dans un deuxième temps, la diffusion, la publicité et le service après-vente assurent le passage de l'idée à la vente. La qualité et l'opportunité des investissements réalisés sur ces deux axes assurent, *in fine*, les retours financiers de l'ensemble des investissements immatériels. Le Center for Business Strategy met ainsi en évidence que, selon les dirigeants d'entreprises, l'efficacité d'une structure tient d'une part à sa créativité technologique et d'autre part à sa rapidité et à sa capacité à exploiter les inventions et à les traduire en vente (9).

Ces grandes tendances masquent, à l'évidence, des différenciations par secteurs, branches, taille d'entreprise ou catégories socio-professionnelles. Par exemple, la chimie consacre 70 % de ses investissements globaux à la recherche, alors que la mécanique n'y consacre que 10 % (10). 60 % de la recherche est financé par les cinquante premiers groupes français (11). De même, les PME sont globalement en retard sur la tendance immatérielle. La formation va aussi aux plus formés : un cadre sur deux suit un stage dans l'année, mais seulement un ouvrier qualifié sur cinq et un O. S. sur dix (12). L'informatique matérialise la division verticale du travail : un

---

(8) P. LARCHER, « Le marketing chez Arianespace ». In *Revue Française de gestion*. n° 71, 1988.
(9) M. SAIAS, « Compétitivité des entreprises face à l'horizon 1993 ». In *Revue Française de Gestion*, n° 73, 1989.
(10) M.C. KAPLAN, *op. cit.*
(11) Annuaire Statistique de la France 1987. INSEE.
(12) CEREQ. « Dépenses de Formation continue des Entreprises ». In *Bref*, n° 45, juillet 1989.

cadre sur deux s'en sert, mais seulement 7 % des ouvriers qualifiés (13).

Par ailleurs, ces investissements ne sont pas toujours gérés de manière optimale : la formation ou l'informatique (14) peuvent ne pas s'accompagner des transformations organisationnelles nécessaires. Dans ce cas, les investissements immatériels n'ont plus qu'un rapport incertain avec la mobilité des savoirs et de l'entreprise.

Ces dérives empêchent de confondre totalement la consommation de connaissances avec la transformation des entreprises ou de leur rapport au marché. De même, la polarisation des investissements immatériels, vers les secteurs, produits et fonctions déjà « privilégiés » par rapport à la physionomie générale du paysage socio-économique, accentue un écart entre des situations classiquement industrielles et celle qui se définissent par la consommation d'information.

La logique informationnelle est donc une tendance inégalement partagée mais forte. Les entreprises ou activités qui s'y inscrivent doivent assurer un entrelacement complexe entre les différentes formes de gestion du savoir : l'invention d'un nouveau produit repose, pour passer à sa commercialisation, sur la définition de nouvelles méthodes de fabrication et d'organisation conjuguant informatique et formation.

1.2. Investissements intellectuels

P. Caspar et C. Afriat (15) élaborent une structuration différente des investissements immatériels. En les considérant spécifiquement comme « intellectuels », ils mettent en évidence trois autres cibles : l'investissement dans les matériaux, objets ou processus de production, l'investissement dans les personnes et les structures (destiné à favoriser la créativité), et l'investissement stratégique.

---

(13) M. GOLLAC : « L'ordinateur dans l'entreprise reste un outil de luxe ». In *Économie et Statistiques*, n° 224. 1989.
(14) A. SOLE : « La grande panne ». In N. ALTER, *Informatique et management : la crise*, Paris. La Documentation Française. Collection IDATE. 1986.
(15) P. CASPAR et C. AFRIAT, *L'investissement intellectuel. Essai sur l'économie de l'immatériel*, Paris, CPE. Éd. Economica. 1988. Voir également P. CASPAR, « L'investissement intellectuel ». In *Revue d'Économie Industrielle*, n° 43, 1988.

Cette classification apporte un éclairage supplémentaire au mouvement décrit : immatériel rime avec savoirs collectivement disponibles. Les savoirs sont nécessaires à la gestion technique, à la gestion des ressources humaines, mais aussi à ce qui les réunit : l'organisation du travail, ses acteurs et leur culture.

L'exemple d'une PME illustre bien ce mouvement. Il faut le comprendre comme une modification de la logique globale de l'entreprise et pas seulement comme une évolution financière.

L'usine TAROT, établissement de 200 salariés, fabrique des machines-outils dans le sud de la France. La stratégie commerciale repose sur l'exportation (plus de 50 % du chiffre d'affaire) et la fidélisation de quelques gros clients français. Cette politique suppose de pouvoir adapter les produits aux spécificités des usages de chacun des clients et aux pratiques professionnelles des différents marchés étrangers. Les séries sont donc courtes (environ 300 pièces) : la contrainte essentielle de l'entreprise est de parvenir à intégrer dans le produit les modifications demandées par les clients tout en réduisant le temps de réponse aux commandes.

Dans un premier temps, l'introduction des machines outils à commande numérique (MOCN) et les centres d'usinage (16) ont permis de réduire les délais de six mois à deux mois. Aujourd'hui l'entreprise élabore une organisation de type « juste à temps » pour passer à quinze jours de délai. Cette modification repose sur un principe essentiel : le déplacement simultané des pièces et des hommes dans l'atelier. Ceux-ci interviennent en fonction des délais des commandes et non en fonction de l'usage maximum des machines. Les ordres de fabrication ne proviennent plus de l'atelier central mais du montage, lui-même en relation étroite avec le service commercial.

Hormis la réduction des délais, l'avantage de ce fonctionnement est double : il permet de réduire les stocks et amène à intégrer le contrôle qualité dans les activités des opérateurs.

Les consommations d'information sont par contre extrêmement lourdes :

— la maintenance (de deuxième niveau) des machines et les tâches de bureau de méthodes ne peuvent plus être tenues

---

(16) Machines-outils à commande numérique polyvalentes.

par des ouvriers expérimentés mais formés sur le tas : ils doivent suivre des enseignements répétés de plusieurs mois ; ou être remplacés par de jeunes techniciens ;

— les ouvriers qualifiés eux-mêmes doivent se former à la maintenance et surtout à l'intervention sur les programmes des machines ;

— l'informatique et les réseaux de données envahissent le bureau d'études et le service commercial qui doivent coopérer « en temps réel » ;

— la politique organisationnelle est relayée par des opérations de marketing ayant pour but de promouvoir le caractère adaptatif des machines-outils vendues ;

— le nouvel enjeu de la direction de l'entreprise devient la circulation de l'information : l'interdépendance des différents services suppose de « communiquer les savoirs » ; les réunions nécessaires aux diverses modification des tâches et de produits se multiplient ; les négociations formelles et informelles à propos de la nouvelle organisation deviennent une nécessité quotidienne.

L'usine TAROT, qui n'est pourtant pas une « tête de pont » avancée du management, est ainsi conduite à s'inscrire dans la logique informationnelle.

2. TERTIARISATION ET COMPLEXIFICATION DU TRAVAIL

L'ensemble des mutations décrites semble correspondre à un large mouvement de l'emploi national. En un quart de siècle, le travail a changé de nature : en 1960, plus de la moitié de la population active tirait son revenu d'une activité agricole ou industrielle, généralement manuelle. En 1984, cette même population ne représente qu'un peu plus d'un tiers des actifs. Au cours des dix dernières années, le secteur tertiaire a ainsi créé 94 % des emplois totaux.

Cette évolution, qui accompagnerait donc le développement de l'immatériel, recèle cependant une ambiguïté majeure : le développement des emplois de service n'a rien d'un flot continu de chercheurs, informaticiens ou technico-commerciaux. Il s'appuie sur des qualifications souvent faibles et des activités peu favorables à « l'intellectualisation du travail » : gardiennage, nettoyage, grande distribution et tâches de restauration taylorisées (17).

Les travaux de L. Ratier-Coutrot sont édifiants (18). Ils montrent qu'aux États Unis, les taux de croissance relative les plus élevés concernent les professions hautement qualifiées, mais que les taux de croissance absolue les plus forts demeurent ceux des professions de gardiens d'immeubles, caissiers, secrétaires, employés de bureau et vendeurs. Les métiers dont la croissance est la plus rapide sont donc souvent très qualifiés mais créent relativement peu d'emplois dans la mesure où leur base de départ est étroite. Inversement, certains « gros bataillons dont la croissance est limitée continuent à créer beaucoup d'emplois par simple inertie » (19).

L'hétérogénéité des activités du secteur tertiaire ne permet pas de tirer de conclusion sur la nature de l'évolution en France, en utilisant les nomenclatures habituelles. O. Bertrand, en définissant une nouvelle typologie des emplois du secteur tertiaire, fait apparaître des résultats opposés à la tendance nord-américaine (20).

— Le premier groupe d'emplois (60 % du tertiaire) inclut les services non marchands, les organismes financiers et d'assurance, les PTT, les services marchands aux entreprises et les services socio-culturels. Ce groupe a la progression la plus rapide. Il est également le plus favorable sur le plan de la gestion de la main-d'œuvre : forte proportion de cadres et de techniciens, salariat généralisé, formation et féminisation supérieures à la moyenne nationale.

— Le second groupe, composé des emplois consacrés au commerce de détail, à la restauration, à l'hôtellerie et aux services divers aux particuliers progresse, mais peu. Il correspond aux situations caractéristiques du tertiaire pauvre : « petits boulots », faible niveau de rémunération et de formation, prédominance des petites entreprises de main-d'œuvre.

---

(17) F. PIOTET : « Qualifiés fast-food ». In *Projet*, n° 201, 1989.
(18) L. RATIER-COUTROT, « Le développement des activités de la haute technologie aux USA ». *Rapport à l'Ambassade de France aux USA*, 1985. Voir également, « Haute technologie et emploi aux États-Unis ». In *Sociologie du Travail*, n° 1, 1986.
(19) Idem.
(20) O. BERTRAND, « Qualité et hétérogénéité des emplois de service ». In *Formation Emploi*, n° 23, 1988.

— Le troisième groupe connaît une stagnation de son effectif. Il se compose des emplois de commerce de gros, de ceux des transports et des réparations. De type « para-industriel », il est également très hétérogène, sur le plan de la nature des emplois.

La tertiarisation de l'emploi correspond donc, au moins partiellement, à une élévation du statut de l'emploi et semble accompagner la montée de l'immatériel.

Mais la tertiarisation de l'emploi concerne également le secteur secondaire : de 18,5 % en 1970, les emplois tertiaires dans l'industrie représentent 23,4 % de l'effectif en 1986. L'interpénétration de ces univers repose sur l'accroissement de quatre pôles de travail : service après-vente, formation, crédits, management des processus industriels (21).

Cette expansion du tertiaire industriel peut s'expliquer de deux manières au moins : la manière de produire change et le produit change : « la matière grise se substitue à l'huile de coude et les « cols bleus » changent progressivement de tenue » (22).

L'emploi, comme l'investissement, change donc progressivement de nature. En trente ans, au cœur même de la montée du chômage et des « petits boulots », se constitue une population active axée sur le traitement de l'information (23). Entre 1962 et 1985, l'effectif des cadres, professions libérales et intellectuelles supérieures double, celui des professions intermédiaires également. A l'inverse, la population ouvrière passe de 39 à 31 % de la population active et la population des agriculteurs de 20 à 7 % (24).

Les statistiques les plus récentes et sur courte période (1984-1987) permettent de rapprocher ce mouvement de ter-

---

(21) J.P. FLIPO et J. BONAMY, « Quand les services se mettent au service de l'industrie ». In *Revue Française de Gestion*, n° 53/54.
(22) O. RUYSSEN : « Le tertiaire industriel en mutation », in *FAST Occasional paper*, n° 72, 1984.
(23) Voir l'article de B. BELLOC, N. MARC et O. MARCHAND, « Des séries longues sur la population active, l'emploi et le chômage », in *Économie et Statistiques*, n° 205, 1987.
(24) Source : B. SEYS, « Les groupes socio-professionnels de 1962 à 1985 ». In *Données Sociales*, PARIS INSEE. 1987.

tiarisation de celui d'abstraction et de complexification du travail (25).

Le tableau 2, qui reprend quelques professions caractéristiques de cette évolution, met en évidence la diminution de l'effectif des professions axées sur la production et les tâches répétitives :

— ceci vaut pour la majorité de la population ouvrière, et plus encore pour les ouvriers spécialisés, les plus démunis en capacité à exercer du savoir ;

— l'évolution est comparable pour les employés : moins les fonctions sont qualifiées et plus la loi du marché s'exerce négativement ;

— cette logique est suffisamment forte pour cliver l'augmentation tendancielle des emplois de techniciens et de cadres ; les emplois de ce type qui ne progressent pas se situent surtout dans les domaines de l'encadrement direct des activités de production.

A l'inverse, les emplois définis par le traitement de l'information et l'innovation se développent sensiblement. Pour les cadres et les techniciens, il s'agit des activités d'expertise, quel que soit le domaine d'exercice. Pour les ouvriers et les employés, il s'agit des fonctions caractérisées par l'usage d'une technologie nouvelle. Ces emplois ont un rapport direct aux investissements immatériels.

Mais le clivage le plus caractéristique de l'évolution se repère par le croisement des deux variables : niveau de qualification et d'abstraction des tâches.

— les emplois en forte croissance cumulent des atouts dans les deux domaines ; ce sont par exemple les cadres d'études et de vente, les informaticiens ;

— les diminutions d'effectifs les plus fortes concernent les populations qui ne disposent d'aucun de ces deux atouts : employés et ouvriers non qualifiés.

Lorsqu'une population ne dispose que de l'une de ces deux ressources, la capacité à traiter de l'information complexe prévaut sur le niveau de qualification. Ainsi, dans les activités de fabrication, même l'effectif des cadres diminue. A

---

(25) Cf. INSEE. Structure des emplois en 1984. Série D, n° 116 et 538 et structure des emplois en 1987. *Résultats* n° 52. Nous reprenons des populations caractéristiques choisies par P. CHOFFEL, A. ECHARDOUR et F. KRAMARZ : « L'évolution récente des professions dans l'industrie, le commercie et les services ». In *Économie et Statistiques*, n° 213, 1988.

l'inverse, dans les activités caractéristiques de la logique informationnelle, même l'effectif des employés ou des ouvriers augmente.

Il existe donc une simultanéité entre la croissance des investissements immatériels, la tertiarisation et l'abstraction du travail. Cette simultanéité est également une tendance. Cette tendance ne saurait cependant être confondue avec la physionomie générale de l'emploi, loin d'être totalement dédiée à l'innovation.

Tableau 2 — *Évolution des effectifs de populations caractéristiques (Variation 84/87)*

	CADRES	TECHNICIENS + MAÎTRISE	OUVRIERS	EMPLOYÉS
+30 %	INFORMATIQUE			
		INFORMATIQUE	Métallurgie sur MOCN	
	FORMATION VENTE	VENTE DE SERVICE		
	Études et organisation	Maintenance (électronique)		Opérateurs micro et secrétaires
0				
		Mécanique		Qualifiés
	Fabrication	Méthode et ordonnancement	Qualifiés	Opérateurs de saisie
	Méthodes, génie civil contrôle	Dessinateurs		Non qualifiés
				Dactylos
−30 %			Non qualifiés	

D'après les sources : INSEE. Structure des emplois.

3. DE LA PRODUCTION A LA GESTION DE L'INNOVATION

Cette tendance mérite cependant attention : à l'intérieur de cette logique informationnelle, le travail prend une configuration nouvelle.

Quatre mutations caractérisent le passage du traitement de la matière à celui des signes. Les cadres « commandent moins » et interviennent plus directement sur la définition et le suivi des produits. Les employés et les ouvriers qualifiés « obéissent moins » et disposent d'une marge de manœuvre élargie. L'ensemble se traduit par un déplacement du travail : vers l'amont et l'aval de l'acte de production. La mutation ne s'opère cependant ni dans la sérénité organisationnelle ni dans une cohérence égalitariste et clairement identifiable : il s'agit plutôt d'un mouvement non fini et aléatoire.

3.1. Les cadres

La population des cadres non hiérarchiques représente l'évolution la plus « pure » : leur intervention s'intègre progressivement à une partie élargie du processus de travail. Leur activité consiste alors surtout à gérer l'interdépendance entre connaissances et organisation (26).

a) L'élargissement des domaines de compétence est patent. Il se traduit, pour les ingénieurs de production, par l'intégration des contraintes commerciales, d'ordonnancement et de gestion du personnel. Par ailleurs, les cadres gestionnaires deviennent plus polyvalents ; ils se situent au cœur de problèmes croisant les domaines financiers, comptables, techniques, humains et juridiques (27).

---

(26) Nous nous référons ici à :
— D. BLONDEL, « Cadres de gestion : quelles qualifications pour demain ? » In *Revue Française de Gestion*, n° 65/66, 1987.
— J.P. SICARD et S. CHIRACHE, « L'avenir des cadres de gestion ». In *Revue du Haut Comité d'Éducation-Économie*, n° 4, 1989.
— BIPE : « L'ingénieur de l'an 2000. In *Revue du Haut Comité d'Éducation-Économie,* n° 1, 1988.
— Nos propres travaux, présentés dans la suite du texte.
(27) Selon les définitions de P. RIVARD, J.M. SAUSSOIS et P. TRIPIER, le groupe des « ingénieurs observant l'horizon » et « ingénieurs pouvant prendre du recul » augmente au détriment des « ingénieurs du charbon » ou « gestionnaires ». « L'espace des qualifications des cadres ». In *Sociologie du travail*, n° 4, 1982.

— Les uns et les autres interviennent sur la programmation des systèmes, bureautiques ou robotiques. L'obsolescence des produits conduit en effet à repenser et à réorganiser en permanence la nature et la coordination des tâches et des outils.

— Les activités de recherche, de marketing et de qualité s'interpénètrent. Dans une entreprise française, la recherche est longtemps restée à l'abri du reste de l'entreprise, protégée par sa « bulle » scientifique. Elle élargit aujourd'hui ses activités à l'ensemble de la gestion de ses inventions. Une bonne partie des chercheurs se consacre ainsi à des négociations avec les services financiers et logistiques du projet, puis après accord, avec les services de production et de distribution, chargés de mettre en œuvre le nouveau bien sur le marché (28).

b) La gestion des données est la deuxième caractéristique de cette évolution. Dans des domaines aussi variés que la gestion de contrats, la réalisation de satellites, la mise en œuvre d'une nouvelle technologie ou la maintenance d'un avion, il existe toujours un espace et un temps destinés à tirer parti de l'expérience, à transformer les sous-produits de l'activité en connaissances opératoires pour la suite.

Le gestionnaire de contrats se constitue ainsi peu à peu une jurisprudence et des solutions types. Les millions de données traitées par exemple à l'occasion de la réalisation d'un satellite font l'objet de « paquets d'informations » spécifiques à un matériau ou à une technique pour être revendus ou réutilisés.

La mise en œuvre répétée de nouvelles technologies amène à définir des méthodes, des usages types : la maintenance d'un avion fait l'objet d'un suivi minutieux, permettant progressivement de passer de la maintenance corrective à la maintenance préventive.

Le suivi des clients d'une entreprise passe par des traitements de données, des simulations et des évaluations spécifiques par type de produits ou de services, qui permettent de redéfinir en permanence le rapport offre/demande.

c) La gestion de l'organisation est la cible majeure de l'évolution du travail des cadres. De stable et finie, l'orga-

---

(28) D. BLONDEL, *op. cit.*

nisation, pour supporter les contraintes d'innovation, est dorénavant dynamique et largement indéterminée. La contrainte n'est plus seulement, à l'aide de bureaux de méthodes méticuleux, de réussir à mettre « the right man in the right place ». Il s'agit aussi de trouver les mécanismes propres à absorber les chaos de l'innovation. L'extraordinaire croissance des métiers de l'organisation et des ressources humaines tient à cette mutation. Ils ont pour objectif d'assurer une interaction permanente entre la conception, l'évolution et l'évaluation des processus de travail.

— En amont, trois fonctions majeures se développent : elles concernent la réduction des délais de livraison, la centralisation des outils de travail, l'immobilisation minimale des stocks. La fonction ressources humaines, de son côté, implose en une constellation de savoirs, services et qualifications nouvelles. L'« administration du personnel », satisfaisante pour l'ordre de la production devient « politique sociale » pour l'ordre de l'innovation. Elle s'étire de la gestion prévisionnelle au suivi des carrières, des conditions de travail à la négociation sociale et de la communication interne au recrutement.

— En aval de l'organisation se multiplient les procédures d'évaluation et de correction : le contrôle de gestion, la comptabilité analytique, les audits internes et externes de toute nature. Le « management participatif », dont l'une des missions est de traiter les problèmes non résolus, s'inscrit dans cette perspective. Il représente une vaste fresque aux aspects contradictoires. Dans le cadre de ce chapitre, retenons l'importance et la variété de ses actions, qui peuvent être regroupées en deux champs spécifiques : celui qui a pour but d'augmenter l'efficacité des services en améliorant le rapport des opérateurs à leur travail (groupes d'expression, cercles de qualité...) ; celui qui a pour but d'élargir le consensus en améliorant le rapport des salariés à leur entreprise (projet d'entreprise, politique d'image...).

3.2. Les ouvriers

L'exemple d'une usine française de matériel informatique traduit bien la transformation du décor industriel. L'innovation contraint le site à développer un produit nouveau tous les deux mois, chacun ayant une durée de vie courte, d'environ 12 mois. Les formes classiques de répartition du travail entre sites, opérateurs et systèmes techniques deviennent alors obsolètes. Toutes les techniques de transmission d'information sont mises en œuvre pour assurer la fluidité du processus de travail : reconfiguration en temps réel d'une machine qui tombe en panne, réseaux d'instrumentation entre capteurs et robots, réseaux d'usines entre groupes de machines, réseau local entre activité industrielle et gestion, réseaux extérieurs avec les clients.

Le récent développement des robots et de leurs périphériques est un véritable choc pour les opérateurs. L'automatisation associée à l'informatique de production et de gestion, animée par les contraintes de flexibilité et de qualité opère une véritable métamorphose dans les tâches ouvrières. A la dextérité que supposent les machines conventionnelles se substitue une activité « abstraite axée sur la gestion du système technique ». Cette évolution n'exclut cependant pas toujours le savoir-faire : elle s'y associe souvent en le transformant.

Les travaux de H. Kern et M. Schumann (29) montrent que dans les secteurs clefs de l'industrie ouest-allemande (automobile, construction mécanique et chimie), les investissements en nouvelles technologies ne peuvent s'accorder avec une conception taylorienne de l'organisation. Les savoirs nécessaires pour tenir les nouveaux postes de travail supposent d'être intégrés dans les ateliers et non réservés aux bureaux d'études et de méthodes. La valorisation du capital technologique repose sur l'expérience des professionnels et non sur l'absorption de ces savoirs par les automates.

P. Veltz (30) met en évidence l'existence d'un mouvement d'« intellectualisation du travail » dans les industries manufacturières : multiplication des tâches non définies par un mode opératoire précis, des tâches abstraites et de gestion au détriment du travail de la matière. Au mouvement correspond une dissolution des frontières entre fabrication et entretien, une polarisation du travail vers la gestion des nombreux

---

(29) H. KERN et M. SCHUMANN, « Vers une professionnalisation du travail industriel », in *Sociologie du travail*, n° 4, 1984.
(30) P. VELTZ, « Information des industries manufacturières et intellectualisation de la production », in *Sociologie du Travail*, n° 1, 1986.
M. HOLLARD, G. MARGIRIER, A. ROSANVALLON, « L'automatisation avancée de la production dans les activités d'usinage », in Fast *Occasional Papers*, n° 124, 1986.

aléas et enfin, une accentuation du caractère collectif du travail, liée à la multiplication des systèmes d'information.

L'évolution des qualifications, pour les opérateurs utilisant des machines outils à commande numérique et des centres d'usinage est moins homogène. Les travaux du LEST (31) montrent que le critère central de la définition de la compétence repose sur la capacité de programmation des opérateurs. En fonction des politiques spécifiques des entreprises, la programmation peut être réservée au bureau des méthodes ou déléguée, plus ou moins largement, aux opérateurs. Dans le pire des cas, l'opérateur devient, pour reprendre l'expression de G. Friedmann « un bouche-trou de l'automatisation » ; dans le meilleur des cas, il peut articuler une double compétence, celle de son métier, de son savoir-faire antérieur, et celle d'une compétence élevée et intellectualisée (32).

Dans les situations intermédiaires ou optimales, l'évolution du travail se rapproche de celle des ateliers robotisés. Cinq tâches nouvelles traduisent ce mouvement (33). La maintenance électronique et informatique suppose une connaissance, au moins partielle, des éléments fondamentaux de ces deux disciplines. La gestion du système d'information, du robot et des relations avec l'ensemble de l'usine, s'appuie sur le suivi et l'agrégation de données complexes et contradictoires : elles concernent autant la connexion de systèmes, que l'ordonnancement ou la programmation. Le pilotage du robot repose sur la compréhension des sous-systèmes techniques qui le composent : cette activité suppose de pouvoir réguler, intervenir en permanence sur les différents mécanismes. Enfin, le nouvel ouvrier, ou le technicien, doit savoir gérer des informations aléatoires : conditions d'ambiance physique, degré d'usure et de déformation des pièces, adaptation et anticipations nécessaires au bon fonctionnement.

---

(31) M. MAURICE, F. EYRAUD, A. D'IRIBARNE et F. RYCHENER, *Des entreprises en mutation dans la crise*, LEST/CNRS. 1985.
(32) F. EYRAUD, A. D'IRIBARNE, M. MAURICE, F. RYCHENER, *L'apprentissage par les entreprises des technologies flexibles*. In P. COHENDET, M. HOLLARD, T. MALSCH, P. VELTZ. PARIS. Éd. Economica. 1988.
(33) M. HOLLARD, G. MARGIRIER, A. ROSANVALLON, « L'automatisation avancée de la production dans les activités d'usinage ». In *Fast Occasional Papers*, n° 124, 1986.

L'ouvrier qualifié d'un atelier traditionnel dispose, pour réaliser sa tâche, d'outils et de savoir-faire spécifiques à sa position de travail. Contraint par des modes opératoires et des cadences précises, l'exercice de son métier suppose la mise en œuvre de force et d'une expérience traduite en « tour de main ». Le représentant de la même classification professionnelle, mais aussi le technicien doivent, dans un atelier automatisé, axer leur énergie vers la compréhension du processus de production dans son ensemble (34). Ils interviennent sur un ensemble technico-organisationnel complexe, fragile, aux fonctions obsolescentes.

3.3. Les employés

P. S. Adler (35) montre que les évolutions du milieu industriel avancé sont comparables dans le secteur bancaire modernisé et informatisé, selon des critères et des contenus similaires.

— « La responsabilité » et la prise d'initiative succèdent à la discipline.

— « L'expertise » qui était liée à l'expérience tient dorénavant à la capacité « cognitive ».

— « L'interdépendance » entre opérateurs, de « séquentielle », devient systématique.

— La formation, antérieurement « acquise une fois pour toutes », est soumise à un renouvellement permanent.

Les travaux d'O. Bertrand, T. Noyelle (36) et L. Hirschhorn (37) concernant sur un plan international les banques et les assurances, vérifient l'analyse : « Pour fournir à la clientèle un service de meilleure qualité et plus personnalisé, dans une perspective de segmentation, une organisation de

---

(34) C. MAHIEU, « Organisation et gestion de la production dans une unité d'emboutissage », in *Sociologie du Travail*, n° 3, 1986.

(35) P.S. ADLER, « Automation et qualifications. Nouvelles orientations », in *Sociologie du Travail*, n° 3, 1987.

(36) O. BERTRAND et T. NOYELLE, « L'emploi dans les banques et les assurances », in *Économie et Humanisme*, n° 297, 1987. Voir également des mêmes auteurs : « L'impact des transformations des services financiers sur le travail, les qualifications et la formation ». In *Formation et Emploi*, n° 17, 1987.

(37) L. HIRSCHHORN, « L'économie post-industrielle : quel travail, quelle compétence pour un nouveau mode de production ? ». In *Économie et Humanisme*, n° 295. 1987.

type taylorien n'a plus de sens (38). » Les auteurs identifient une nouvelle compétence, fondée sur l'adaptabilité aux changements techniques, organisationnels et de produits, à la capacité d'abstraction, au travail en groupe et à l'usage des réseaux informatiques.

L'ensemble des études récentes va globalement dans la même perspective (39).

— Les activités traditionnelles de guichets, spécialisées et encadrées par l'application de procédures et de modes opératoires précis, deviennent rares. L'employé doit disposer d'une connaissance élargie à plusieurs produits et marchés pour assurer une relation de qualité avec les clients. De la logique du poste, il doit passer à celle du service.

— Aux activités ritualisées de la gestion se substituent des procédures de travail caractérisées par leur technicité. La mobilité accrue du couple marché/produit provoque d'innombrables situations imprévues et aléatoires : elles supposent la mise en œuvre de connaissances peu structurées et donc un travail de traitement d'information quasi-permanent.

— A l'étroitesse concrète du cadre de travail se superpose l'immensité des réseaux de données. Les tâches se réalisent en fonction d'historiques, de prévisions et d'objectifs qui contraignent à prendre en compte des logiques plus complexes que celle de l'algorithme antérieur : tâche/bordereau ou problème/renvoi à la hiérarchie.

— Plus le système technique se développe et plus les contraintes commerciales pèsent, plus l'opérateur voit son domaine de compétence croître en largeur (le nombre de thèmes) et en profondeur (le nombre d'opérations sur chaque thème). Le contrôle de la complexité du poste de travail s'opère alors nécessairement par une accumulation permanente de connaissances.

---

(38) O. BERTRAND et T. NOYELLE « L'impact... », *op. cit.*
(39) Voir également :
— C. COSSALTER, « D'une informatisation à l'autre : l'exemple des banques et des assurances », in *Formation Emploi*, n° 15, 1984.
— A. JOHANSEN, « Emploi, nouvelles technologies et évolutions de la distribution dans l'assurance », in *Travail et Emploi*, juin/septembre 1989.
— Conseil National du Crédit. Modernisation et gestion sociale des établissements de crédit. Rapport de mission. 1989.

3.4. Le déplacement du travail : un mouvement incertain

Le caractère dominant et spectaculaire de la logique informationnelle est finalement celui du passage de la production à la gestion de l'innovation.

Mais ce mouvement semble autant erratique que construit. C'est donc un peu à l'« aveuglette » que se réalise la transformation de fond : le déplacement du travail, qui s'oriente vers l'aval et l'amont de la production.

L'évolution des fonctions dans le secteur automobile illustre ce mouvement. Chez Renault, en l'espace de trois années (1983-1986), les activités de conception passent de 5 à 7 % de l'effectif global, les activités de service de 17 à 27 % et celles de fabrication de 78 à 66 % (40). Chez General Motors, la même tendance s'observe. Entre 1980 et 1990, le personnel de fabrication passe de 47 à 30 % de l'effectif global ; à l'inverse, les fonctions d'ingénierie de production passent de 20 à 28 %, et les emplois consacrés à l'informatique, la communication, la formation, la CFAO et les télécommunications de 4 à 15 % (41).

Le secteur bancaire suit une évolution similaire. Les enquêtes de AFB (42) montrent qu'entre 1980 et 1988, la part des employés est passée de 40 à 26 %. Pour les seules trois dernières années, l'évolution est encore plus nette : 10 % de croissance pour les cadres, 5 % pour les gradés, mais une décroissance de 21 % pour les employés.

Ces modifications des classifications ne reflètent qu'en partie l'évolution des compétences réellement exercées. Les mutations professionnelles ne peuvent se confondre avec leurs résultats statutaires, qui sont toujours en retard et en-deçà des qualifications réelles. Le déplacement du travail (cf. tableau 3) est la caractéristique centrale de la logique informationnelle mais demeure donc largement informel.

— Les postes et outils de travail sont l'objet permanent d'études, d'interventions individuelles ou collectives ayant pour objectif d'assurer leur mobilité. On peut ici penser indifféremment à des plans de formation, à l'élaboration et à l'opti-

---

(40) G. FOTINOS et TARDIVEAU, « Qualifier tous les jeunes à l'horizon 2000 », in *HCEE/Actualités*, n° 4, 1989.
(41) Cité par P. CASPAR et C. AFRIAT, *op. cit.*
(42) Association Française des banques. Service des Études. Effectif et rémunération au 31 mars 1988.

Tableau 3 — *Le déplacement du travail*

	VERS L'AMONT	VERS L'AVAL
POSTE DE TRAVAIL ET OUTIL	- Programmation - Logistique - Études préalables	- Optimisation - Régulation - Maintenance - « Appropriation »
PRODUITS ET SERVICES	- Recherche - Marketing - Qualité	- Distribution - Développement et adaptation - Service Après-vente - Gestion des données capitalisées
ORGANISATION	- Planification - Gestion du personnel - Gestion de la production	- Participation - Investissement culturels

misation de logiciels, ou aux mécanismes complexes que suppose l'« appropriation » (la maîtrise d'un système technique, quel qu'il soit).

— Le développement des produits et services s'appuie sur une accumulation d'actions de recherche, de marketing, de services après-vente. Ils deviennent aussi l'objet d'une multitude de micro-interventions, plus ou moins formalisées, ayant pour but de les adapter à la demande ou de produire celle-ci, au quotidien, sur le terrain.

— L'organisation demeure encore souvent une fonction clairement identifiable : celle des organisateurs et des services informatiques. Mais elle tend aussi à partager son champ avec les nouveaux spécialistes et les nouvelles pratiques de la gestion des ressources humaines et du management. Elle tend surtout à se défaire, bon gré mal gré, d'une part de ses compétences en « déléguant » à la « base » suffisamment d'autonomie pour qu'elle puisse faire preuve d'initiative.

L'ensemble de ces mutations ne s'opère cependant pas de façon linéaire, mécanique et indolore. A. d'Iribarne (43) montre que ce mouvement crée de nouvelles formes d'organi-

---

(43) A. D'IRIBARNE, *La compétitivité : défi social, enjeu éducatif*, Presses du CNRS. Paris 1989.

sation mais s'appuie aussi sur des modes de gestion de l'emploi et de la formation inadaptés. Plusieurs des études déjà citées mettent également en évidence les limites et les inconstances de cette évolution.

— Le mouvement ne concerne pas au même degré l'ensemble des positions de travail : sur un même processus se côtoient ainsi de nouveaux professionnels et des « laissés pour compte », faute de stratégie de formation globale des entreprises, ou faute de capacité à intégrer et partager les nouvelles connaissances.

— Le mouvement concerne de manière inégale l'organisation des entreprises : certaines privilégient encore une conception techniciste, scientiste et taylorienne du changement.

— S'il existe bien une tendance à l'interdépendance et l'échange des compétences, les classifications restent généralement définies par des critères d'ordre industriel, ou par des « temps de réponses » longs.

— De façon quasi générale, les entreprises ne disposent pas d'une pensée élaborée à propos de la politique à mettre en œuvre pour organiser l'interdépendance de l'évolution technique et du processus de travail.

— L'organisation finalement adoptée ne correspond pas à un quelconque déterminisme technique ou à une volonté managériale unilatérale, mais à la manière dont les acteurs traitent cet enjeu.

Rien n'est donc définitivement acquis, ni sur le plan de la qualification, ni sur celui de l'organisation. Le déplacement du travail se réalise par à coups et par approximations successives. Il modifie ainsi sensiblement la logique économique des entreprises : reposant sur de considérables investissements en connaissances, il échappe à la logique taylorienne, mais est rarement pensé et préparé dans cette perspective.

Ce mouvement correspond aux travaux déjà anciens de C. Perrow (44). L'auteur distingue dans chaque entreprise des tâches à caractère innovant, dont les buts, modes opératoires et règles sont flous (recherche et développement, marketing), et d'autres, marquées par la routine et la standardisa-

---

(44) C. PERROW, *Organisational Analysis : A sociological View*, Londres. Tavistock. 1970.

tion des procédés (activités de production). L'auteur insiste également sur un fait : les dirigeants souhaitent généralement une organisation unique et refusent de considérer la dimension spécifique des tâches d'innovation.

L'explication du caractère ambigu de cette évolution tient à la nature des rapports de force qui se structurent, entre cette volonté de rationalisation et celle des opérateurs, cadres ou non cadres. Le poids de ces rapports de force est d'autant plus structurant que la logique informationnelle empêche toute définition stricte de la rationalité économique.

4. VERS UNE NOUVELLE PRODUCTIVITÉ

Les investissements immatériels n'ont pas pour principal effet d'augmenter la productivité du travail. Ils améliorent les capacités de réponse de l'organisation aux objectifs qu'elle se fixe : l'« efficacité organisationnelle » (45). Les investissements accompagnent et augmentent la valeur globale du processus de travail : elle a pour origine l'organisation et non le travail considéré isolément (46).

Si cette réalité nouvelle se manifeste de façon souvent évidente, elle n'en reste pas moins difficilement quantifiable. A ce titre, elle est souvent méconnue par certains spécialistes de la gestion dans les entreprises.

4.1. L'efficacité organisationnelle

La qualité des produits, la vitesse de transmission des informations (et donc des prises de décision), la capacité à

---

(45) R. WEISZ, « Efficacité du travail : fausses pistes et vrais enjeux », in *Revue Française de Gestion*, n° 62. 1987.

(46) Le thème de la nouvelle productivité est largement débattu.

— Selon le CERC, il s'agit d'apprécier la contribution du travail, mais aussi du capital et des consommations intermédiaires, à l'amélioration de l'output. Ces travaux montrent l'écart entre les indicateurs techniques de productivité et les indicateurs monétaires et financiers de rentabilité. Cf. *La productivité globale dans l'entreprise*, Paris Éd. d'organisation. 1989.

— Selon C. DU TERTRE, dans la pétrochimie « les gains de productivité tiennent aux rendements d'ensemble des installations, et non au rythme de travail des ouvriers et des équipements (...) Il s'agit, en d'autres termes, d'obtenir le meilleur rendement entre coûts fixes et coût variables ». Cf. *Technologie, flexibilité, emploi*. Coll. Logiques Économiques Paris. Éd. L'Harmattan. 1989.

gérer l'inattendu, l'aléatoire, la possibilité d'anticiper sur le devenir de l'entreprise sont quelques exemples de réussite des investissements immatériels. Ils se traduisent par des gains en efficacité organisationnelle.

Il en va de même pour les nouvelles technologies. Elles demeurent pourtant liées à une représentation étroitement économiste de l'investissement. Leur logique s'avère largement comparable à tout autre investissement en savoir : elles participent autant de la capacité à produire des changements permettant de supporter les contraintes d'innovation, que de substituer du capital au travail (47).

L'augmentation de la productivité des métiers du secrétariat était ainsi l'un des grands rêves techniciens du début des années quatre-vingt. Grâce à la bureautique, le million de secrétaires et de sténo-dactylos allait diminuer, de manière proportionnelle à l'augmentation de la « force de frappe » des logiciels. Le rêve a fait long feu. Dans bon nombre d'entreprises, d'un ensemble de techniques, qui pouvaient potentiellement diviser par deux l'emploi concerné, on a finalement tiré des gains de productivité partielle de l'ordre de 30 %. Mais, simultanément, toute une logique professionnelle s'est transformée. Les secrétaires ont tiré parti de leur outil et de la compétence qu'il leur conférait, pour partager ou s'approprier des tâches de cadres dans les domaines des affaires commerciales et juridiques. Devenues « assistantes techniques », elles ont augmenté la qualité, l'utilité et finalement la valeur de leur fonction. Cette mutation représente l'effet majeur du changement technique (48).

La même époque, avec les mêmes hérauts de la productivité, a vu un phénomène encore plus net se produire à propos des cadres. La télématique et la micro-informatique ont été présentées comme le moyen de réaliser, enfin, des gains de productivité sur une population restée à l'écart des contraintes de cet ordre. Là encore, les pratiques se sont avérées bien éloignées des principes. Dans bon nombre d'entreprises pourtant réputées pour la rigueur de leur gestion, le nombre de cadres a continué à croître, alors que les inves-

---

(47) M. LIU, « L'organisation dans les entreprises en mutation technologique », in *Travail et Emploi*, n° 40, 1989. TONNEAU, « Productivité et emploi dans l'entreprise », in *Travail et Emploi*, n° 36/37, 1988.

(48) N. ALTER, *La bureautique dans l'entreprise. Les acteurs de l'innovation*, Paris, Éditions ouvrières 1985.

tissements informatiques consacrés au soutien de leur fonction doublaient annuellement.

Les technologies permettent en effet bien d'autres choses que de produire plus. Les nouveaux réseaux ouvrent la porte à des processus de décision réservés jusque-là aux seuls détenteurs d'informations sensibles. Les traitements autonomes des données assurent une décentralisation de fait par rapport à l'informatique centrale. La création de banques de données spécifiques à un type de produit, de client ou de fournisseur, augmente l'espace de réflexion ou de négociation. Le changement n'est donc pas d'ordre strictement productif. Il se solde souvent avantageusement par un accroissement de la compétence des opérateurs et de la pertinence de leurs interventions.

De manière délibérée, de nombreuses entreprises investissent ainsi en nouvelles technologies d'information pour augmenter la valeur d'un type d'opérations particulier. Les banques équipent leurs salles des marchés avec les systèmes de communication les plus sophistiqués. Elles accélèrent ainsi les procédures de traitement et donc le bénéfice des transactions. Les industriels investissent dans une perspective similaire, pour assurer un dialogue au coup par coup avec les clients et les fournisseurs. Ils élèvent ainsi la qualité de leurs prestations tout en réduisant leurs stocks.

Les nouvelles technologies, dans le secteur de la gestion, ne correspondent plus aux grandes vagues d'automatisation des tâches répétitives qui, dans les années soixante-dix, avaient permis de réaliser des gains de productivité directe du travail. Aujourd'hui, l'objectif correspond à une amélioration de l'aval et de l'amont de la production, à une diversification et à une augmentation de sa valeur globale et non de son volume.

Dans les activités industrielles, la situation est plus nuancée. La robotisation d'une chaîne de travail se traduit presque toujours par une diminution de l'effectif. Et ce fait est majeur. Mais il ne peut être considéré comme unique. Dans bien des cas, l'introduction de nouvelles technologies correspond aussi à des logiques proches de celles qui viennent d'être décrites.

Dans un premier temps, les MOCN de l'usine Tarot permettent de réduire l'effectif en supprimant la presque totalité des postes d'OS. Mais cet objectif se combine avec d'autres : l'automatisation correspond aussi aux contraintes de flexibilité de l'organisation et des techniques. La meilleure preuve tient à la suite de l'histoire : la mise en œuvre du « juste à temps » suppose de nouveaux investissements technologiques dont le seul but est d'augmenter encore la flexibilité.

L'exemple d'une usine de métallurgie perdue dans les terres du Minas Gerais brésilien illustre également cette nouvelle configuration économique. Sur ce site, le prix de la main-d'œuvre est, à qualification comparable, infiniment inférieur à ce qu'il serait dans un pays occidental. Par ailleurs, la « paix sociale » et la flexibilité du travail, appuyées par une dictature sans faiblesse, règnent dans l'usine (49). L'investissement en technologie est donc en apparence aberrant. Il ne correspond ni aux contraintes économiques, ni aux contraintes juridico-sociales classiquement avancées pour justifier et expliquer le changement technique. Pourtant, il a sa raison d'être : il permet d'obtenir une qualité de produits de réputation internationale.

Comment comprendre la logique qui guide la robotisation des activités industrielles d'un kibboutz ? Dans cet univers, pour des raisons d'ordre démographique (50), le critère de productivité du travail ne vaut pas plus que dans l'exemple précédent. Par contre, comme dans toute autre entreprise, la contrainte de rentabilité existe : la collectivité est économique puisque sa pérennité repose sur la réalisation de profits. Le robot, en accroissant la flexibilité des lignes de produits réalisés dans l'usine, permet de diversifier la production en fonction de demandes aléatoires et de gagner des parts de marché.

Dans ces situations, les technologies nouvelles augmentent peu la productivité directe du travail, mais améliorent sensiblement l'efficacité organisationnelle globale de l'entreprise.

Cette affirmation n'a rien de paradoxal au plan économique, mais se heurte au sens commun. Celui-ci confond productivité du travail et efficacité organisationnelle comme si la seule source de profit de l'entreprise tenait à l'accroissement du rendement de chaque poste de travail. Cette repré-

---

(49) Avant la venue de la démocratie.
(50) La contrainte est de garder et de stabiliser la « main-d'œuvre » plutôt que de la réduire.

sentation est issue des pratiques tayloriennes. La machine contribue à accroître la passivité, la dépendance et les cadences des opérateurs. Le capital permet en quelque sorte d'augmenter le rendement du « travail bête » : par le biais de l'automatisation, on réduit alors l'effectif, les temps morts, la « flânerie » ou les stratégies de « freinage » des opérateurs.

Les contraintes d'innovation inversent cette problématique. Elles obligent à perdre en productivité pour gagner en efficacité organisationnelle. Le profit ne se fonde plus sur l'exploitation d'une force de travail rustique, mais sur la maximisation des possibilités de traitement des connaissances. Le phénomène le plus caractéristique de cette tendance est certainement la forte croissance, simultanée, de l'effectif des cadres et de la puissance informatique globale qu'ils consomment.

La différence économique entre la logique taylorienne et la logique informationnelle est manifeste. Elle se traduit, à propos des nouvelles technologies, mais également pour l'ensemble des investissements immatériels, par une mutation sur cinq plans bien caractéristiques. Cette mutation caractérise le passage d'une efficacité strictement limitée à des objectifs de nature stable et quantitative, à l'efficacité organisationnelle, qui permet de transformer l'organisation en moyen de gestion de l'innovation.

Les deux logiques, taylorienne et informationnelle, s'opposent point par point à propos des investissements technologiques :

— la flexibilité du processus de travail (51) est préférée à sa « rationalité », la capacité à changer de produits et de procédures à celle de la perfection des modes opératoires ;

— la « réactivité », le management désigne par ce terme la capacité collective à trouver une réponse à un problème ou à tirer parti d'une opportunité du marché, l'emporte sur la rapidité de réalisation des tâches ;

— l'anticipation prévaut sur les seules capacités de gestion ;

---

(51) Il existe quatre formes de flexibilité : celle de l'organisation, de la technique, du temps de travail et de l'emploi. Nous ne retenons ici que les deux premières, la flexibilité du temps de travail et l'emploi participant d'une conception étroitement économiste, qui s'intègre mal dans le processus décrit.

— la recherche d'efficacité externe (le degré de réussite atteint par rapport aux objectifs fondamentaux de l'entreprise) se juxtapose à la recherche d'efficacité interne (le degré de réussite atteint par rapport aux objectifs définis par les ratios propres à un service) ;
— les impératifs de transformation de l'organisation prennent le pas sur ceux de sa stabilité, de sa reproduction.

4.2. La panne des outils de mesure

Le phénomène demeure difficile à identifier et à accepter (52). Ces retours sur investissement étant difficilement quantifiables, bon nombre de spécialistes de l'organisation refusent de les prendre en considération. Par ailleurs, dans une même entreprise et à propos d'un même système technique, on constate la coexistence des deux logiques économiques, l'une dominant l'autre en fonction des forces sociales en œuvre.

Certains dirigeants sont pourtant persuadés du bien-fondé de la transformation de la raison économique. La notion de « productivité globale » utilisée par A. Riboud (53) consiste à rapporter les investissements immatériels à l'efficacité externe du fonctionnement de l'entreprise. L'autre idée majeure de cette « productivité globale » tient à la conception même de l'identité de l'entreprise. L'objectif est de s'appuyer sur les mutations internes et externes pour repenser en permanence structures et produits. Ce gouvernement par la mobilité s'appuie explicitement sur l'accumulation et la diffusion des connaissances.

La même notion et le même discours sont retenus par la direction de Renault (54). La compétitivité de l'entreprise

---

(52) G. DELAUNAY et J. GADREY montrent que le concept de productivité est totalement inadéquat pour les activités de service : la comparabilité des résultats ou des actes n'est pas suffisante ; la nature du produit évalué se transforme ; il y a co-participation des prestataires et des bénéficiaires ; le niveau d'analyse utilisé donne des résultats spécifiques à ce choix. *L'évolution des sociétés de services*, Presses de la FNSP, Paris 1988. R. WEISZ fait une lecture critique particulièrement stimulante des indicateurs de gestion utilisés à propos de l'efficacité du travail. *Op. cit.*
(53) A. RIBOUD, *Modernisation, mode d'emploi*, Paris Union Générale d'Éditions 10/18, 1987.
(54) R. TIJOU, Intervention réalisée dans le cadre du séminaire « Compétence et compétitivité », organisé par l'Université Paris Dauphine. 1989.

s'appuie sur la « productivité globale », qui concerne : la maîtrise du process, la réactivité du système industriel, l'adaptabilité permanente de l'entreprise. Ce triptyque organisationnel repose sur les investissements immatériels qui sont conçus comme un moyen de développer les capacités individuelles et collectives d'intervention aux différents niveaux du processus de travail.

La légitimité et la diffusion de ces positions demeurent pourtant faibles sur le terrain. Elles butent sur l'inertie des méthodes comptables, qui ne croient que ce qu'elles voient, sous forme d'un bilan quantifié. Et les investissements immatériels supportent mal les outils de mesure utilisés traditionnellement.

— Ces outils supposent de pouvoir comparer avant et après le changement une production dont la quantité change, mais dont les éléments constitutifs restent stables. C'est là que le bât blesse. Bien souvent, les investissements immatériels ne se traduisent que faiblement par une modification du volume produit. Ils transforment et intègrent par contre largement la valeur ajoutée par les différents niveaux d'intervention : conception, exécution, distribution, gestion. Mais on distingue très mal leur part relative dans la réalisation de cette valeur ajoutée.

Par ailleurs, la logique informationnelle, caractérisée par une forte réalisation et consommation de connaissances, échappe aux lectures comptables mises en œuvre pour l'ordre de « production ». Les connaissances ont pour objectif de réaliser un bien ou un service incertain ou mobile. L'acte professionnel lui-même est donc sensible aux incertitudes, aux aléas de son propre fonctionnement. Il ne peut à ce titre ni être évalué, ni être prévu avec précision, en tout cas en termes comptables. Ce phénomène est accentué par la mobilité et le caractère erratique des objectifs qui doivent nécessairement, dans ce type d'aventure, évoluer, mais perdent simultanément leur qualité de « point fixe ».

Cette difficulté métrologique est souvent confondue avec un échec relatif des investissements immatériels, ou plutôt une insuffisance de rigueur dans leur gestion. Certains cabinets d'expertise et d'audit y trouvent une mine pour la valorisation de leur propre activité : ils « décèlent » les insuffisances ou « dérapages » de la formation, de la recherche ou de l'informatique. Pérennisant ainsi des représentations gauchies par rapport aux réalités informationnelles, ils rencontrent souvent un public ouvert à leurs idées.

Il existe en effet une difficulté certaine à penser qu'un investissement ne produise pas de retour évaluable. Deux siècles d'une certaine logique industrielle ne peuvent s'effacer d'un trait de plume.

Le retard des représentations sur les pratiques s'explique aussi par la diversité des situations, à l'intérieur d'une même entreprise. Les investissements immatériels ne pénètrent pas avec la même force ni la même célérité les différents secteurs et services d'une même institution. En fonction de préjugés ou de positions d'acteurs spécifiques, les uns vont privilégier le caractère productif de l'entreprise et d'autres son caractère informationnel (55). Le thème de la robotique est un exemple parfait de ce clivage. La technique correspond à la fois à la logique de la production et à la fois à celle de l'innovation ; elle tend simultanément vers l'efficacité et vers l'efficience. Mais on la repère, l'identifie et la clame de façon résolument manichéenne.

Les uns et les autres tiennent par ailleurs des discours ambivalents. Après des discours d'accueil et d'approche prudents, la grande majorité des responsables du marketing, de la formation, de la recherche ou de l'informatique avancent ainsi toujours la part d'aventure dans leurs investissements. Les uns considèrent ces pratiques comme un pis-aller, en attendant de pouvoir mieux gérer. D'autres comme une nécessité durable, reflétant parfaitement la contrainte de risque que représente l'idée même d'entreprise. Dans les deux cas, l'innovation s'accompagne d'aventure. Drôle d'histoire finalement. Alors que les uns et les autres se font de plus en plus les hérauts d'une entreprise qui fonctionne par et pour l'innovation, le discours demeure souvent, à propos de la productivité, celui de l'entreprise industrielle. Le paradoxe est cependant convenu. Les organisations ne conçoivent la réalité de leurs fonctionnements qu'après les avoir vécus longuement. On a mis dix ans à accepter l'idée que l'informatique centralisée limitait la circulation de l'information, trente à comprendre que le taylorisme coûtait plus qu'il ne rapportait, cent à admettre que la bureaucratie n'était pas « rationnelle ».

---

(55) F. PINARDON, « La rentabilité : une affaire de point de vue ». In *Gérer et comprendre*, n° 16, 1989.

La logique informationnelle correspond à une tendance qu'il est donc difficile d'identifier avec les outils d'analyse traditionnels. Cette difficulté est accentuée par le fait qu'il n'existe que peu ou pas d'entreprises totalement informationnelles. Chaque entreprise est porteuse, pour une part plus ou moins grande de ses services, de la logique décrite ici.

La polysémie du terme innovation complique encore les choses. Contrairement à ce qui est souvent convenu, l'innovation n'est pas le moment précis d'une action déterminée : c'est un processus. Ce processus ne concerne pas ou la technique ou l'organisation : il concerne les deux et simultanément. Les travaux de B. Latour sont édifiants (56). L'auteur écrit que « de l'invention au développement, puis de là à l'innovation et à la vente, l'argent investi augmente exponentiellement tout comme le temps passé sur chaque phase et le nombre de ceux qui participent à sa construction ». Ceci vaut autant pour l'innovation concernant le fonctionnement de l'entreprise que pour les biens qu'elle produit. Mais l'idée est mal acceptée, un peu comme si innover s'opposait à travailler, comme si l'acte d'innovation devait rester spécialisé à quelques lieux et moments. Les représentations semblent suivre ici les pratiques avec beaucoup de retard.

Ce cumul d'effets de masque amène à accroître sensiblement les troubles qui pèsent sur la gestion de l'innovation. Non seulement, celle-ci se trouve confrontée aux incertitudes du marché et de son fonctionnement interne, mais encore elle ne dispose pas d'un principe explicite et dominant pour fonder son action économique. Cette hésitation institutionnelle, qui caractérise la rencontre avec des investissements dont on connaît encore mal la nature, mais qu'on reconnaît comme nécessaires, amène alors les entreprises à s'engager dans l'immatériel un peu comme on jette des bouteilles à la mer. L'organisation s'en trouve chahutée, bouleversée, bien plus que seulement « modernisée ».

---

(56) B. LATOUR, *La science en action*, Paris, Éd. La Découverte. 1989.

CHAPITRE II

LE TROUBLE ORGANISATIONNEL

Les contraintes d'innovation ne permettent plus de gérer de manière rationnelle : les moyens organisationnels ne sont plus adaptés aux objectifs de l'entreprise.

Encore largement définie par son passé, l'entreprise garde le goût des statuts, des structures et des modes opératoires précis. Mais, pressée par son présent, elle laisse aussi, bon gré, mal gré, une large partie de la gestion de l'organisation à de nouveaux professionnels qui disposent d'une capacité à en gérer les incertitudes permanentes.

Tiraillée entre ces deux pôles, l'organisation se fragmente et se tord. Cumulant des savoir-faire professionnels et d'innombrables arrangements réglementaires, elle tente aussi de les canaliser et de les gouverner à l'aide des méthodes modernes du management des ressources humaines. Elle échoue largement. Elle passe alors de l'exercice de la règle à celui d'une régulation imparfaite.

1. Un nouveau professionnalisme

La production de masse et l'organisation scientifique du travail s'accompagnent de certitudes permettant la réalisation de tâches suffisamment stables pour être strictement définies. L'innovation repose au contraire sur une modification permanente du contenu et du sens de ces tâches. Cette mobilité ne peut sérieusement être prévue et planifiée. L'autonomie accordée aux opérateurs et l'inventivité deviennent alors les maîtres-mots de cette évolution. Elles représentent la qualification réelle et la nouvelle contrainte des opérateurs. Elles correspondent à la mise en œuvre permanente de microdécisions permettant d'améliorer ou d'adapter un processus de production incertain et mobile (1).

Ce professionnalisme se développe donc par défaut d'organisation et par une préparation « insuffisante », tant sur le plan de la formation que sur celui des systèmes techniques. Il correspond plus à un bricolage permanent entre les ressources de l'opérateur et les contraintes du poste de travail qu'à une volonté déterminée, définie et contrôlée par la politique de l'entreprise, de professionnaliser les hommes.

1.1. Le retour du savoir-faire

Largement observé par la sociologie du travail à propos des tâches à forte marge d'indétermination ou de celles qui requièrent une intervention sur l'ensemble du processus de production, le professionnalisme correspond aux situations marquées par de nombreuses exceptions supposant, selon D. Monjardet, de « l'expérience et de l'intuition, au moins autant que des connaissances scientifiques formalisables » (2).

Comme pour les métiers des compagnons du Moyen Age ou ceux des médecins ou des avocats aujourd'hui, la logique informationnelle conduit à intervenir sur les produits ou

---

(1) On retrouve ici bon nombre des conclusions présentées dans le chapitre précédent ainsi que le caractère incertain du déplacement du travail.

(2) D. MONJARDET présente clairement le rapport entre indétermination et technicité du processus de production d'une part et professionnalisme d'autre part. « Il y a des facteurs qui sont inconnus, ou mal connus, mal maîtrisés ou moins maîtrisables et donc une incertitude irréductible sur les résultats de fabrication. Dans l'état actuel des connaissances et des techniques, cette incertitude ne peut être gérée que par des ''professionnels'', c'est-à-dire des opérateurs formés longuement sur le tas, mettant en œuvre leur expérience et leur intuition au moins autant que des connaissances scientifiques formalisables. » « Organisation, technologie et marché de l'entreprise industrielle », in *Sociologie du travail,* n° 1, 1980.

La définition donnée par M. FREYSSENET d'un élément de la qualification des opérateurs est ici tout à fait adaptée. Il s'agit du savoir-faire de base, des capacités d'adaptation aux problèmes inattendus et des capacités à participer à l'innovation. « Peut-on parvenir à une définition unique de la qualification ? » in *La qualification : de quoi parle-t-on ?,* Paris, La Documentation Française, 1978.

services en disposant pour ce faire d'un libre arbitre important quant à l'usage des outils et à l'organisation à adopter. La différence majeure entre ces nouveaux métiers et les anciens tient au caractère « sauvage » des formes actuelles du professionnalisme. Il n'est pas organisé en corporation, il ne jouit *a priori* d'aucune reconnaissance institutionnelle ou d'avantages acquis au cours de ses luttes. Il s'agit d'un professionnalisme sans histoire, sans code, organisation interne ou situation juridique clairement établies. Le professionnalisme doit ici se comprendre comme un rapport d'autonomie et de créativité à la tâche ainsi qu'à l'organisation, mais sans appartenance à un corps de métier.

C'est le cas d'un groupe d'ingénieurs et techniciens chargés de la documentation technique d'une entreprise française d'aéronautique. Le réseau commercial s'avérant trop faiblement étoffé pour assurer la maintenance des avions dans les pays d'accueil, le groupe développe un système technique tout à fait original. Il s'agit d'une banque de données accessible par réseau téléinformatique, assistée d'un système de recherche particulièrement élaboré. L'ensemble permet d'accéder à la presque totalité des spécificités techniques du modèle acquis. Il offre également la possibilité de définir les étapes et méthodes de maintenance corrective et préventive.

Pour réaliser ce service, le groupe doit d'abord réunir et structurer une information répartie dans des services différents. Il doit ensuite réaliser un logiciel suffisamment exhaustif et « convivial » pour être utilisé par les clients. Il doit enfin définir et organiser un programme de formation et de partenariat spécifique à l'acquisition de ces connaissances. Sur tous ces plans, les professionnels doivent concevoir l'ensemble du processus et des outils de travail. Leur action correspond donc à une triple intervention : amélioration du service rendu, conception d'un ensemble technique et diffusion de savoirs.

Cette action représente plus une structure durable qu'une simple opération : l'évolution des spécificités techniques des avions, mais aussi le caractère artisanal du système documentaire supposent que les interventions soient permanentes. L'inventivité et le savoir-faire des techniciens et ingénieurs opèrent sur quatre plans.

— Élaboration des contenus et périodicité de maintenance en fonction de stocks mondiaux de rechange, des stations-service et des coûts spécifiques des opérations.

— Liaisons permanentes entre les clients et les départements de l'entreprise concernés.

— Interventions à chaud sur le terrain, auprès de clients « bloqués sur des opérations de maintenance ».

— Actualisation permanente de leurs propres connaissances, les versions de chaque modèle variant en fonction des demandes des clients.

Dans une compagnie d'assurances, un mécanisme comparable s'observe. Chaque agence, composée de deux à six salariés, choisit dans un « panier » de services, de formules financières et de contrats types, des cibles particulières. Cette liberté est cependant pondérée de deux manières : le bilan annuel, qui valorise le résultat financier des unités de travail au détriment du volume d'affaires traitées, mais aussi les différents challenges, temps forts et campagnes qui contraignent momentanément les agences à se polariser sur un produit.

L'informatisation des agences se traduit par la possibilité de consulter des banques de données ou de réaliser des simulations financières. Mais ces aides à la gestion ne répondent que partiellement aux contraintes locales, celles d'accords spécifiques avec les clients. Ceux-ci sont caractérisés par des traitements qui ne suivent que partiellement les modes opératoires et les séquences prévus par l'informatique centrale.

La politique des hommes de marketing du siège accentue le caractère commercial de l'activité, au détriment de ses qualités strictement administratives : elle incite activement à la prospection, au conseil, au service après-vente, à la diversification et à la personnalisation des produits. Le « sens de la relation commerciale », du « profit », amène ainsi à délaisser les tracasseries administratives pour « faire d'abord les opérations et régulariser après ».

Ces modifications amènent chaque agent à répondre à des sollicitations plus diversifiées de la part des clients. Ces sollicitations sont également plus précises et négociées, l'opérateur devant intervenir sur la suite logique des différentes opérations. Le système technique n'est, par ailleurs, jamais totalement maîtrisé : il pose autant de problèmes qu'il en résout. Enfin, le nombre de produits, 66 au total, augmente de 10 %

par an ; il n'est donc pas possible de connaître et de traiter parfaitement toute la gamme.

Le niveau de connaissances moyen a alors tendance à augmenter, mais moins rapidement que celui des connaissances nécessaires. Chacun parvient à faire avancer les affaires sans jamais totalement combler cet écart. Dans ce fouillis technique et organisationnel, l'inventivité et l'arrangement sont les seules ressources pour travailler sérieusement.

— La contradiction permanente, qui consiste à « faire du chiffre » tout en demeurant dans les règles administratives et financières, suppose des arrangements complexes avec les services du siège.

— Les ciblages précis de l'activité, par la mise en service de challenges, temps forts et campagnes, sont contournés par la nécessité de « profiter » des caractéristiques financières de la clientèle locale. Les agents favorisent des produits qui « rapportent gros », et ceci au détriment de politiques commerciales quelque peu agitées.

— Les agents fidélisent leurs clients par une extrême personnalisation de la relation, qui leur permet d'être des hommes de confiance. Ils vont jusqu'à réaliser les déclarations d'impôt, rédiger du courrier administratif et débrouiller des affaires juridico-financières.

Des phénomènes de même nature s'observent dans un atelier réalisant en sous-traitance des éléments de matériel agricole. Les MOCN et les centres d'usinage (3) font l'objet de modifications constantes : l'entreprise réalise pour plusieurs clients des pièces mécaniques de haute précision et sur des séries courtes, de l'ordre de quelques dizaines d'unités, voire moins. Chaque unité de travail doit ainsi modifier régulièrement l'agencement électro-mécanique et informatique du matériel. Cette instabilité du système technique jointe à son adaptation toujours imparfaite aux contraintes de fabrication, amène à une augmentation du nombre d'arrêts destinés à la mise au point des outils. Sa prise en charge repose alors sur un transfert de connaissances. Les techniciens du service méthodes, lourdement chargés en interventions, collaborent de manière étroite avec les professionnels de la production.

---

(3) Machines Outils à Commande Numérique Polyvalentes. Dans la suite du texte nous utilisons le sigle MOCN pour les deux types de machines.

Chaque arrêt est l'occasion pour ceux-ci d'accumuler des connaissances supplémentaires à propos du fonctionnement de l'outil ; progressivement s'établissent des pratiques de « programmation sur le tas », soutenues par une collaboration entre les deux groupes.

Contrairement aux objectifs initiaux de la direction de l'entreprise, le changement technique n'assure pas la rationalisation du travail. Au contraire, la multiplication des aléas de fonctionnement impose de passer d'un travail prescrit, élaboré par des spécialistes, à un travail nécessitant d'intervenir sur la définition du rapport instable entre les outils et les pièces. Trois types d'actions caractérisent cette inventivité collective.

— Certains plans de travail, en particulier pour les plus petites séries, arrivent dans l'atelier après les pièces à usiner ; les ouvriers réalisent alors eux-mêmes en totalité la préparation de la machine, la programmation et la gamme d'usinage.

— La diversité des matériaux traités ne permet pas toujours de disposer d'informations adaptées dans le bureau des méthodes. C'est l'expérience des ouvriers professionnels, leur tour de main, qui permettent de redéfinir sur place la vitesse de rotation, les plaquettes à utiliser, et le choix des outils.

— Sur les programmes anciens, d'autres problèmes se posent : les fraises s'usent et les professionnels doivent définir des « passes » supplémentaires sur le programme pour assurer un usinage parfait.

1.2. Un professionnalisme toléré et inégal

Les entreprises laissent se développer ces pratiques inventives plus qu'elles ne les conduisent. Les opérations se réalisent à l'intérieur de logiques professionnelles qui sont plus tolérées que gérées en tant que telles.

Le déplacement du travail fait ainsi régulièrement apparaître des situations où la capacité à tirer parti des incertitudes ou à proposer des solutions prévaut sur la seule capacité à exécuter les tâches imparties. Le dilemme entre l'application des règles et procédures d'une part et la nécessité de les contourner pour opérer de façon efficace n'est pas une nouveauté (4). Mais son intensité donne ici au dilemme une configuration nouvelle. L'arrangement l'emporte de manière permanente, élargie et approfondie sur les règles de fonctionnement.

Fait majeur, les entreprises n'ont pas modifié leur conception de la qualification des opérateurs, et leur politique en la matière, aussi vite que changeait celle des postes de travail. La tolérance du professionnalisme correspond alors à une sorte de connivence latente entre ceux qui conçoivent le travail, l'organisation, et ceux qui réalisent. Cette tolérance obligée repose sur quatre éléments qui représentent les sources de l'inventivité des professionnels : la technique, les produits, l'organisation, les savoirs et le marché.

a) Dans les trois exemples présentés, l'obsolescence, l'indétermination, la complexité et la fragilité des outils nécessitent aménagements et bricolages permanents. Il faut ici accepter l'idée que les technologies ne sont pas « automatiques », autorégulées : elles supposent au contraire une intervention fréquente d'opérateurs, et d'opérateurs aux fonctions variées. Elles sont en quelque sorte automatiques lorsqu'elles fonctionnent. Mais elles ne fonctionnent jamais de façon automatique. Le choix d'un logiciel fait ainsi intervenir différentes instances décisionnelles dans l'atelier ou les bureaux. Il existe à cette occasion une rencontre entre des objectifs différents : bureaux des méthodes, informatique et organisation, commercial, qualité. Durant cette période, les spécialistes de la technique dominent la négociation. Il n'en va plus de même pour son usage qui se définit en fonction des pratiques opérées par les professionnels, les utilisateurs finaux du matériel, qui pervertissent l'objet technique pour parvenir à « travailler correctement ».

b) La mobilité, la personnalisation, les contraintes de qualité des produits et services reposent sur des initiatives et des corrections permanentes. Elles élargissent considérablement le champ des incertitudes qui deviennent le lot quotidien des opérateurs. Ils sont progressivement amenés à redéfinir au coup par coup la nature des produits et des procédures. Ceci vaut à l'évidence plus pour les activités de services réalisées

---

(4) Voir en particulier les travaux de P. BERNOUX, P. MOTTE, J. SAGLIO, *Trois ateliers d'OS*, Paris, Éd. Ouvrières, 1973. Ainsi que P. BERNOUX, *Un travail à soi*, Toulouse, Éd. Privat, 1981.

par des experts technico-commerciaux, cadres d'études ou responsables d'applications informatiques, que pour des tâches industrielles réalisées par des ouvriers, même qualifiés. L'exemple des ingénieurs de l'entreprise d'aéronautique, ou celui des agents de l'entreprise d'assurance, montre cependant que ce glissement n'est pas le fait d'une seule élite. Sur des thèmes comme la qualité des prestations, l'efficacité d'une démarche commerciale ou la capacité à traiter et à diffuser des connaissances, il existe une part de libre arbitre obligée. C'est cette vacuité réglementaire qui permet d'optimiser le produit, d'inventer son adaptation aux situations.

c) L'approfondissement et l'élargissement des champs de connaissance s'appuient sur une redéfinition continuelle des savoirs opératoires. Ce mouvement contraint à apprendre en permanence des savoirs plus souvent accessibles par des échanges professionnels que par des plans de formation. Dans les trois situations observées, des réunions d'information et les séances de formation ont permis d'acquérir les connaissances nécessaires au « bon fonctionnement » du bureau ou de l'atelier, mais jamais de résoudre concrètement les situations d'exception, qui sont pourtant quotidiennes. De façon quelque peu paradoxale, le travail complexe s'accompagne ainsi d'un temps d'« apprentissage sur le tas » qui permet seul de découvrir les savoir-faire *ad hoc*.

d) Le marché enfin, plus contraignant et plus ouvert, suppose des interventions, interprétations et anticipations fondées sur l'imagination de solutions nouvelles. Ceci vaut bien sûr pour les spécialistes du commercial situés dans les fonctions d'amont (conception) et d'aval (distribution) des produits ou services. Mais ceci vaut aussi pour leur réalisation. Dans les trois exemples cités, l'ouverture commerciale transforme des fonctions auparavant plus étroitement techniques ou administratives. Les techniciens et ouvriers de l'usinage doivent trouver le moyen de vivre au rythme de la mobilité et de la nature des accords passés : la qualité et les délais des lots à réaliser varient en fonction des échanges commerciaux. Les agents d'assurances ont une mission de négociation d'accords, de définition de nouvelles cibles qui les contraint à inventer des procédures de sélection et de traitement des produits. Les ingénieurs ne peuvent réaliser leur banque de données qu'en fonction d'échanges permanents avec les clients.

Chacun de ces champs devient ainsi une source constante d'incertitudes et d'inventivité.

A l'évidence, la maîtrise de ces incertitudes s'avère inégalement partagée. L'expert en marketing, jouissant d'une large reconnaissance à l'intérieur de l'entreprise a la possibilité d'intervenir sur la totalité des quatre champs évoqués. A l'inverse, une secrétaire qui découvre la bureautique contrôlera au mieux l'incertitude technique et aura moins l'occasion d'intervenir sur d'autres champs.

Mais ce clivage hiérarchique n'est que partiellement pertinent. Des responsables de service, faute de compétence ou de rapport au produit suffisant, n'interviennent que faiblement dans la gestion des incertitudes. Par contre, bon nombre de techniciens ou de cadres moyens disposent des compétences idoines pour contrebalancer la faiblesse relative de leur niveau de classification.

Le clivage pertinent est le degré de professionnalisme. Quatre populations peuvent être distinguées.

— Les deux premières ont en commun de n'être que faiblement intégrées dans le processus de professionnalisation. Il s'agit des dirigeants, dont la position ne « permet pas » d'intervenir directement dans la gestion des incertitudes quotidiennes, mais seulement sur des incertitudes liées aux décisions. Il s'agit également des ouvriers et employés peu qualifiés qui, faute de compétence reconnue, ne peuvent exercer de libre arbitre important et exécutent surtout leurs tâches : secrétaires et opérateurs de saisie dans la compagnie d'assurances, ouvriers spécialisés dans l'atelier, employés peu qualifiés ou aides-documentalistes dans l'usine d'aéronautique.

— Les hiérarchies intermédiaires occupent une position ambiguë : ayant la responsabilité d'une équipe, mais pas de contact direct avec le produit, elles interviennent surtout *a posteriori* sur l'inventivité des professionnels. De fait, elles exercent une fonction de contrôle ou de canalisation et d'intégration des activités inventives.

— Les professionnels sont « les autres ». Il s'agit des salariés disposant d'une compétence suffisante pour intervenir activement dans la gestion des incertitudes et en tirer parti sous forme d'autodéfinition de leurs tâches. Les plus caractéristiques et représentatifs d'entre eux sont à l'évidence les cadres non hiérarchiques. Ils disposent de savoirs et de savoir-faire suffisants pour occuper largement le champ de l'inventivité. Mais les employés qualifiés, les techniciens et les « professionnels » des ateliers se situent dans la même partie du schéma : ils se définissent par leur capacité à intervenir, plus qu'à souscrire à un mode opératoire.

1.3. La fonction informative du réseau de professionnels

La multiplication des échanges entre professionnels amène au partage et à l'actualisation des connaissances. Cette notion recouvre une réalité plus large que celle de polyvalence. Le partage du savoir permet d'intervenir sur des fonctions définies par leur complexité et leur caractère aléatoire. La polyvalence permet de tourner sur des tâches définies et élaborées dans un cadre organisationnel strict. Autant que les programmes institutionnels de formation et d'information qui contribuent à assurer, plus ou moins bien, le développement des savoirs, le professionnalisme permet de développer des connaissances localement pertinentes, les savoir-faire.

L'instabilité des connaissances tient au caratère permanent et non structuré des changements. De mutations programmées dans l'univers industriel, la logique informationnelle conduit à des trémulations spontanées et continues.

Le changement technique ne peut ainsi plus être observé « avant et après » son introduction, mais « avant et depuis » qu'il se développe. La mise en œuvre de systèmes bureautiques ou robotiques, suivis de leur cortège de réseaux locaux, d'infocentres ou de « MAO » (« Machins » assistés par ordinateur) est un processus continu. La définition d'un nouveau produit, qu'il appartienne au domaine de la banque, de l'assurance, de l'informatique ou de l'industrie, opère selon la même logique : à partir d'une mutation émerge une série de mutations secondaires concernant l'amélioration et la diversification du produit.

Les activités de recherche et de développement du secteur de la pharmacie sont un exemple idéal des effets de ces renouvellements continuels sur le statut des connaissances opératoires.

Les problèmes s'avèrent de moins en moins strictement biologiques, chimiques ou informatiques. Ils contraignent à articuler simultanément les sciences exactes, les sciences du vivant et les sciences sociales. Le croisement des problématiques et des méthodes de chacun de ces champs devient une contrainte permanente. Les connaissances des chercheurs sont alors rarement à jour. L'évolution des savoirs bat à un rythme trop rapide pour que chacun puisse maîtriser en permanence l'ensemble des données optimales pour l'exploitation de son domaine. La mobilité des thèmes de recherche active et accentue ce processus. Elle réduit la « connaissance opératoire », à un moment qui s'achève pratiquement avec la mise en œuvre de cette connaissance : l'obsolescence des savoirs est telle que la durée nécessaire à leur acquisition est parfois supérieure à la durée de vie des principes considérés comme pertinents dans les laboratoires.

Un mécanisme comparable affecte les fonctions de nombreux cadres d'études. L'exemple du secteur financier d'une multinationale d'informatique est parlant. Pour assurer la réalisation de diagnostics et de prévisions, les professionnels doivent supporter l'obsolescence et la complexité de savoirs spécifiques à deux domaines particulièrement denses, mobiles et erratiques : celui de l'informatique et celui de son marché. Ils doivent en outre traiter ces données avec les outils d'un champ en pleine ébullition : celui de la finance.

Les techniciens chargés des différents systèmes de gestion et de production assistés par ordinateur s'inscrivent dans une perspective cognitive comparable. Au fur et à mesure que se développent les « automates », leur intervention s'intègre plus directement à l'ensemble du processus de réalisation des produits. Leur champ de compétence empiète sur des activités réservées jusque-là aux seuls cadres. L'intégration des différentes phases du processus de production induit une intégration relative des différentes fonctions. La compétence n'est alors plus de l'ordre d'une classification précise ni même d'un savoir particulier, mais d'une capacité à trouver la bonne information, et donc la bonne source, pour parvenir à définir les fonctionnements adéquats.

La mutation professionnelle des activités des secrétaires utilisant des systèmes bureautiques évolués se conjugue selon les mêmes principes. L'élévation de leur technicité les conduit à partager une partie des activités des cadres d'études. La simultanéité de ces deux changements augmente le nombre d'incertitudes spécifiques à la réalisation de leurs tâches. Elles se trouvent alors dans une situation de quête permanente de savoirs, que ceux-ci concernent le système technique, la nature des produits réalisés par leur service, les relations du service avec son « extérieur », ou leur propre positionnement dans l'organisation.

De fait, le passage au changement continu interdit aux connaissances de conjuguer parfaitement stabilité et pertinence. Les efforts de formation permanente ne peuvent juguler à eux seuls cette insuffisance. Ils restent en retard ou à l'écart des contraintes du travail quotidien.

L'accès au réseau de professionnels devient alors une ressource essentielle.

Cet espace d'échange a sa propre logique. Il s'agit d'un milieu qui s'autodéfinit en fonction d'une conception commune du professionnalisme et permet de faire face aux insuffisances d'information, de formation et d'expérience (5).

L'importance du réseau varie à l'évidence en fonction du niveau de technicité et donc de l'importance du multipositionnement. Plus le professionnel investit des domaines variés et plus il densifie et élargit ses contacts. C'est le cas des ingénieurs de l'entreprise d'aéronautique ou des financiers de l'entreprise d'informatique : les réunions informelles, la participation à des « clubs » d'échanges de savoirs, l'accès à des moyens télématiques transnationaux les assurent d'un large espace d'investigation. A l'inverse, les agents de la société d'assurance ou les ouvriers de l'atelier d'usinage ne disposent que d'un champ social relativement limité pour accéder aux savoirs. Leur réseau est d'une densité moindre : il ne concerne pour les premiers que quelques commerciaux du siège,

---

(5) Bien évidemment le réseau a aussi une fonction plus technique : celle d'assurer la gestion d'un processus de production supposant l'interdépendance. Les travaux cités dans notre premier chapitre y font largement référence. Dès le début des années soixante, la sociologie mettait en évidence le développement de ces réseaux au cœur du mouvement d'automatisation. Cf. en particulier les travaux de :
— G. FRIEDMANN, « L'automation, quelques aspects et effets psychologiques », in *Annales ESC,* n° 41958.
— P. NAVILLE, *Vers l'automatisme social ? Problèmes du travail et de l'automation*, Éd. Gallimard, Paris, 1963.
— C. DURAND, « Les travailleurs et le changement technique », in A. Touraine, Paris, Éd. de l'OCDE, 1965.
— A. TOURAINE, *Sociologie de l'action*, Éd. Seuil, Paris, 1965.
— J. WOODWARD. « Compte rendu de la compétence européenne de l'OCDE sur les implications pour la main-d'œuvre de l'automation et du changement technique », in *Revue Française du Travail,* avril-juin 1986.

ainsi que les collègues d'autres agences ; pour les seconds, il se réduit aux techniciens du service méthodes et ponctuellement, à ceux de l'entretien.

Mais dans les quatre situations, il existe un point commun essentiel : la capacité informative du réseau assure le maintien du professionnalisme.

Il s'agit d'une sorte de bourse d'échange s'appuyant sur une subtile dialectique. Disposer d'une information, de quelque ordre qu'elle soit, suppose de pouvoir payer en retour. Ce réseau se restreint donc nécessairement à ceux qui disposent de connaissances pratiques. L'entraide qui existe, et de façon très vive, dans les différentes situations observées ne peut donc se confondre avec un quelconque humanisme, ou effet direct de la complexité des tâches : il s'agit d'un négoce, et d'un négoce où les moins bien lotis en capital de connaissances sont dépendants des autres.

— Les ingénieurs de l'entreprise d'aéronautique échangent largement avec les spécialistes de l'informatique, de l'après-vente et de la formation-clients. Ceux-ci y trouvent une rétribution majeure : l'amélioration de leur gamme de produits, de ses développements ultérieurs et la publicité de leur participation à la réussite du projet.

— Les financiers de l'entreprise d'informatique collaborent avec les « petits stratèges » de la politique industrielle et commerciale, ainsi qu'avec les prospectivistes du siège. Ils offrent ainsi le moyen d'accréditer une image opérationnelle, utile, à des cadres disposant d'informations riches mais peu valorisées, faute de pouvoir être reconnus comme des « experts sérieux ».

— Les échanges entre les agents d'assurances et leurs homologues ou les cadres commerciaux du siège reposent sur une contrainte commune : celle de faire du chiffre malgré les procédures réglementaires. L'échange est dans ce cadre inégal : les agents informent largement les alliés du siège pour bénéficier de leur protection.

— Entre les ouvriers qualifiés utilisant les MOCN et les techniciens de l'informatique, l'échange tient à une alliance obligée pour faire face aux contraintes de flexibilité et de qualité fixées par l'établissement. La partielle auto-organisation ainsi réalisée a cependant des retombées inégales : les ouvriers qualifiés paient un lourd tribu en terme d'accumulation et de mise en œuvre des connaissances, alors que les autres tendent à réduire leur charge de travail.

Le réseau transgresse donc les territoires organisationnels. La logique du métier croise en permanence les réglementations. Pour parvenir à opérer, les professionnels collaborent avec des services théoriquement indépendants. L'opposition entre la logique des cloisonnements, verticaux ou horizontaux, et le réseau des professionnels traduit la confrontation de deux conceptions opposées de l'entreprise : dans un cas, le salarié travaille en fonction de la règle organisationnelle et dans le second cas, en dépit d'elle.

Cette défiance collective à l'égard de la structure rassemble les professionnels : ils doivent pouvoir protéger leur autonomie d'une stricte application de la règle en investissant leur métier d'une compétence supérieure à celle de leur « devoir ». Et ils ne la trouvent que dans l'échange.

L'entreprise ne se satisfait cependant pas de ce fonctionnement. Elle tend à formaliser ces échanges pour contrôler, prévoir, planifier et réduire ainsi le trouble organisationnel qui l'agite. Elle souhaite rapprocher l'exercice de l'autonomie de la règle, par la « participation » (6).

2. L'ÉCHEC RELATIF DU MANAGEMENT PARTICIPATIF

Le management participatif, qui se présente comme le grand conciliateur entre les hommes et les structures, a ainsi eu un beau succès, mais bref (7).

Qu'il s'agisse de cercles de qualité, de groupes d'expression ou de résolution de problèmes, des différents forums de communication ou de négociations dites « ouvertes », le même mécanisme se répète : les pratiques participatives ne sont

---

(6) A. BORZEIX et D. LINHART, « La participation, un clair-obscur », in *Sociologie du Travail*, n° 1, 1988.

(7) Le délégué général de l'AFCERQ, G. RAVELEAU, indiquait en octobre 1987 que seulement « 1 % du chemin » avait été fait (*Les Echos*, supplément « L'enjeu qualité », 30 octobre 1987). Il a cependant déposé le bilan de son entreprise durant l'été 1989.

Sur ce mécanisme de désintérêt, voir l'article de F. CHEVALIER, « Les cercles de qualité à bout de souffle ? », in *Annales des Mines*, juin 1987. Voir également le sondage réalisé par *Liaisons Sociales Mensuel*, n° 35, 1989.

appliquées que de manière partielle, strictement localisées et surtout éphémères (8). Elles souffrent en effet d'un excès d'ordonnancement et d'un refus des incertitudes. Elles tendent à trop contraindre les entreprises en privilégiant les méthodes au détriment des résultats. Elles tentent de résoudre des dysfonctionnements, des écarts répétés par rapport à la règle, alors que ceux-ci sont fonctionnels, utiles.

2.1. Des expériences paradoxales

Dans les différentes entreprises décrites jusqu'ici, certains services ont fait l'expérience habituelle de ce type de participation : ils ont mis en œuvre la méthode X, Y ou Z, puis l'ont délaissée pour participer sans méthode particulière, au quotidien.

Les expériences menées par l'entreprise publique Oraf montrent parfaitement ce déroulement.

La méthode DOMI, mise en œuvre pour favoriser l'expression et le travail en groupe de manière à résoudre des problèmes, est élaborée par la direction générale. Elle se présente sous la forme de documents écrits et audiovisuels ; son développement est assuré par de nombreuses présentations dans les différents établissements, par des séminaires spécifiques et une large publicité.

La résolution des problèmes y est présentée comme un cheminement décomposable en cinq phases : identifier et choisir un problème ; se représenter la situation ; rechercher les causes du problème ; imaginer des solutions ; planifier et suivre l'action.

La démarche suppose de communiquer ouvertement : savoir écouter ; s'exprimer clairement ; distinguer les faits et les opinions.

Six outils sont à la disposition des participants : le QQOQCP (9) ; le diagramme de Pareto (10) ; le brain stor-

---

(8) Ceci vaut pour l'ensemble des modes managériales. Sur ce thème, F. PIOTET montre que le mouvement de l'amélioration des conditions de travail a été délaissé parce que les « solutions et les démarches qu'il proposait se sont largement révélées inefficaces ». « L'amélioration des conditions de travail entre échec et institutionnalisation », in *Revue Française de Sociologie*, vol. 29, 1988.

(9) Quoi ? Qui ? Où ? Quand ? Comment ? Pourquoi ? Ces questions sont censées faire systématiquement le tour d'un sujet.

(10) Présentation graphique permettant de visualiser l'importance relative des différents phénomènes.

ming ; le diagramme causes-effets (11) ; les critères de choix (12) ; les fiches de synthèse (13).

L'évaluation de cette action, réalisée en 1988, fait apparaître des phénomènes inattendus, et de façon quelque peu brutale : un quart seulement des chefs d'établissement répondent au questionnaire destiné à faire le point sur DOMI.

Les enquêtes par entretiens montrent pourtant que le marketing et les qualités intrinsèques de DOMI sont de très bon niveau. Une première lecture donne quelques explications au désintérêt manifesté par les chefs d'établissement : DOMI est un produit en concurrence avec d'autres.

— Les organismes statutaires gardent force de loi, même s'ils aboutissent souvent à des impasses administratives.

— Les cercles de qualité recoupent souvent des thèmes abordés par DOMI : réparation du matériel, formation, informatique, effectif, carrières, systèmes d'information et politique de communication, outillage et aménagement des véhicules, sapin de Noël, etc.

— La participation « au quotidien », sans hiérarchisation des fonctions, ni méthode particulière : réunions de service ; réunions techniques, (par exemple les agents prennent trente minutes pour s'informer lorsqu'ils sont remplacés sur le poste de nuit ou de jour ; réunions ponctuelles (certains services techniques arrêtent annuellement la production pendant trois jours pour réfléchir à la communication et à la nature des tâches) ; enfin et surtout, la participation « sur le pouce » qui consiste à discuter pour s'entraider dans divers réseaux professionnels.

Hormis cette concurrence entre produits, DOMI souffre aussi d'être un enjeu à propos duquel chaque groupe joue de façon relativement contradictoire.

— Les cadres non hiérarchiques s'impliquent faiblement dans le développement de DOMI. Les thèmes abordés par la méthode ne concernent pas des enjeux mobilisateurs pour ce groupe. Il s'exprime et résout déjà des problèmes.

---

(11) Présentation graphique des interrelations des éléments d'un même problème.
(12) Palette de critères permettant de choisir le problème et ses solutions.
(13) Aide-mémoire synthétisant l'ensemble des méthodes utilisables et préparant le suivi de l'action.

— Les hiérarchies intermédiaires s'impliquent de manière concrète (elles sont souvent « désignées volontaires »). Mais simultanément, elles limitent le champ d'investigation des groupes DOMI : durée et espace de compétence défini par des territoires institutionnels ; niveau des enjeux réduit à celui des cercles de qualité.

— Les agents d'exécution sont apparemment les plus enclins à un usage optimal de DOMI. Mais ils ne peuvent contraindre leurs supérieurs à utiliser la méthode.

Une deuxième lecture des résultats d'enquête éclaire mieux les raisons du faible usage de DOMI. L'entreprise a connu, depuis le début des années cinquante, toutes les vagues, plus ou moins abouties, des nouvelles formes de gestion du personnel. Relations humaines, direction participative par objectifs, management stratégique intégré et leurs différentes variantes s'y sont succédé et s'y côtoient encore. Mais pour toutes ces expériences, comme pour la méthode DOMI, deux barrières demeurent infranchissables.

— L'organisation du travail d'abord. Le participatif déroge aux règles de préséance, aux formes de communication collective et individuelle, éventuellement à l'étroitesse du rapport grade/fonction et exceptionnellement aux procédures de décision, mais jamais à la verticalité fondamentale de la division du travail.

— La participation au quotidien ensuite. Les acteurs qui disposent d'une capacité professionnelle trouvent au quotidien les moyens de participer au fonctionnement de l'entreprise, mais selon leur propre logique. Arrangements locaux, ententes implicites, entraide et échange dans les différents réseaux, transgression de la division horizontale et verticale du travail assurent ainsi une régulation centrale à l'activité des différents secteurs, bien plus qu'une quelconque participation formalisée.

La juxtaposition de ces formes d'engagement et de motivation bien distinctes doit sa permanence à deux raisons. La première est évidente : la participation méthodique ne peut se substituer à la participation au quotidien, puisque cette dernière a justement pour objectif de se défaire de la rationalisation du travail. La seconde est plus complexe : des spécialistes des ressources humaines trouvent dans des méthodes sans cesse renouvelées le moyen d'assurer la légitimité de leur discours et de leurs enjeux ; des dirigeants y voient le moyen de travailler, « enfin tous ensemble ».

Cette bipolarisation de la participation affecte le fonctionnement de l'entreprise dans deux perspectives.

— La participation méthodique apprend à mieux connaître le fonctionnement des groupes de travail, de l'entreprise et de son environnement économique. Mais elle se traduit par un décalage croissant entre ses objectifs, augmenter l'efficacité collective et la négociation, et ses effets (strictement culturels). Cet écart explique largement la lassitude à laquelle se trouve confrontée la méthode DOMI.

— La participation au quotidien a des effets contradictoires : cohésion de petits groupes aux initiatives opératoires dans les secteurs professionnels de l'entreprise d'une part ; distanciation croissante par rapport à la volonté de cohérence de l'entreprise d'autre part : auto-organisation, transgression des cloisonnements horizontaux et verticaux.

L'opération n'est donc pas inutile. DOMI apprend, au même titre que les vagues de management qui l'ont précédée, à mieux comprendre « l'autre », les ressorts de son action, ceux du groupe et de l'entreprise.

Mais ces acquis culturels, et la rigidité simultanée de l'organisation, ne permettent aucunement le développement de nouvelles formes de collaboration. L'ambivalence culturelle des acteurs garantit alors une certaine adéquation au discours d'ouverture tout en maintenant les comportements antérieurs : « on parle participatif », mais « on joue personnel ». La problématique sommairement psychologique de l'animation des séminaires, explique et renforce ce mécanisme : l'autorité bureaucratique n'est pas un « problème en soi », mais un « problème du moi ».

2.2. Un bilan globalement négatif

Cet exemple illustre bon nombre d'autres situations où le participatif s'essoufle, faute de capacité à comprendre qu'une organisation strictement structurée, même de façon participative, ne saurait optimiser les opportunités qui s'offrent à elle. La politique pertinente pour l'innovation tient à la capacité à tirer parti des incertitudes, à les saisir comme des opportunités et non à les neutraliser.

Le management participatif, dans ses pratiques, se traduit surtout par son caractère vertical et abstrait. La mise en œuvre des procédures « nouvelles » s'appuie toujours sur des spécialistes et des échanges programmés. Les résultats demeurent cependant rarement évalués. Bien souvent, ces opérations ne durent que le temps de leur naissance ou des premières expériences. Elles demeurent à l'écart, « étrangères non assimilées » à l'identité de l'entreprise. Une évaluation représentative en matière d'efficacité économique des cercles de qualité (14) juxtapose ces deux phénomènes.

— La rentabilité de ces procédures ne peut opérer qu'avec la durée ; mais ces procédures ne durent généralement pas.

— Les évaluations menées par les entreprises s'avèrent rarement rigoureuses ; mais moins elles le sont et plus les résultats positifs sont mis en avant.

La logique informationnelle conduit donc les entreprises à s'écarter de ces tentatives inadéquates et inefficaces de rationalisation du professionnalisme. Elles vivent, de façon souvent informelle, un foisonnement d'échanges et de négociations opératoires. Ce mouvement s'appuie, de manière indifférenciée, sur les professionnels des domaines concernés. Il se caractérise par l'horizontalité des échanges. Sa faiblesse méthodologique n'empêche pas les réalisations concrètes. Au contraire, ne se perdant pas dans les méandres d'une quelconque « boîte à outils », il privilégie les résultats, n'ayant pas à défendre et à protéger une méthode quelconque.

Le paradoxe est fort. Le tableau 4 montre dans un cas des procédures strictes au plan de la méthode, mais floues au plan des résultats, et dans l'autre cas une logique rigoureusement inverse.

La réussite tout à fait relative du management participatif repose sur la fragilité des postulats du nouveau *credo*.

a) Toutes les entreprises performantes seraient participatives.

— L'Asie du Sud-Est montre, malheureusement, qu'un certain féodalisme peut aussi être source d'efficacité.

— Une bonne partie des « entreprises modèles » citées dans le « Prix de l'Excellence » (15) ont aujourd'hui disparu de la scène économique (16).

---

(14) M.R. BARRICK et R.A. ALEXANDER, « A review of quality circle efficacy and the existence of positive-findings bias », in *Personnel Psychology*, n° 40, 1987.

(15) T. PETERS et R. WATERMANS, Inter Éditions, Paris, 1983.

(16) *Who's who excellent now ?* Business Week, novembre 1984.

b) La rigueur de la méthode est un critère central de l'efficacité.

— Ceci vaut éventuellement pour la gestion des projets lourds de l'ordre de la stratégie industrielle ; mais un dispositif destiné à résoudre un problème quotidien, s'il s'articule autour d'étapes, sous-étapes techniques et modes opératoires rigoureux, traite de l'instrumentalité plus que du problème lui-même.

— On ne peut ici que faire l'hypothèse d'un marché de cette complexité méthodologique, et sur deux plans différents. Financier d'abord : le processus est long, donc avantageux pour les experts. Tactique ensuite : la juxtaposition du caractère très « rationnel » de la procédure et de son inefficacité relative permet souvent de décider, *in fine*, de façon unilatérale.

c) Les actions de communication interne permettent d'apprendre à communiquer et favorisent donc la transparence.

— « Malheureusement » l'information circule aussi en fonction de la logique des relations de pouvoir en place. En tout état de cause, ce ne sont pas quelques opérations « coup de poing » qui permettent aisément de faire table rase de dizaines d'années d'apprentissage taylorien (17).

— Ce type d'intervention repose sur un présupposé théorique ancien, celui des Relations Humaines, alors qu'il se présente comme son dépassement. Dans les deux cas, il n'est aucunement question de transformer l'organisation du travail.

d) Le management participatif doit « mettre en musique » les décisions de la Direction Générale. De ce seul fait, bon nombre de hérauts du nouveau *credo* reproduisent les pyramides hiérarchiques traditionnelles et oublient la richesse (des pratiques informelles.

Ces actions permettent cependant à un nombre accru d'opérateurs de percevoir les enjeux de l'organisation et de s'exprimer à leur propos. D. Martin (18) montre avec ses coauteurs que cet effet culturel offre, dans certaines conditions évoquées plus loin, la possibilité d'élargir la scène de l'action.

---

(17) J. GAUTRAT et D. MARTIN, *Cheminement inventif d'une démarche participative*, Paris, CRESST, 1983.

(18) D. MARTIN *et alii*, *Participation et changement social dans l'entreprise*, Coll. Logiques sociales, Éd. L'Harmattan, Paris, 1990.

Tableau 4 — *Management participatif et logique informationnelle*

	Management participatif	Logique informationnelle
Objectif	Efficacité	Rentabilité
Initiative	Directions	Vecteurs Divers
Actions	Structurées, planifiées	Désordonnées
Acteurs	Hiérarchiques à destination de la base	Base
Méthode	Forme rigoureuse	Expérimentations répétées
Experts	De l'extérieur	De l'intérieur
Savoirs de référence	Psycho-sociologie	expérience
Durée	Court terme	Indéterminée
Évaluation	Rare	Permanente

Dans ces cas, le participatif semble soutenir une démocratisation des rapports sociaux mais n'assure pas pour autant leur contrôle.

Le formidable succès de ce courant de la gestion des ressources humaines doit finalement être mis au bénéfice de son ambiguïté. Il demande la participation de l'agent, mais pas celle de l'acteur. Il modifierait les relations de travail sans remettre en question la division du travail. Le caractère singulièrement éphémère de son action s'explique pour les mêmes raisons.

La professionnalisation, ainsi que l'échec du management participatif pour la canaliser et la contrôler, perturbent considérablement l'organisation du travail.

3. Une organisation ambivalente

L'entreprise industrielle se caractérise par un ordonnancement rationnel de ses procédures de travail. A chaque poste et niveau de responsabilité correspondent une méthode de travail et un statut précis. Une relation stricte est établie entre le type d'homme et le type de poste. Malgré des coûts sociaux souvent lourds, cette articulation univoque est longtemps demeurée dominante. La stabilité et le monolithisme des techniques, des savoirs, des produits et des marchés s'appuyaient logiquement sur un substrat organisationnel étroitement et fermement ordonné.

La logique informationnelle ne repose pas sur un nouveau modèle d'organisation. Au contraire, elle ne possède pas d'organisation clairement indentifiable. Elle se caractérise par une dilution des structures et procédures de travail qui laissent place à une multitude d'arrangements localement définis.

Les avantages de ce fonctionnement dans l'« à peu près » tiennent au caractère opératoire des initiatives : elles sont adaptées aux contraintes de mobilité et de complexité du travail. Pressée par la mobilité permanente de différents éléments constitutifs du processus d'innovation, l'entreprise, bon gré, mal gré, accepte les écarts à la règle permettant de gérer les aléas des techniques, des savoirs, des produits et des marchés. Elle laisse place à des pratiques non prévues mais aptes à gérer l'imprévisible.

Elle n'accepte l'autonomie de ses membres que contrainte et forcée par la faiblesse ou l'inadaptation de ses règles, mais ne les délaisse pas pour autant en totalité. Son organisation de référence reste celle du contrôle du travail alors que son fonctionnement ne tient qu'à la transgression de cette volonté.

3.1. Des pratiques organisationnelles incertaines

Cette double logique conduit à des fonctionnements paradoxaux caractérisés par l'obligation de développer l'autonomie sans redéfinir la loi organisationnelle.

La Hongrie, pour augmenter l'efficacité de ses structures de production a ainsi mis en place des Communautés Économiques de Travail dans l'Entreprise (VGMK). Ces expériences, juridiquement complexes, sont limpides sur le plan de leurs fondements. Elles reposent sur l'idée que les salariés, en s'auto-organisant à l'intérieur même de l'entreprise, peuvent développer les initiatives nécessaires à la réalisation de produits délaissés, en quantité ou en qualité, par l'organisation habituelle (19).

Sur leur lieu de travail, mais en dehors des heures de services normales, les opérateurs utilisent les outils et locaux de l'entreprise pour œuvrer dans un cadre juridique bien particulier : celui d'une institution privée s'appuyant sur les « outils et moyens de production » de l'État. Ils échappent ainsi aux lois régissant les salaires, et, en partie, la nomination des hiérarchies et les modes de décision. Mais ils demeurent fondamentalement dépendants des choix politiques arbitrant le développement de leurs réalisations.

Ce fonctionnement est un archétype parfait de ce qui se passe dans bon nombre d'entreprises occidentales. Pour favoriser les arrangements informels et dépasser les contraintes tatillonnes de l'organisation légale, les salariés sont « autorisés à déroger à la règle ». Mais la direction préserve un contrôle social sur l'évolution et les buts de la structure.

Une chaîne hôtelière internationale s'appuie ainsi sur l'auto-détermination relative des cadres opérant dans le domaine de la gestion et du marketing. A la suite d'échecs organisationnels et économiques récents, dus à une trop grande formalisation des procédures, trois principes sont définis.

— La zone d'intervention des opérateurs est fonction de leur capacité à adapter les modes opératoires aux besoins qu'ils identifient dans l'organisation : toute latitude est laissée pour bricoler une application informatique, une procédure de gestion ou un plan marketing local à partir du moment où le projet est soutenu par un « parrain », désigné par le groupe.

— Le « parrain » est indépendant de la hiérarchie ; il assure le suivi et l'évolution du projet.

— Cette zone d'intervention est dissociée du statut et du grade : l'inventivité, d'où qu'elle vienne, est ainsi la bienvenue.

Mais elle ne remet en question le statut ou le grade que dans l'espace et le temps du projet. Les experts de l'organi-

---

(19) L. HETHY, « Les nouvelles formes collectives d'organisation du travail dans les pays socialistes », in *Revue Internationale du Travail*, n° 6, 1986.

sation, du marketing ou de l'informatique interviennent, *a posteriori*, pour tirer parti des réalisations en les diffusant dans d'autres établissements, ou au contraire pour limiter, voire contrecarrer les pratiques ainsi définies.

L'ambivalence de ce fonctionnement est caractéristique sur plusieurs plans.

— La créativité collective et individuelle reste soumise aux impératifs d'une rentabilité immédiate, ou visible : la notion d'efficacité organisationnelle est encore étrangère au milieu.

— De manière plus insidieuse, on ne peut se passer totalement de l'aval de la hiérarchie directe pour entreprendre un « projet », sans risquer de le voir rapidement échouer, faute de moyens matériels ou de temps libre accordé pour ce faire.

— Enfin, la prise d'initiative reste une véritable aventure. Il existe une volonté directoriale qui va dans ce sens, mais la pérennité des classifications et du contenu hiérarchisé des fonctions s'y oppose. « Monter un coup » oblige « à sortir de son rang » sans en intégrer un autre, à s'isoler pour répondre aux propositions d'ouverture.

L'exemple de la multinationale informatique est aussi significatif. L'entreprise affiche clairement une double volonté : selon les termes du directeur de l'organisation, il ne faut pas formaliser les fonctionnements, « pour ne pas se suicider ». Il faut mettre le maximum d'opérateurs au contact de l'environnement, pour qu'ils « prennent conscience de la dimension économique et collective de leurs actions ».

Les moyens mis en œuvre pour ce faire s'opposent radicalement à une conception traditionnelle des rapports sociaux en entreprise.

— Toute innovation, de la technique ou des produits repose sur une modification de l'organisation et des savoirs.

— Les « managers » qui ne parviennent pas à se transformer en « leaders » sont, d'une manière ou d'une autre, exclus.

— Les règles organisationnelles explicites ne sont définies qu'en situation exceptionnelle : celle du risque de « chaos ».

— Le grand référent organisationnel est la flexibilité du fonctionnement d'une entreprise comme Benetton.

Mais parallèlement un contrôle social rigoureux oblige les uns et les autres à se soumettre à la loi non écrite de l'entreprise.

— Les rémunérations matérielles et symboliques résultent du « fit » entre le comportement individuel et la stratégie de l'entreprise. La qualité du « fit » est jugée par rapport à des comportements autant que par rapport à des résultats.

— Ceux qui ne peuvent « s'adapter » ou qui poussent la liberté d'action trop loin sont considérés comme des « bureaucrates » ou des « hippies » ; ils sont à ce titre rejetés par l'« Entreprise ».

— Enfin, les promotions sont définies par chaque groupe de travail, collectivement ; cette forme de démocratie, dont les jugements sont contrôlés au second niveau hiérarchique, a pour objectif de rendre légitime l'idée que l'entreprise se fait de l'« efficacité personnelle ».

Ces ambivalences limitent donc largement le caractère libératoire de l'exercice du professionnalisme. Elles valent aussi pour les exemples présentés précédemment. Dans l'entreprise d'aéronautique, les ingénieurs se heurtent à la division fonctionnelle du travail entre services commercial, informatique et de développement. Pour œuvrer, ils sont contraints de transgresser en permanence ces cloisonnements horizontaux. Les agents de la compagnie d'assurance souffrent des contraintes de gestion administrative imposées par le siège. Elles pèsent autant que l'ouverture commerciale prônée par ce même siège. Les ouvriers et techniciens de l'usine de matériel agricole opèrent dans un cadre formel qui n'a pas changé. Ils doivent théoriquement toujours demander et rendre compte en permanence aux agents de maîtrise ou au responsable du bureau des méthodes. Leurs initiatives sont en quelque sorte autant leur bien personnel que celui de l'institution.

Les pratiques du management participatif accentuent cette ambivalence organisationnelle. Elles autorisent à projeter des fonctionnements nouveaux, à les concevoir et à les proposer, mais rarement à les autoriser en tant que tels. Leur concrétisation, lorsqu'elle s'opère, passe par le prisme largement déformant de l'institution qui redéfinit ces propositions selon sa propre conception de l'organisation. Cette médiation consiste généralement à faciliter les échanges, l'amélioration des produits, des locaux ou des techniques utilisées, mais jusqu'à un seuil bien précis : celui des prérogatives hiérarchiques. Tout peut en quelque sorte arriver, mais dans le cadre des règles fondamentales de la division du travail. Ces règles deviennent alors l'objet d'une rencontre difficile, tiraillées qu'elles sont entre la légalité et la légimité des actions proposées.

3.2. La distorsion de l'organisation

Ces situations mettent en évidence la distorsion des structures de travail. Les pratiques changent plus vite que les règles. Elles illustrent un large mouvement dont la principale caractéristique est celle d'une dilution de l'organisation, tiraillée entre l'ordre ancien et les contraintes nouvelles du professionnalisme. La logique informationnelle se caractérise alors par une itération entre deux rationalités opposées. Elle ne peut se ramener à une situation stabilisée et cohérente, à un modèle.

Elle emprunte à plusieurs écoles. Les deux pôles sur lesquels se fixe sa distorsion sont :

— les modèles fonctionnels, convenant à la bureaucratie, au taylorisme et à un degré moindre, au management ; ils ont pour finalité de « fonctionnaliser » les activités en remplaçant les traditions professionnelles ou le libre arbitre individuel par des règles : ils tendent à transformer chaque activité en élément d'un ensemble cohérent et planifié ;

— les pratiques professionnelles, qui ne représentent pas un modèle, mais un ensemble de normes de fonctionnements ; elles ont pour finalité d'assurer le maintien et le développement de savoir-faire peu codifiés et planifiés ; elles se définissent par rapport au produit et non par rapport à l'organisation.

La caractéristique essentielle de cette situation tient à la notion de mouvement, d'itération permanente entre ces logiques contradictoires. Cette distorsion s'observe sur quatre espaces caractéristiques : la structure de travail, la division verticale et horizontale du travail, ainsi que le recrutement.

La structure de travail

Le principe d'autorité « rationnelle légale », traduit dans les organigrammes par les pyramides hiérarchiques, supporte mal l'augmentation du professionnalisme de la base. Les contraintes de traitement de la complexité et de la « réactivité » conduisent ainsi à une plus grande horizontalité des niveaux de fonctions : moins de chefs et plus d'experts (20). Mais rares sont les entreprises qui changent totalement de logique, qui passent de la pyramide bureaucratique au « rateau » managérial ou à la confrérie des compagnons. Dans les entreprises citées jusqu'ici, un ou deux niveaux hiérarchiques ont disparu. Mais les fondements mêmes de la structure verticale demeurent.

La structure hiérarchique correspond alors à des chevauchements complexes. Il s'agit souvent d'un écrasement relatif ou d'un effritement de la pyramide, suffisant pour permettre le passage et l'existence de relations centrées sur le produit, professionnelles, sans pour autant bouleverser la place des statuts. La pratique des courts-circuits, du fait accompli, de négociations directes professionnels/directions, d'appel à des instances fonctionnelles ou des experts de l'extérieur pour assurer la perversion momentanée de la légalité, sont des faits quotidiens.

Cet affaiblissement de l'autorité hiérarchique traditionnelle est caractérisé par deux pratiques. La première correspond à un mouvement de bicéphalisation : un « leader professionnel » côtoie un « chef » dans le même service, le premier ayant la responsabilité de l'innovation, l'autre celle des règles. La seconde correspond aux missions, groupes de travail et autres « comités ad hoc » : leur domaine de compétence croise largement celui des responsables en titre. Plus qu'une nouvelle légitimité, c'est alors plutôt une double légitimité hiérarchique qui se met en place.

Différentes combinaisons assurent la pérennité de cette mouvance organisationnelle, par exemple :
— dans l'entreprise d'assurance : signatures dérogatoires et turnover élevé des hiérarchies intermédiaires ;
— dans l'entreprise d'aéronautique : absence d'organigramme et structures en fonction de l'état d'avancement des projets ;

---

(20) Nous retrouvons à nouveau bon nombre d'analyses présentées dans notre premier chapitre ainsi que celles des années soixante.
— J. DOFNY, C. DURAND, J.D. REYNAUD, A. TOURAINE, Les ouvriers et le progrès technique. Étude de ces cas : un nouveau laminoir, Paris, Armand Colin, 1966.
— U. JAEGGI et H. WIEDMANN, L'automatisation du travail de bureau : problèmes administratifs et humains, Paris, Éd. de l'OCDE, 1965.

— dans les ateliers d'usinage : tolérance élargie sur les normes de production mais développement d'indicateurs de qualité précis.

La division verticale du travail

Ce que G. Friedmann nommait la « grande dichotomie », la séparation entre la conception et l'exécution des tâches, correspond à l'un des principes fondateurs du taylorisme. Principes et pratiques s'avèrent simples et (peut-être) adaptés aux organisations de « production ». Les bureaux des méthodes conçoivent les tâches et leur ordonnancement, les ouvriers les réalisent et les agents de maîtrise contrôlent les procédures. Les contraintes d'innovation ne remettent que partiellement en cause ces pratiques. Elles contribuent à les aménager, à les diluer, bien plus qu'à les redéfinir en totalité.

La mutation la plus sensible concerne l'activité des bureaux des méthodes. L'obsolescence des produits et des techniques, jointe à une élévation sensible du niveau de compréhension des enjeux organisationnels de la part des utilisateurs, amène les « bureaux » à se défaire de leur logique froide et unilatérale pour négocier leurs propositions.

L'ensemble du mouvement tend à une recomposition des tâches, caractérisée par le libre arbitre important concernant les techniques, procédés, produits et services. Mais il ne peut se confondre avec un professionnalisme reposant sur un ensemble de « compagnons » intégrant dans une perspective univoque la tâche et l'organisation de référence. La recomposition des tâches est un fait accompli au cœur même d'une structure qui ne se soumet que pour ne pas se démettre. Par exemple :

— la conception des produits et des ratios commerciaux de l'entreprise d'assurance est élaborée par le siège social à destination des agents du terrain ; mais ceux-ci privilégient certains produits, et montrent la valeur de leurs connaissances pratiques ; ils parviennent ainsi à sélectionner les « contraintes » qu'ils jugent opportunes et aussi à en définir de nouvelles, ainsi que de nouveaux produits ;

— les professionnels de l'atelier d'usinage travaillent souvent « à l'envers » : la nuit ou dans des situations d'urgence, ils programment eux-mêmes en totalité les MOCN et demandent le lendemain au bureau des méthodes de vérifier le bien-fondé de leurs décisions ; plus généralement, ils modifient partiellement ce que créent les collègues des méthodes.

La division horizontale du travail

Les hésitations institutionnelles les plus nettes concernent la remise en cause de la division horizontale du travail. La zone de compétence des services, les budgets, les emplois et les reponsabilités demeurent définis assez strictement au niveau de chaque département ou direction. La dérive informelle est d'autant plus grande : les opérateurs, cadres ou non cadres, œuvrent plus en fonction des contraintes concrètes de leur métier qu'en fonction de leur position dans l'organigramme. Plus qu'à l'implicite, on touche alors au clandestin.

La fonction du réseau de professionnels doit s'entendre ici comme le moyen d'œuvrer en fonction de contraintes supposant la participation de plusieurs experts, indépendamment de leur appartenance départementale. Mais globalement, la rencontre d'une division horizontale excessivement pérenne avec les contraintes de déplacement du travail, supposant une transversalité des fonctions, est rarement régulée de manière quelque peu sensée, pragmatique.

L'explication tient peut-être au fait que la division horizontale du travail traduit un partage de responsabilités et de territoires entre directions et demeure à ce titre quasiment intouchable. A l'inverse, la division hiérarchique du travail qui définit plutôt les fonctions des chefs intermédiaires est en permanence érodée et affaiblie par les pratiques professionnelles.

Toujours est-il que cette situation fayolienne, plus rigide que les principes tayloriens, amène à une activité de transgression réitérée de ces cloisonnements.

— Dans l'atelier d'usinage les professionnels collaborent avec des collègues de maintenance ou du commercial en « temps masqué » (pendant que les machines tournent seules).

— Dans la multinationale informatique, ce sont des « collèges invisibles » (communications informelles et répétées par l'intermédiaire de réseaux techniques ou humains) qui assurent souvent la transversalité.

Le recrutement

Les procédures de recrutement et d'affectation au poste de travail représentent un autre pôle de distorsion de l'organisation. La direction des ressources humaines identifie un « profil-type » de manière quelque peu mécanique : en fonction du type de compétence et de la classification correspondante. Mais le procédé s'avère rarement opératoire. L'écart entre le travail réellement effectué et les grilles de classification s'élargit sensiblement sous la double pression du développement des savoirs non codifiés et de la mobilité des savoirs. L'affectation repose donc aussi sur la capacité à intégrer les normes de fonctionnement du groupe dans lequel l'opérateur va s'intégrer. Le critère culturel, de type professionnel, est aussi important que la décision des spécialistes des ressources humaines. Il s'agit, de fait, d'une « cooptation conditionnelle ». Elle ménage les procédures « scientifiques » de sélection, tout en assurant l'univers professionnel d'opérer un second tri permettant la cooptation.

Ces pratiques sont trop courantes pour mériter d'amples descriptions. Leur importance tient à leur juxtaposition avec les éléments de distorsion de l'organisation décrits antérieurement.

L'ensemble indique que c'est le sens plus que la forme de l'organisation qui bascule. Celle-ci n'est plus un moyen de régir des fonctions, mais un moyen de réagir aux contraintes d'innovation. Devenant un outil de travail, elle échappe largement aux volontés unilatérales de réglementation ou de transparence. L'écart entre son fonctionnement réel, quotidien, et l'image que la seule lecture des règles en donne, s'accroît donc sensiblement. Mais la division taylorienne du travail n'opère plus que ponctuellement, comme référent légal, jamais comme « contrainte pure ».

C'est, en fait, le lieu même de la division du travail qui se déplace. D'une césure entre exécution et conception, la logique informationnelle conduit à une autre : entre la définition des règles, ou des « lois-cadres » de fonctionnement, et l'exercice d'une profession qui les subit et les contrecarre. Le rapport à la règle définit ainsi deux positions bien contrastées : l'une se définit par rapport à l'activité réglementaire et l'autre par son rapport à l'activité professionnelle.

L'une et l'autre contribuent à constituer l'équilibre global de l'entreprise, mais sont en concurrence. Pour reprendre les termes de J.-D. Reynaud (21), la « régulation de contrôle » a pour objectif de contrôler, canaliser ou limiter les « régulations autonomes » développées ici par les professionnels.

3.3. De la dépendance à l'interdépendance

Les analyses de P. Naville (22), prospectives il y a une trentaine d'années, correspondent aujourd'hui largement aux réalités observées. L'ensemble de la mutation décrite conduit également à se référer aux travaux anciens d'A. Touraine (23), qui voyait dans le développement du « système technique » un mouvement de débureaucratisation accompagné du passage d'une « indépendance individuelle » à une « autonomie collective ».

L'univers bureaucratique ou taylorien contraint l'opérateur à une dépendance forte à l'égard :
— de son statut ;
— des règles organisationnelles ;
— des machines ;
— de la hiérarchie.

En retour, l'opérateur bénéficie d'une certaine indépendance dans le rapport aux savoirs et aux collègues : le respect obligé de l'ordre lui garantit de pouvoir protéger son « quant à soi ». Sa liaison à l'entreprise se situe plus sur le plan du respect ou du contournement des règles que sur celui de la coopération.

---

(21) J.-D. REYNAUD, « La régulation dans les organisations : régulation de contrôle et régulation autonome », in *Revue Française de Sociologie,* novembre 1988.
(22) P. NAVILLE, *op. cit.* L'auteur considère que le « réseau technique » ne peut s'apparenter à une chaîne, à une forme de circulation répétitive du produit : les opérateurs interviennent de manière aléatoire sur les nœuds du réseau nécessitant une intervention humaine complexe et impliquant le partage de savoirs spécifiques à plusieurs types de fonctions.
(23) A. TOURAINE, *op. cit.* L'auteur considère que la « progresssive constitution d'un milieu technique (...) entraîne une dépersonnalisation des relations d'autorité, associée à une collectivisation de l'influence des travailleurs sur la production ». Plus encore, cette organisation se traduirait par une indépendance accrue face à la bureaucratie de l'entreprise. Mais les métiers, les nouveaux professionnels perdraient leur autonomie pour cause d'interdépendance, de communication et d'innovation permanente. Cette évolution leur permettrait par ailleurs de participer à un système de connaissance élargi. L'ensemble de ces évolutions conduit le « système technique » à la « débureaucratisation ».

La logique informationnelle représente une configuration inverse. L'opérateur œuvre en dépit de conventions formalisées. Pour ce faire, il doit supporter de multiples sources d'interdépendance :
— avec les pairs pour participer au réseau ;
— avec les machines pour les maîtriser ;
— avec les bureaux d'études pour modifier les produits ;
— avec la hiérarchie pour arranger les modes et normes de production ;
— avec l'extérieur pour gérer l'environnement économique.

En retour, l'opérateur bénéficie d'une certaine indépendance dans son rapport au statut d'appartenance et aux règles organisationnelles. Le prix à payer est cependant élevé : l'autonomie devient collective et la tranquillité impossible.

Le mouvement d'ensemble est clair : d'une série de fonctions scientifiquement articulées, ou tendant à l'être, l'entreprise se définit par un affaissement de ses principes structurants et une montée du professionnalisme. Il s'agit d'une « déréglementation » de l'organisation.

Certaines entreprises tendent alors à développer une conception libérale, au sens économique du terme, des rapports sociaux. Faute de pouvoir régir et réglementer, elles sanctionnent plus, positivement ou négativement, le résultat économique de la prise d'autonomie.

4. L'IMPOSSIBLE TRANSPARENCE DES RÉSULTATS

Les bons manuels de management expliquent que l'évaluation sur le résultat de l'action représente le prix à payer pour pouvoir bénéficier des libertés professionnelles (24). A l'affaiblissement tendanciel des règles devrait se substituer ainsi un éclaircissement sensible de l'utilité des activités et une sanction définie par rapport au produit réalisé.

Cette déréglementation interne fonctionne cependant mal ou dans des circonstances bien particulières.

La logique informationnelle éclaircit effectivement la contribution de chaque opérateur au fonctionnement de l'entre-

---

(24) Voir par exemple T. PETERS, *Le chaos management*, Paris, Inter-éditions, 1988.

prise. L'acte professionnel se traduisant plus fréquemment par une modification des procédures ou des produits, rapporter l'avant à l'après s'avère plus aisé. Les instigateurs du changement et l'effet de leurs interventions sont identifiables : leur intervention se traduit par une réalisation palpable et non une fonction procédurière.

La multiplicité des systèmes formation permet également d'éclaicir les contributions respectives. Même si les directions d'entreprises ne se transforment pas en « Big Brother », ces systèmes techniques laissent toujours des traces plus précises de l'action que les procédures d'antan. Le suivi des activités des cadres par les tableaux de bord informatisés et interconnectés, les systèmes d'évaluation de la qualité des travaux industriels ou de gestion permettent de mieux savoir qui fait quoi et comment.

L'exemple d'ingénieurs et des chercheurs de petits constructeurs informatique d'Amérique du Nord illustre bien cette évaluation sur les résultats. La plus entière liberté est laissée à propos des méthodes de travail. Les professionnels peuvent opérer, à leur gré, en équipe, individuellement, au bureau ou éventuellement à domicile. Ils peuvent également opérer quand « bon leur semble ». Ils ne doivent respect ou obéissance qu'à leur engagement, à la nature de leur contrat individuel, pas à une structure hiérarchique quelconque. Ils échappent même largement à bon nombre de normes de fonctionnement, par exemple les rites vestimentaires, et plus généralement les modes consuméristes qui sont le propre de la « position cadre ».

L'entreprise s'intéresse par contre de près à ce qu'ils font. Pas à la manière dont ils le font. Elle n'évalue pas la qualité de leur conformisme, de leur bon esprit ou de leur présence dans le processus de travail, mais le seul résultat économique de leur action.

Un responsable d'affaires, chargé d'orienter le travail d'un groupe pour répondre au cahier des charges défini par le client, est ainsi évalué sur la rentabilité de l'accord final : en l'occurrence, le rapport entre les investissements en temps réalisés par son équipe et le résultat financier du marché réalisé. Il ne s'agit pas seulement de conclure l'affaire, mais de la conclure avec la marge bénéficiaire la plus large.

Un chercheur dispose d'une marge d'auto-détermination forte, autant sur les thèmes à aborder que sur les moyens à mettre en œuvre. Il peut « jouer gros ou petit ». Mais dans les deux cas, la rentabilité finale de son travail est analysée avec les techniques de comptabilité analytique les plus fines.

L'identification du degré de réussite de l'engagement, pour les « petits professionnels » de ces entreprises (secrétaires, employés, techniciens), s'avère encore plus simple et quelque peu rustique. La tâche est considérée comme accomplie positivement si les moments de surcharge de travail ou les contraintes de mobilité des savoirs ne créent pas de goulots d'étranglement. De fait, on considère que le poste est bien tenu, si celui qui l'occupe parvient à traiter de lui-même, et positivement, les aléas du poste.

Cet univers est idéal pour caractériser le fonctionnement d'« entreprises informationnelles » : moins on réglemente le processus de travail, plus on évalue sur le produit et plus la sanction, positive ou négative, est forte.

Mais ces fonctionnements demeurent rares, quoi qu'en disent les responsables de nombreuses entreprises. Le caractère collectif de la qualification (25) masque largement la part de responsabilité individuelle : il devient difficile et arbitraire d'isoler la contribution individuelle de l'ensemble. L'exercice de l'inventivité empêche par ailleurs toute évaluation en termes classiques : comment savoir si les objectifs sont atteints, dans la mesure où ils sont nécessairement et largement indéfinis ?

L'extrême complexité des thèmes de travail empêche de pouvoir tout prévoir dans le contrat initial. La mobilité de l'accord client/entreprise assujettit les accords initiaux à de permanentes redéfinitions des responsabilités, évolutions techniques et juridico-financières. La liberté d'auto-organisation, jointe à la volatilité des contraintes de production, rend ainsi le contrôle sur le produit aussi peu adapté à la gestion du professionnalisme qu'une simple distorsion de l'organisation.

A cette volonté de transparence sur les résultats peut alors se substituer une volonté de transparence des procédés.

L'exemple de l'organisation polycellulaire et de la méthode Kanban illustrent parfaitement le mécanisme.

---

(25) P. NAVILLE et A. TOURAINE, *op. cit.*, constatent ce phénomène dès les années soixante. Ils expliquent le passage du salaire au rendement au salaire horaire par le fait qu'il devient impossible d'identifier le produit de chacun, tant la gestion du « système technique » correspond à la participation à une œuvre commune.

— L'organisation « cellulaire » des systèmes d'informations tend à s'assurer la transparence du réseau. Chaque cellule (établissement ou service) a une très large liberté de gestion, mais de manière conditionnelle. L'ensemble de l'entreprise est en effet irrigué par des réseaux télématiques « véhiculaires » : l'information circule de manière ascendante, descendante et horizontale. Chaque cellule est ainsi transformée en une source et une cible d'information qui peut être contactée, à chaud, et sur des thèmes précis par la direction générale. Celle-ci augmente donc à la fois l'autonomie des établissements, mais tout autant ses propres possibilités d'intervention sur leur gestion.

— La méthode kanban, proche du « juste à temps » de l'entreprise Tarot, agit comme un principe de pilotage de l'offre par la demande à l'intérieur même des ateliers. Elle a pour objectif de réduire les stocks et les erreurs de procédures. Aux différents stades d'usinage, les pièces sont placées dans un conteneur portant une étiquette. Celle-ci (le kanban) précise l'origine et la destination des pièces. Le kanban est renvoyé à son lieu de provenance au moment de la réception du conteneur : il correspond alors à un ordre de production.

Ces méthodes de travail tendent à renforcer le caractère collectif et horizontal du travail. Elles traduisent la volonté de définir une configuration neuve de l'ordre productif, celle de la fluidité (26).

Au moins deux contraintes limitent cependant la perfection de ce modèle : l'innovation et les arrêts des systèmes techniques. Dans les deux cas, les opérateurs sont conduits à s'organiser en dehors de ces principes de fluidité, qui assurent peut-être une meilleure gestion des procédures prévues, mais ne permettent aucunement de mieux traiter les incertitudes.

Dans les deux cas, la forte structuration des méthodes de travail, qui tend, de fait, à substituer une interdépendance fonctionnelle à une interdépendance professionnelle, se traduit par un « recentrage réglementaire » inefficace. Faute d'oser « laisser faire », ces organisations définissent avec précision des droits et des devoirs. Elles accentuent alors l'écart

---

(26) J.P. GAUDEMAR, R. GALLE et F. VATIN, *Usines et ouvriers : figures du nouvel ordre productif*, Paris, Éd. Maspero, 1981.

entre la légalité des procédures et la légitimité des arrangements.

On ne saurait expliquer autrement la co-existence de salariés peu compétents, continuant à bénéficier de privilèges et de responsabilités, avec d'autres qui, malgré des interventions positives répétées et reconnues, demeurent cantonnés dans des responsabilités limitées. Pour les premiers, le statut pèse favorablement et pour les seconds, le statut est un handicap certain.

L'évaluation sur le produit n'est donc qu'une tendance encore vague et la transparence demeure tiraillée entre des sources d'attraction contradictoires caractéristiques du trouble organisationnel.

Quels que soient les modes de gestion appliqués, la logique informationnelle amène les entreprises à se désorganiser au moins partiellement pour « laisser faire » les professionnels. Mais l'entrée en scène de ce groupe ne permet pas l'établissement d'une réorganisation axée sur l'exercice des nouveaux métiers : les références administratives ou scientifiques du travail sont partiellement pérennes. L'entreprise se trouve alors au milieu d'un gué organisationnel ; elle a abandonné les pratiques anciennes mais pas les lois qui les avaient fondées.

L'organisation se modifiant plus sous l'effet d'ajustements mutuels que par l'effet de larges directives, elle acquiert des formes spécifiques, fonction du poids des régulations respectives. Le changement et le trouble organisationnel sont, par exemple, aigus dans une banque où les technico-commerciaux de nouveaux produits financiers doivent se débrouiller en permanence avec les règles pour « faire du chiffre » ; ils sont plus faibles pour ceux du « back office » qui ne font que gérer les contrats.

La distorsion de l'organisation est patente. Elle correspond à une dilution des pratiques rationnelles de l'organisation, quelles qu'elles soient. La montée du professionnalisme se trouve en contradiction avec le besoin d'ordonner. La rencontre entre ces deux logiques, investies de leurs acteurs et stratégies respectifs, amène à concevoir le trouble organisationnel comme un désordre.

CHAPITRE III

LES ACTEURS DU DÉSORDRE

Le caractère désordonné de l'entreprise est le résultat d'un rapport de force entre les tenants de l'innovation et ceux de l'institution. L'instabilité des traités de paix établis entre les acteurs ne permet pas la domination d'un ordre sur un autre. Le poids des incertitudes limite considérablement la prévisibilité des actions et de leurs contraintes. La régulation sociale est donc inachevée.

Le processus d'innovation repose sur un jeu social, opposant trois logiques : l'innovation, la règle et la direction. Leur rencontre construit le trouble organisationnel décrit précédemment.

Faute de pouvoir assurer une cohérence organisationnelle par les règles, l'entreprise tente alors de passer à une cohésion sur la culture. Elle délaisse la traditionnelle rationalisation du travail, qui s'avère inadaptée à la gestion du désordre. Elle découvre les avantages d'une « communauté de travail » qui serait régie par le partage de valeurs et d'idéaux tendus vers la notion d'esprit d'équipe et d'efficacité.

Cette action rencontre cependant bien des difficultés, tant les valeurs liées à la notion d'entreprendre sont hétérogènes et fonction des positions de pouvoirs acquis : les acteurs n'entreprennent que s'ils y trouvent leur compte. Ils entreprennent aussi autrement que ne le souhaitent les directions : la logique des innovateurs oppose ainsi son idéologie entrepreneuriale à l'idéologie managériale.

1. SOCIOLOGIE DES ORGANISATIONS

Un détour théorique par la sociologie des organisations est ici nécessaire. Il permet de comprendre comment la logique informationnelle dépend autant des acteurs qui la constituent que des contraintes du marché ou des changements techniques.

Le « système social », l'ensemble des relations de pouvoir sous-jacentes à l'organisation formelle explique largement le fonctionnement d'une entreprise. L'efficacité de son organisation n'est jamais seulement fonction de la qualité intrinsèque de ses structures de travail, mais aussi de la manière dont les acteurs y interviennent.

Ces observations, répétées depuis une vingtaine d'années par la sociologie des organisations et de l'entreprise, sont fondamentales. Elles enrichissent la compréhension du « social » d'éclairages particulièrement riches pour comprendre comment le jeu, au sens mécanique du terme, qui caractérise la logique informationnelle, se traduit par une complexification des jeux sociaux.

M. Crozier et E. Friedberg (1) montrent que toute organisation sécrète des formes de pouvoir qui n'appartiennent pas qu'à ceux qui en sont formellement dotés. Hormis les sources d'influence tirées de la règle, les acteurs peuvent définir leur jeu en s'appuyant sur le contrôle de l'information, de la technicité ou, ajoute P. Gremion, d'une position de relais entre l'institution d'appartenance et une ou plusieurs autres (2). Ce pouvoir s'exerce dans les situations où l'acteur dispose de ressources lui permettant de contrôler une incertitude dans son rapport avec l'autre : de tirer parti de « l'indétermination de la solution d'un problème » pour défendre ses enjeux en demeurant imprévisible. L'exercice de relations de pouvoir a pour effet de préserver ou d'obtenir reconnaissance sociale, influence, autonomie ou gratifications diverses. Ces relations sont irréductibles à l'organisation qui les abrite. Quel que soit le modèle de fonctionnement retenu, les acteurs mettent en œuvre des stratégies qui échappent, au

---

(1) M. CROZIER et E. FRIEDBERG, *L'acteur et le système, op. cit.*
(2) P. GREMION, *Le pouvoir périphérique*, Paris, Éd. Seuil, 1975.

moins partiellement, aux effets prévus et souhaités par l'organisation (3).

R. Sainsaulieu (4) met en évidence l'inégalité des ressources stratégiques. Certains acteurs détiennent manifestement suffisamment d'atouts pour faire ce que bon leur semble. D'autres sont au contraire trop faibles pour imposer leur loi. Cette inégalité amène à forger des cultures spécifiques aux formes de pouvoir exercées et subies. Les acteurs jouent donc en fonction d'une stratégie encadrée par leurs ressources et leurs handicaps culturels. La logique stratégique de l'acteur est alors guidée aussi par son appartenance à un groupe, culturellement défini par ses normes de relations, ses représentations, ses valeurs. Cette culture, au moins partiellement « apprise » en situation de travail, peut évoluer en fonction de la disponibilité de nouvelles ressources. P. Bernoux (5) montre que la logique de l'acteur peut même être de ne pas « jouer le jeu », mais d'exercer un « contre-pouvoir » assurant l'identité du groupe.

J.-D. Reynaud (6) considère les règles comme des activités de régulation de l'action collective. Elles correspondent à un engagement, une coopération supposant réciprocité et échange, pas à une « contrainte pure ». Elles dépassent donc largement le cadre d'un contrat formel et peuvent prendre la forme de construits culturels. Ces règles et leur appropriation représentent l'enjeu d'un système social triadique. Le « tiers garant » y dispose des moyens juridiques et institutionnels pour intervenir comme régulateur dans les oppositions, mais aussi pour jouer.

Ces différents travaux permettent de considérer l'organisation, ou une partie de ses éléments constitutifs, comme le résultat, traduit sous forme de règles ou de culture, des rapports de force internes.

Longtemps appliquée de façon presque exclusive aux institutions bureaucratiques, la sociologie des organisations est

---

(3) R. SAINSAULIEU, P.E. TIXIER, M.O. MARTY font des constats similaires pour les fonctionnements collectifs et autogestionnaires, *Démocratie en organisation,* Paris, Librairie de Méridiens, 1983.
(4) R. SAINSAULIEU, *L'identité au travail,* Paris, Presses de la FNSP, 1977.
(5) P. BERNOUX, *Un travail à soi, op. cit.*
(6) J.D. REYNAUD, *Les règles du jeu,* Paris, Éd. Armand Colin, 1989.

souvent confondue avec celles-ci. On garde en mémoire les dysfonctionnements du « Phénomène bureaucratique » (7). Chaque acteur, fort en statut, est à l'origine d'interactions reproductrices. Toute volonté de transformation est irrémédiablement digérée par l'équilibre du système social. Il absorbe les chaos du changement pour suivre la droite ligne du *statu quo* organisationnel.

M. Crozier écrit ainsi en 1980 que l'« innovation, comme un écureuil en cage, continue par ses efforts, à faire tourner le système social auquel elle apporte son énergie sans pouvoir le changer » (8). Aujourd'hui, l'auteur aborde les fonctionnements de systèmes ouverts (9). Il retrouve ainsi les préoccupations de R. Sainsaulieu et de D. Segrestin (10) qui s'intéressent aux dimensions culturelles et institutionnelles permettant à l'entreprise de se transformer.

Ces dernières perspectives sont essentielles pour aborder le système social qui sous-tend la logique informationnelle. Celle-ci s'avère trop différente d'une bureaucratie ou d'une organisation strictement managériale pour être comprise avec les mêmes hypothèses : la rupture ne tient pas à la transformation de l'organisation, mais au poids de la désorganisation. Les organisations bureaucratiques ou managériales ont en commun de réduire ou de vouloir réduire les incertitudes. Pour ce faire, elles adaptent leurs règles de fonctionnement. La logique informationnelle au contraire, amène les entreprises à accepter, bon gré, mal gré, le poids des incertitudes.

L'hypothèse majeure qui doit alors guider l'analyse est celle d'une ouverture considérable de l'espace de jeu des acteurs.

---

(7) M. CROZIER, *Le phénomène bureaucratique,* Paris, Éd. Seuil, 1963.
(8) M. CROZIER, « La crise des régulations traditionnelles », in H. MENDRAS, *La Sagesse et le Désordre,* Paris, Éd. Gallimard, 1989.
(9) Voir en particulier : M. CROZIER, *L'entreprise à l'écoute. Apprendre le management post-industriel,* Paris, Intereditions, 1989.
(10) R. SAINSAULIEU, *Sociologie de l'entreprise et de l'organisation,* Paris, Éd. FNSP/Dalloz, 1988. R. SAINSAULIEU et D. SEGRESTIN, « Vers une théorie sociologique de l'entreprise », in *Sociologie du Travail,* n° 3, 1986.

2. Acteurs et changements : le cas Comtel

L'entreprise publique Comtel qui produit, vend et loue des systèmes d'information illustre bien cette situation. L'univers commercial s'y caractérise par son caractère hybride : le nouveau métier a en quelque sorte pénétré certains niveaux et localités du secteur qui lui sont dévolus, alors que d'autres demeurent largement imperméables à son influence.

Faute de pouvoir gérer ce secteur comme elle a géré sa technique, de façon ordonnée, cohérente et quantifiée, l'entreprise est contrainte de laisser des marges de manœuvre considérables à ses établissements commerciaux. Deux raisons expliquent ce laisser-faire obligé. Le métier commercial est neuf. Il ne dispose donc encore que de peu de repères réglementaires, ou normatifs. Mais surtout, une activité commerciale, quelle qu'elle soit, suppose de ne pas être trop précisément circonscrite : elle repose sur la capacité à traiter un rapport au marché plus que sur la mise en pratique d'un code de pratiques exhaustif et coercitif.

Sur le plan du marketing, de la gestion des abonnements, de l'animation commerciale ou de l'accueil des clients, les situations locales présentent des configurations fort variées. Ainsi dans un établissement donné, le client ou l'observateur a le sentiment de se trouver dans une entreprise « high tech », tant sur le plan des biens et services proposés, que sur celui de l'accueil, de la gestion de sa demande et celui du service après vente. Dans un autre établissement, il retrouve une familière ambiance « administrative ». Un établissement privilégie ainsi les modes opératoires prévus par le siège social, dépend du bon vouloir des services techniques, attend de disposer du matériel exactement adapté à la demande du client. Un autre établissement place un produit en inventant des modes opératoires, en sollicitant vigoureusement des services techniques et en expliquant aux clients les bienfaits du type de produit qu'il a en stock.

Ces contrastes représentent la rencontre non finie d'un milieu tirant sa légitimité de deux registres sensiblement antagoniques : la contrainte administrative qui tend à faire les choses dans les règles, la contrainte commerciale, qui tend à vendre d'abord et légiférer après.

Cette hésitation institutionnelle a, de façon bien inattendue, des effets positifs. Ainsi, la forte centralisation des objectifs, procédures et modes opératoires n'apparaît pas, dans la réalité des fonctionnements quotidiens, comme une contrainte majeure. Les niveaux opérationnels sélectionnent largement les règles de fonctionnement qu'ils jugent pertinents pour leur établissement ou leur service.

La situation se rapproche de celle de l'entreprise d'assurance : les opérateurs privilégient des produits parmi la multitude présentée dans le « panier ». Elle est ici érigée en système : les opérateurs choisissent aussi les produits mais plus encore, les modes opératoires ou la qualité du service : ils adaptent les prestations aux spécificités du client et à leur conception du métier. Bel exemple d'effet « pervers positif », les opérateurs tirent cette liberté de la multitude et de l'hypertrophie des méthodes de gestion centralisées, lesquelles ne peuvent raisonnablement être toutes respectées et servies. La sélection dans les contraintes de centralisation se fait en fonction des enjeux des acteurs situés dans les services opérationnels.

Autre caractéristique de ce secteur commercial : la nature des relations de pouvoir. Contrairement à la physionomie globale de l'entreprise, les alliances ne se réalisent pas selon la fonction d'appartenance, mais tout au long de la hiérarchie, en fonction de la conception du nouveau métier. Certains réseaux d'alliés traversent la presque totalité de la pyramide des fonctions et des grades.

De nombreuses opérations pilotes, groupes de réflexion ou de suivi, amènent ainsi certains groupes d'opérateurs à avoir des contacts directs et répétés avec le siège social. A propos de l'informatique, du marketing opérationnel, de l'accueil, de la facturation, de la formation, et surtout des relations avec les services techniques, se multiplient les comités ad hoc. Ils réunissent d'une part des opérateurs du terrain (cadres et non cadres, hiérarchiques intermédiaires et responsables d'établissement), et d'autre part des fonctionnels (de la direction régionale et générale).

Cette situation traduit l'existence d'un système social peu sensible aux cloisonnements et donc pas hermétiquement bureaucratique. Par ailleurs, les incertitudes du secteur s'avérant fortes, et les possibilités d'y faire carrière présentant plus de risque que dans les secteurs techniques traditionnels, les grands corps n'y monopolisent pas les postes de responsabilité. Ces deux éléments contribuent à ouvrir sensiblement le type de jeux possibles et la typologie des acteurs.

Trois groupes définissent des formes d'action sensiblement différentes : « pionniers », « légalistes » et « gestionnaires ». Ils ne se définissent pas en fonction des incertitudes contrôlées par chaque acteur considéré individuellement, mais développent des logiques d'action collectives locales, et des microorganisations bien spécifiques.

Les uns et les autres ne jouent donc pas en fonction des droits, des devoirs ou des libertés que leur confère l'appartenance à un grade, une strate. Ils jouent d'abord en fonction de l'idée qu'ils se font de leur métier et de son devenir.

Cette surdétermination de la logique stratégique par le milieu d'appartenance s'explique par le caractère largement dominant de l'informel sur le formel. Les espaces de jeu s'avèrent suffisamment vastes pour qu'un groupe impose sa conception de l'organisation, des produits et des modes opératoires. Il définit de ce fait les contraintes qu'il impose aux autres.

Plusieurs formes socioéconomiques coexistent alors à l'intérieur de la même entreprise et sur le même secteur.

— Lorsque le groupe des légalistes domine, la gestion bureaucratique de l'établissement s'appuie sur les spécialistes de la gestion administrative, n'utilise que sous forme de règle les conseils des services fonctionnels et subit la loi des services techniques.

— Lorsque le groupe de gestionnaires domine, le fonctionnement de l'établissement se traduit par la mise en œuvre « scolaire » et sans projet spécifique, de la politique commerciale définie par le siège. L'organisation devient alors managériale mais de façon rigide : elle privilégie la mobilité des produits et peu celle des hommes ; elle utilise les techniques de marketing assurant l'atteinte des objectifs à court terme ; elle amène les opérateurs à supporter les à-coups des différentes campagnes sans miser sur leur propre libre arbitre. Les relations avec les services fonctionnels et techniques sont plutôt celles d'une paix armée : l'augmentation des activités commerciales amène les uns et les autres à travailler avec plus de coordination mais sous la contrainte de ratios et de règles de coopération explicites.

— Lorsque le groupe de pionniers domine, la gestion de l'établissement correspond à un management flexible. Les acteurs privilégient l'efficience commerciale au détriment de l'efficacité. Dans ce cas les relations avec les services fonctionnels sont bonnes : ceux-ci y trouvent le moyen d'expérimenter des pratiques nouvelles. Les relations avec les services techniques sont dominées : les commerciaux représentent localement la légitimité dominante.

— Lorsqu'aucun groupe ne domine le système social de manière stable, l'établissement est affecté par le chaos. Les diverses logiques d'action s'y trouvent en concurrence permanente. Cette situation empêche l'émergence de tout équilibre socioéconomique.

La coexistence de ces logiques conduit la direction à intervenir en faveur du « management rigide », qui s'avère efficace tout en ne dérogeant que partiellement aux règles. Elle combat vigoureusement les logiques de la « bureaucratie » et du « chaos », qui sont inefficaces. Elle tente de rapprocher de sa conception de l'activité le « management flexible », qui représente la logique concurrente.

Ce cas permet de revenir sur plusieurs éléments observés dans le chapitre précédent.

— Les investissements immatériels ne déterminent aucunement un type d'organisation ou un autre : ils sont un espace de jeu où peuvent apparaître de nouvelles formes d'action, celles de l'innovation, ou se perpétuer les anciennes, ou activer simultanément les deux.

— La logique de l'innovation repose sur un investissement stratégique et économique de la part des acteurs ; elle passe par la structuration d'alliances permettant de prendre du champ par rapport à la règle, mais supposant simultanément de se conduire en « professionnel » dans le rapport au produit, et de définir une nouvelle légitimité socioéconomique.

— La nature juridique et organisationnelle de l'entreprise ne définit pas sa capacité à innover (dans le cas précis, il s'agit de la fonction publique). Les actions menées en dépit du cadre légal sont beaucoup les explicatives de cette capacité.

— Les directions d'entreprise ne définissent pas les processus d'innovation : elles tendent à les contrôler ex-post.

— Toute innovation, technique ou organisationnelle, comporte toujours plusieurs faces. Dans certains cas elle échoue, dans d'autres elle dépasse les objectifs prévus ; elle cherche également souvent son sens.

— Enfin et surtout la réussite d'une innovation suppose une transformation de l'ordre établi pour devenir substantielle. Elle fragmente alors le corps social entre ceux souhaitant modifier, et ceux qui veulent conserver le *statu quo* organisationnel et stratégique.

Le processus d'innovation décrit ici est relativement pacifique. Unissant les différents niveaux hiérarchiques et types de fonction dans une logique dominante, l'opposition est réduite aux relations avec les établissements techniques et à des négociations permanentes avec les directions. Le processus s'avère souvent plus conflictuel.

3. LA LOGIQUE DE L'INNOVATION

Un groupe d'innovateurs tend à investir l'ensemble du fonctionnement de l'organisation. Il prône l'innovation de manière à s'y définir comme acteur, support et expert. Sa force tient à ses capacités d'alliance. Il s'appuie sur le réseau professionnel mais, plus largement, sur tous ceux qui souhaitent, à un moment donné, transformer l'ordre établi pour participer plus largement à la définition du sens de l'entreprise.

Le statut social et la reconnaissance dont jouit le groupe sont en deçà de sa compétence et de sa contribution au fonctionnement de l'entreprise. Il tend à combler cet écart en innovant, en redéfinissant les règles de fonctionnement et de reconnaissance.

3.1. Le cas TAF

L'entreprise audiovisuelle TAF, répartie sur l'ensemble du territoire français, investit en bureautique sans politique d'usage clairement définie. La seule règle explicite consiste en la volonté d'éviter toute utilisation redondante ou autonome par rapport au schéma directeur de l'informatique centrale. Mais simultanément, les 300 micro-ordinateurs sont répartis dans les services un peu comme on jette des bouteilles à la mer. Les contraintes de compatibilité, d'adaptabilité des logiciels aux différents postes de travail ou de définition d'une logique de substitution ne sont pas prises en compte.

De longue date, les traitements de masse sont sous-traités à une institution commune à plusieurs entreprises d'audiovisuel. La situation est cocasse mais classique : l'informatique a des contraintes et des objectifs qui ne rencontrent que partiellement ceux des utilisateurs. Leurs problèmes de calendrier, de qualité et de flexibilité de traitements ne sont jamais sérieusement traités.

Des cadres des secteurs administratifs décentralisés de l'entreprise (comptabilité, finance, logistique et services de personnel) mettent alors tout en œuvre pour parvenir à l'optimisation du matériel. Ils deviennent innovateurs. La bureautique représente pour eux un enjeu majeur : celui de pouvoir réaliser des traitements statistiques indépendamment du bon vouloir de l'informatique centrale. Ils assurent, de fait, la définition du sens et des usages de la technique en inventant des applications adaptées à leurs besoins spécifiques, en s'appropriant l'objet technique.

— Ils diffusent les matériels clandestinement, ainsi que l'adaptation de logiciels. Le peu de vigueur mis par l'entreprise à opérer une intervention de soutien auprès des utilisateurs est ainsi remplacée par un émiettement de dynamismes locaux.

— Ils inventent des produits informatifs pour limiter l'incurie de certains services de gestion centralisés. L'un des cas les plus typiques est celui du « tableau de service », outil de calcul des heures de travail dues à chaque salarié. Compte tenu du caractère particulièrement aléatoire des travaux réalisés par l'entreprise, les horaires, vacations et déplacements s'avèrent trop variés pour qu'une seule et même règle de gestion puisse être appliquée. Défini au plan national, ce tableau ne peut donc prendre en compte les spécificités locales ; il ne peut pas non plus servir les ratios nécessaires à la gestion locale. Les bricolages vont alors bon train : ils représentent le moyen de se défaire du poids des modes opératoires centralisés en réalisant des applications « sur mesure ».

— La recomposition du travail guide également l'action des innovateurs. Ils trouvent dans l'optimisation du système technique le moyen de contrôler l'aval et l'amont de leur système d'information. Ce qui se joue derrière le bricolage technico-organisationnel de la bureautique est donc bien autre chose que la réalisation d'un plaisir ludique : il s'agit de définir des usages permettant à la fois de court-circuiter les relais « naturels » de l'information et d'accéder à la négociation avec le siège.

Ces interventions s'appuient sur la forte densité du réseau :

dans les différents établissements de l'entreprise, des cadres des mêmes secteurs coopèrent pour développer des applications autonomes par rapport à la logique centralisatrice de la direction générale et de son service informatique. Ce réseau se structure paradoxalement sur l'absence de formation et de plan bureautique. Pour apprendre la technique et lui donner un sens, les innovateurs développent un véritable maillage interrégional de savoirs opératoires.

Pour ce faire, ils élargissent leur groupe à des alliances stables et déterminées, auprès de secrétaires et de responsables de services régionaux. Mais surtout, ils assurent concrètement la médiation entre les développement parfois excessifs réalisés par des bricoleurs de génie de leur groupe et la capacité d'absorption souvent étroite qu'en a l'institution. Les réalisations technico-organisationnelles jouissent par ailleurs d'une large publicité de la part du responsable bureautique.

La force essentielle du groupe tient ainsi à la ressource du nombre. Sa faiblesse tient au décalage important entre ses propres préoccupations et celles de l'institution, globalement plus préoccupée de luttes au sommet et de stratégie d'entreprise que d'affaires « mineures ».

Le groupe tend alors à rapprocher l'organisation d'une logique du marché permettant, selon lui, la reconnaissance de ceux qui font plus que la simple gestion administrative. Ainsi, l'intervention de comptables favorisant une décentralisation partielle de leurs activités, donnant aux régions les moyens de tenir une comptabilité propre par l'intermédiaire d'applications bureautiques, permet la définition, la conception et la mise en œuvre de politiques budgétaires plus adaptées au marché. De même, il devient possible aux opérateurs de ces services, étant donné une capacité analytique accrue, d'accroître l'opportunité des propositions de répartition budgétaire entre les régions, en fonction des besoins respectifs et des moyens d'ensemble.

La logique de l'innovation repose sur une quête permanente de légitimité qui trouve sa force dans la stabilité de ce positionnement entrepreneurial.

Mais avant de pouvoir jouir de l'autonomie et de la reconnaissance sociale locale apportées par leurs innovations, les cadres doivent développer leurs applications de manière clandestine, cachée, pendant une ou deux années. Elles ne sont rendues publiques qu'à partir du moment où elles représentent une source d'efficacité, et donc de légitimité suffisante pour contrebalancer celle des services centraux.

La réussite de l'offensive repose sur ce moment de clandestinité qui est aussi celui de la maturation stratégique : c'est à l'occasion de l'invention des usages, que les innovateurs découvrent progressivement les ressources de leur jeu et qu'ils tissent une sorte de fédération cachée de leurs intérêts.

3.2. Le cas Autrement

L'entreprise de matériel de sport Autrement est soumise aux effets de mode des produits qu'elle réalise. Contrainte de les modifier fréquemment, ainsi que leurs procédés de réalisation, elle élargit l'intervention du personnel pour qu'il puisse prendre en charge les incertitudes de ce fonctionnement mobile. Sur le plan de la qualité, de la gestion de la production, de la distribution auprès des revendeurs et de la conception même des produits et procédés, il est explicitement fait appel à la « collaboration de tous » : la formation et la coopération sont largement développées.

L'organisation se caractérise par une forte polyvalence du personnel. Exception faite pour les ouvriers spécialisés, il n'existe en réalité pas d'affectation précise pour un poste de travail. L'entreprise accepte de gérer une forte incertitude concernant l'utilisation des techniques, la conception ou l'exécution des produits, et finalement les rôles impartis à chacun. La recherche de rationalité économique devient ici incompatible avec une rationalisation classique du travail.

Une large autonomie est donc laissée aux opérateurs, à partir du moment où ils sont « experts en quelque chose ». Ce fonctionnement s'appuie largement sur le professionnalisme, mais dans deux groupes distincts :

— Les nouveaux professionnels : ouvriers qualifiés, techniciens et cadres chargés de l'automatisation, de la GPAO, des méthodes de travail (le bureau en tant qu'unité distincte a disparu) et des finances. Ils disposent de sources de pouvoir : la connaissance d'une technique et donc la possibilité d'intervenir sur le produit ; le contrôle des informations spécifiques à leur activité, par le biais du réseau ; une position de relais entre les différents services et l'extérieur de l'entreprise. Mais ils découvrent tout un domaine d'activité naissant.

— Les professionnels du « métier de l'entreprise » ont des

ressources comparables mais des positions différentes. Les cadres des bureaux d'études, du marketing, de la qualité et de l'informatique détiennent des savoirs reconnus par l'institution et des connaissances précises sur les domaines d'intervention. Collectivité de « maîtres » au sommet de leur art, ils contrôlent les principales décisions en matière d'organisation.

Une large politique de participation est mise en œuvre. Elle représente un véritable patchwork des différentes méthodes envisageables, à tous les niveaux hiérarchiques et entre tous les secteurs de l'entreprise. La participation se met en place à la demande de n'importe quel acteur. La seule condition restrictive correspond à l'obligation de déboucher sur une action considérée comme efficace par la direction.

Les nouveaux professionnels développent et pervertissent ces ouvertures. Ils répondent activement à l'appel à la « collaboration de tous » pour se défaire de la dépendance des « professionnels du métier ». Ils investissent explicitement la politique participative de trois enjeux.

— L'autonomie de chaque service, qui permet de dépasser des fonctionnements collectifs parfois encombrants et d'être reconnu comme capable de « faire la différence ».

— La conception du travail, et surtout des procédés qui représentent un territoire à reconquérir ou à préserver à l'occasion de chaque innovation.

— La définition stricte des projets de chaque innovation ; parce qu'elle offre la possibilité d'être reconnu à l'intérieur de l'entreprise comme un véritable « entrepreneur » dont les récompenses matérielles ou symboliques sont proportionnelles à l'efficacité.

L'enjeu de ce volontariat actif est donc double : il ouvre les portes d'une participation réelle, qui concerne la conception même du processus de travail ; il contraint à passer à des relations plus horizontales, écartant les clivages départementaux maintenus par les « professionnels du métier ».

On distingue ainsi la superposition de deux logiques participatives. L'une formelle, tend à opérer une négociation explicite et organisée à l'occasion de chaque changement, qu'il concerne les techniques, la qualification ou les zones de responsabilité ; elle s'appuie sur des méthodes rigoureuses. L'autre informelle, menée par les nouveaux professionnels, tend au contraire à opérer des négociations au coup par coup dans le cadre d'une stratégie continue de débordement de ces principes ; elle n'a pas pour objectif de résoudre un problème de manière « démocratique » mais de profiter des incertitudes qu'il crée pour occuper un espace d'influence élargi.

Le groupe mène également une activité de démasquage des représentants du « métier » : il met en avant la valeur opératoire de ses propres actions, spontanées, et dénoncent ceux qui y privilégient le respect d'une démocratie procédurière et élitiste.

Les innovateurs parviennent à élargir constamment leur champ d'intervention et de reconnaissance en menant trois types d'alliances :

— ils s'appuient sur les savoirs des spécialistes des méthodes qui, spoliés de leur activité traditionnelle pour cause de « détaylorisation », trouvent dans cette alliance la source d'un véritable renouveau pour l'application de leurs connaissances ;

— ils mènent également un jeu subtil auprès des consultants en organisation : ils les poussent à accentuer leur discours sur les bienfaits du participatif pour légitimer leurs stratégies ;

— ils n'hésitent pas à s'appuyer sur les « politiques » de l'entreprise : les hommes de la direction acceptent de soutenir le jeu des professionnels à partir du moment où il leur paraît rencontrer la logique économique de l'entreprise.

3.3. Le cas Eldair

L'établissement provincial de l'entreprise d'assurance Eldair réunit 400 salariés sur un même site, uniquement consacré à la gestion des différents contrats. C'est un vaste « back office ». Il ne traite que les opérations grand public. L'organisation est hybride.

Elle correspond à une répartition des tâches classiques : un directeur adjoint assure les services de logistique, des ressources humaines, de la comptabilité et du contrôle de gestion. Un autre directeur adjoint a la responsabilité de l'informatique et de l'organisation. Le directeur s'occupe directement des sept unités de production, chacune d'entre elles s'attachant à la gestion d'espaces régionaux bien définis.

Le caractère novateur de l'organisation tient à deux éléments :

— Depuis trois ans l'établissement est passé d'une activité simple (essentiellement de la gestion de ventes), à une activité complexe (intégration de produits financiers liés à l'épargne retraite) ; chaque année, deux nouveaux produits sont intégrés dans la gamme de l'établissement.

— La division des tâches est totalement modifiée. D'une extrême spécialisation entre correspondance, paiement des rentes, gestion de décès, virements et traitement des échéances, chaque groupe devient polyvalent sur l'ensemble des tâches. Par ailleurs la fonction de « chef de pièces » (chacune d'entre elles disposant d'environ cinq personnes) disparaît. Une partie de ces anciens agents de maîtrise ainsi que des experts issus de la base sont réunis dans un « groupe fonctionnel » : il a pour objectif d'aider les différentes unités lors de problèmes de gestion particulièrement complexes.

Ce groupe, allié au service du personnel et de la logistique, mène une stratégie d'innovation qui a pour enjeu de démocratiser l'organisation d'ensemble des services. Il s'oppose directement au service informatique, à celui de l'organisation et à la majorité des chefs d'unités. Il légitime son action par un discours très « pro » portant sur les insuffisances de ces deux services et du contrôle de gestion pour satisfaire les clients.

La stratégie de ces innovateurs se matérialise de manière extrêmement diffuse et pragmatique. Elle n'a aucune caractéristique des « grands coups » joués par les innovateurs des exemples précédents. Elle se présente au contraire comme la succession de tactiques quotidiennes qui rongent l'organisation et les rôles qui y sont formellement affectés. Elle s'appuie essentiellement sur une amélioration du travail des agents dont le groupe se fait le porte-parole. Par exemple :

— le traitement d'un dossier passe d'une durée stricte (une semaine) à une durée élastique (entre deux et quinze jours) : ceci permet à chaque agent de « lisser » sa charge de travail et ses aléas ;

— la distribution des certificats d'adhésion est suivie d'une relance automatique si le prélèvement est rejeté ; le système antérieur, pensé par le service informatique, bloquait immédiatement le compte, et l'agent devait refaire la totalité de l'acte de gestion ;

— les délais de traitement des questions posées aux archivistes sont plus souples : les questions sont préalablement réunies par thèmes ;

— de nombreux « comités de formation » permettent de réunir des membres du « groupe fonctionnel » et des agents pour débattre des procédures de travail et faire évoluer les connaissances.

Ce travail efficace mais informel tend progressivement à être présenté sur la place publique pour élargir l'action et la rendre légitime. Des expériences dites « autogestionnaires » se développent.

Par exemple une unité associe totalement les agents à la gestion du portefeuille. En quelques jours, toutes les informations concernant les critères de gestion leur sont expliquées : zones géographiques, type de produits, prix des produits par rapport au développement ; niveau de compétence par rapport aux produits. Les agents définissent alors leurs tâches de manière collective, en fonction de leurs intérêts, compétence, et des contraintes du service. Les décisions sont matérialisées sur une carte géographique de la zone gérée : y figurent des ronds de différentes couleurs correspondent aux activités des uns et des autres.

Ces trois situations mettent en évidence la spécificité et la cohérence de la logique d'action des innovateurs.

— Ils contrôlent en bonne partie les incertitudes concernant la technique, les produits, l'organisation et le marché ; les « meilleures » méthodes participatives ne font que déplacer et activer cette situation.

— Leur intervention active dans le processus d'innovation se fonde sur un triple enjeu : celui de conquérir autonomie, influence et reconnaissance sociale.

— Ils disposent pour ce faire de ressources considérables, tirées de leur compétence technique et de leur appartenance au réseau.

— Leur exercice est cependant limité par les contraintes réglementaires, la division du travail, parfois caractérisée par l'existence de « métiers fermés ».

— Plus leurs opposants pèsent sur l'offensive des innovateurs, et plus ceux-ci réitèrent leurs actions en s'appuyant largement sur les courts-circuits et l'éclaircissement du jeu de ces positions résistantes.

— La pérennité de leur jeu tient à la force de leurs alliances : ils intègrent dans leurs rangs tous ceux qui sont prêts à jouer, même momentanément, la logique de l'innovation.

— Le groupe ne se superpose pas à celui des professionnels ; il s'élargit à des hiérarchiques intermédiaires et parfois à des agents peu qualifiés. Mais la logique de l'innovation demeure définie par un mouvement de professionnalisation qui tend à transformer l'ordre établi, quelle que soit sa nature.

4. LA LOGIQUE DE LA RÈGLE

A la logique de l'innovation s'oppose celle de la règle. L'ordre s'oppose ainsi à sa propre transformation ou l'intègre en maintenant le *statu quo* stratégique. A l'inverse des innovateurs, le groupe des légalistes se compose d'acteurs forts en statut social et en reconnaissance.

Les ressources stratégiques de ce groupe tiennent essentiellement aux éléments réglementaires de l'entreprise ainsi qu'à ses relations directes avec les dirigeants.

4.1. Le cas TAF

L'enjeu des légalistes, experts du siège social et responsables de services régionaux, est de parvenir à maintenir la centralisation des décisions et du système d'information d'ensemble. Le corollaire de cet enjeu est le contrôle, *a posteriori*, des innovations développées par les cadres de gestion. Le groupe met en œuvre une stratégie mobile. Il se définit une nouvelle légitimité en transformant les applications locales considérées comme efficaces en applications nationales, utilisables par l'ensemble des services. Ils les rend du même coup obligatoires.

A cette occasion, le groupe formalise et « assainit » les procédures bricolées par la base : il banalise et donc contrôle à nouveau une partie du système d'information. De fait, son intervention se traduit par une réglementation de l'innovation, le schéma directeur informatique absorbant peu à peu les dérives et initiatives locales. Il contraint les utilisateurs à respecter les nouvelles règles organisationnelles et les procédures de gestion.

L'action du groupe a donc pour effet d'établir une coordination des activités de services extérieurs, et d'y reprendre une partie du pouvoir. L'objectif n'est pas d'y établir une main-mise coercitive mais d'assurer le contrôle du processus de travail. Ce contrôle est un atout considérable, la majeure partie de l'activité de l'entreprise se traduisant par du traitement d'information.

L'action se présente comme la mise en œuvre d'un outil de gestion plus adapté aux contraintes de l'entreprise : celui d'une technocratie centralisée. Même si le terme n'est pas employé sous cette forme, les pratiques correspondent concrètement à cette volonté, caractérisée par une polarisation vers la tenue de comptes, standardisés, de prévisions et d'évaluations de l'entreprise, mais aussi par une remontée d'informations au niveau du siège qui, de ce fait, a plus de facilité pour centraliser les décisions.

L'autre singularité de cette logique est qu'elle doit imaginer un jeu particulier, en fonction des différentes modalités d'appropriations locales de la bureautique. Les rencontres entre les experts du siège alliés à des hiérarchies locales et les utilisateurs des régions prennent alors trois formes bien spécifiques :
— normalisation du système d'information local lorsque les légalistes parviennent à faire accepter leur logique, ou en totalité, ou en grande partie ;
— régulation du système d'information lorsque les légalistes ne peuvent intervenir qu'au coup par coup, par une intervention quasi permanente, sur les applications locales ;
— blocage du système d'information local lorsque l'opposition entre les deux groupes ne débouche ni sur un accord minimum ni sur le laisser-faire antérieur.

L'influence de la règle n'est donc pas absente du jeu social. Elle garantit une formalisation minimum du système d'information. Elle confère de ce fait une certaine légitimité au légalisme.

La situation n'est cependant pas de tout repos, tant la bureautique se rapproche d'une matière fluide. L'obsolescence, la perversion et l'appropriation du système technique sont sans cesse renouvelées par les innovateurs. Dans ce jeu de cache-cache, un mécanisme dialectique unit alors les deux groupes :
— Les légalistes jouent de leur position statutaire : en contrôlant l'affectation des ressources administratives et budgétaires, ils parviennent à limiter les moyens techniques utilisés par les innovateurs et donc partiellement à en contrôler les usages. Ces moyens concernent bien évidemment les maté-

riels et logiciels, mais plus encore le temps de travail mis à la disposition des opérateurs sous forme de conseil et de formation.

— Les professionnels, s'appuyant sur leurs bonnes relations avec des alliés du réseau, surmontent partiellement cet obstacle : ils acquièrent des micros en « piratant » des lignes budgétaires théoriquement réservées à l'achat de matériel audiovisuel. Ils contournent donc activement le contrôle *a priori* mis en œuvre par le groupe central, en développant les stratégies d'innovation déjà évoquées : modification des applications, obtention clandestine de moyens, réseaux d'entraide, etc.

Ce jeu est permanent car il s'opère au sein d'une entreprise marquée par l'expression et la décentralisation. Les légalistes sont à ce titre doublement contraints : ils ne peuvent en aucun cas intervenir sans marchander longuement avec les utilisateurs finaux. Ils ne peuvent pas non plus revenir sur la totalité des acquis en matière de gestion décentralisée. Leur logique tend cependant à s'imposer dans la mesure où ils disposent, pour l'appuyer, de l'attribution des moyens. Le pouvoir qu'ils exercent auprès des services extérieurs prend alors la forme d'une coercition douce dans laquelle rien n'est jamais définitivement acquis pour les uns, ni définitivement perdu pour les autres.

4.2. Le cas Autrement

A propos de la définition des nouveaux produits et procédés, un jeu comparable s'observe dans l'entreprise Autrement. Il repose cependant sur un système social plus ouvert et mobile.

Le groupe des anciens « professionnels, ceux du métier de l'entreprise » met en évidence les risques d'errements liés à la montée des nouveaux professionnels :

— produits et procédés de fabrication difficilement réalisables ;

— gestion complexe et planification dérisoire pour cause de multiplication des services et des zones de conception ;

— références répétées à l'encontre du « laxisme » de la direction des ressources humaines (elle définit par exemple des promotions selon le résultat de discussions entre les intéressés et sans méthode d'évaluation stricte des postes de travail) ;

— développement des CNP (Conférences Nouveaux Produits) réunissant les différentes directions de l'entreprise ainsi que des clients : on y montre la valeur des savoir-faire historiquement définis par le métier de l'entreprise.

Pour préserver son rôle, le groupe définit des méthodes et des objectifs de production, éprouvés, permettant théoriquement de réduire les aléas et donc de redéfinir une légitimité à ces savoir-faire. En particulier, le rythme de réalisation des innovations pour chaque ligne de produit est fixé à trois ans.

Cette durée permet de réaliser des améliorations, de petites innovations à partir des produits et procédés connus. Elle s'oppose expressément à un effort de recherche d'une dizaine d'années, permettant une véritable rupture conceptuelle dans les lignes de produits mais supposant une redéfinition des positions acquises. Le bloc défensif ainsi réalisé s'appuie simultanément sur la définition de la nouvelle mission des hiérarchies intermédiaires : animer leurs équipes, et non plus les commander. Une partie de ce groupe, située chez les « professionnels du métier », définit et canalise alors étroitement les zones d'intervention des nouveaux professionnels. Elle devient le « leader tendancieux » de la base.

Le groupe légaliste dispose d'une ressource essentielle : la référence à l'esprit de compagnonnage, qui permet d'opérer un « contrôle du village » : tout le monde doit savoir ce que fait tout le monde.

Cette alliance dispose par ailleurs d'un moyen d'intervention considérable sur les actions des nouveaux professionnels : en limitant les ressources matérielles de ces derniers, elle les conduit à « payer cher » leurs stratégies : densification des heures de travail et plages horaires élastiques deviennent des indicateurs frappants de la condition des nouveaux professionnels.

4.3. Le cas Eldair

Le groupe légaliste se constitue des membres des services organisation et informatique et en partie, de ceux du contrôle de gestion. Pour parvenir à reprendre le terrain conquis par les innovateurs, il se modernise : il absorbe ou rejette les actions menées par « ceux d'en face » au nom d'une efficacité nouvelle.

Le contrôle de gestion intervient ainsi en amont des négociations budgétaires pour trouver une manière dite raisonnable et méthodique d'affecter les moyens.

Le service informatique économise les moyens, rationalise son architecture. Par exemple, il maintient en état les quatre programmes spécifiques de gestion (produits récents, produits anciens, produit d'épargne, informatique de l'établissement) : la complexité technique limite de ce fait le développement de la polyvalence. Au nom de la rationalité, il verrouille bon nombre d'accès aux logiciels qui sont piratés par le « groupe fonctionnel ».

Le service organisation met en évidence auprès de la direction le coût représenté par les redondances entre sa propre activité et celle du « groupe fonctionnel ». Il met en lumière le risque encouru par l'entreprise à propos de formes larvées d'autogestion et des arrangements divers :

— formation insuffisante par rapport à la complexité des tâches ;

— services peu coordonnés et donc augmentation des stocks, baisse de la qualité ;

— « frustration » des services concernés et donc mauvais climat social ;

— image d'aventuriers auprès de la direction générale et donc risque de limitation de moyens.

Le bloc défensif appuie son action en tentant de se fidéliser les agents des services de production. Avec les responsables d'unité, ils montrent le caractère « idéologique » et peu réglementaire de l'abandon de l'autorité verticale. Avec les agents, ils montent, eux aussi, des opérations pilotes intégrant une certaine polyvalence, mais fondée sur une normalisation des procédés et des savoirs, limitant le trouble vécu dans les bureaux « autogérés ».

Ces trois situations illustrent le caractère stratégique de l'exercice de la règle. Elles traduisent également la cohérence du groupe qui la porte.

— Son enjeu majeur est de repréciser les fonctions et les rôles au fur et à mesure que se développe l'innovation : plus il l'intègre dans le giron institutionnel, et au pire, mieux il l'étouffe, et plus le pouvoir que lui confère l'exercice de la règle est pertinent dans le jeu social.

— Il dispose pour ce faire d'une ressource essentielle : celle de sa collaboration directe avec les directions, qui lui permet de mettre en scène sa propre conception de la réalité des faits. D'autres ressources, la gestion administrative des affaires, et l'affectation des moyens budgétaires en particulier, permettent de contrôler partiellement l'innovation.

— Mais la force de ces atouts est relative : elle butte sur la faible légitimité économique de la règle. Le jeu s'avère alors délicat : si les légalistes s'opposent trop frontalement aux innovateurs, ils ne sont plus que « légaux » ; s'ils acceptent de jouer avec eux, ils doivent accepter de perdre une partie de leur spécificité et intégrer la logique de l'innovation.

— La stratégie dominante du groupe est alors celle d'une intervention sur le trouble organisationnel : il s'y oppose en réduisant les incertitudes du processus de travail, en formalisant les mécanismes d'innovation pour parvenir à transformer les stratégies des nouveaux professionnels en fonctions.

— Cette stratégie n'est pas sans réussite. S'appuyant sur des alliances tournantes avec une partie des hiérarchies intermédiaires, mais aussi les employés et les ouvriers non qualifiés, le groupe parvient à donner à son légalisme une certaine légitimité.

— Le groupe ne se définit donc pas dans son ensemble par rapport au type de fonction exercée : il reflète un rapport au statut social et au pouvoir formellement établi. Des professionnels peuvent ainsi être légalistes dans la mesure où leurs savoirs sont institués. Ils le sont cependant moins souvent que les hiérarchies intermédiaires qui demeurent majoritairement le rempart réglementaire.

5. LA LOGIQUE DE L'EXCLUSION

Faute de ressources stratégiques suffisantes, les employés et ouvriers non qualifiés n'occupent pas une position d'acteur dans les trois situations évoquées. Ils travaillent mais jouent peu, en tout cas, de manière offensive. Ils ont ainsi une place et un rôle précis dans l'organisation ; ils les tiennent consciencieusement. Mais ils demeurent plus agents qu'acteurs ;

leur place dans le système social est floue : ils subissent, plus qu'ils ne produisent, les situations de travail.

Faute de ressources culturelles adéquates, certains cadres et en particulier des hiérarchiques vivent mal le désordre, les contraintes de mobilité et de conflictualité ; le coût psychoaffectif des stratégies décrites devient trop élevé. Mis à l'écart des positions de travail ou des groupes influents, ce sont les « bras cassés » de l'entreprise. Certains technico-commerciaux formés sur le tas dans l'entreprise Comtel, hiérarchiques intermédiaires chez TAF, nouveaux professionnels chez Autrement, ont vécu des situations organisationnelles trop denses en mobilité et en conflictualité pour accepter de continuer à jouer le jeu.

Ces deux groupes représentent les exclus du système social. Ne pouvant intégrer ni le réseau des innovateurs, faute de capacité à y échanger quelque chose, ni le jeu des hiérarchiques, pour cause d'« usure » ou d'« échecs répétés », ils sont cantonnés dans des fonctions.

Ces positions, majoritaires dans certaines entreprises (R. Sainsaulieu) (11), et donc normales, deviennent ici celles d'une minorité passivement déviante, par défaut d'intégration au jeu social. C'est l'autre face de la logique informationnelle : il n'existe pas de règle organisationnelle suffisamment stable pour amener progressivement des positions de travail pauvres au professionnalisme. La loi est celle d'un milieu dans lequel ceux qui ne peuvent pas faire preuve de capacités stratégiques sont mis hors jeu.

La transformation de l'entreprise opérant toujours dans le même sens, celui d'une complexification accrue des tâches et du jeu social, les agents peu qualifiés hésitent largement à y intervenir. La faiblesse de leur capital stratégique et culturel les empêche de pouvoir payer le « ticket d'entrée » dans l'univers de l'innovation. J. Gautrat (12) et D. Martin (13) montrent ainsi que les O.S. apprennent généralement, à l'occasion de la participation, des fragments d'expression et de négociation, mais demeurent extérieurs au jeu social.

---

(11) R. SAINSAULIEU, « La régulation culturelle des ensembles organisés », *L'Année Sociologique*, vol. 33, 1983.
(12) D. MOTHE-GAUTRAT, *Pour une nouvelle culture d'entreprise*, Paris, Éd. La Découverte, 1986.
(13) D. MARTIN, *Participation, op. cit.*

Une explication tout à fait prosaïque et largement évoquée par les opérateurs eux-mêmes éclaire aussi cette réserve. Le passage à l'action stratégique suppose d'avoir du temps. Et ce groupe en a peu. Les tâches sont suffisamment répétitives pour être strictement escomptées. Lorsqu'un membre du groupe va participer ou « jouer », il laisse sa charge de travail à ceux qui restent dans l'atelier ou le bureau. Il doit donc payer un double tribut pour participer au jeu social : celui de la sortie de son groupe et celui de l'entrée dans un autre.

Dans les trois cas analysés, les deux groupes observent des comportements comparables. Faute de pouvoir participer au système social, ils sont surtout les spectateurs de la scène qui se déroule sous leurs yeux : ils identifient mal les logiques en présence, et ne pèsent pas d'un poids suffisant pour y intervenir activement. Leur enjeu majeur est de faire en sorte, ou plutôt d'espérer, que l'entreprise ne devienne pas trop informationnelle, qu'elle préserve aux emplois un caractère fonctionnel.

L'alliance avec les groupes légalistes est donc la forme dominante de leur jeu, au moins tant que ceux-ci sont à même de préserver un certain ordre social, les règles et les statuts. Cette situation est caractéristique dans l'entreprise Eldair. Les légalistes justifient une position défensive en se référant au problème d'intégration des employés peu qualifiés. Ils font surgir le spectre de la grève, menée par un groupe qui ne peut plus bénéficier d'une quelconque promotion, et dont l'effectif décroît régulièrement.

L'alliance avec les professionnels est plus rare, mais plus durable. Dans des situations particulièrement conflictuelles et ouvertes, par une sorte de capillarité culturelle, les « petites mains » acquièrent le projet d'accumuler suffisamment de compétence pour devenir acteurs. C'est le cas des agents de Eldair qui ont vécu les expériences « autogestionnaires ». La redevance est lourde : elle suppose un investissement considérable en savoirs et en stratégie. Mais dans ces situations ouvertes, les professionnels soutiennent largement cette mutation. Elle représente pour eux le moyen d'avoir des alliés supplémentaires et de justifier aux yeux des directions le caractère mobilisateur de leurs actions. Le cas de Comtel est tout à fait exemplaire. Dans l'univers des « pionniers », il existe de nombreuses actions de soutien auprès des employés peu qualifiés : entraide, formation mais surtout accompagnement dans le processus d'apprentissage représentent la volonté et le moyen de créer un acteur suffisamment collectif et cohésif pour assurer sa pérennité.

6. LA LOGIQUE DE LA DIRECTION

La logique de la direction se caractérise par une stratégie d'institutionnalisation des innovations développées par la base. L'enjeu est ici d'adapter, de canaliser et finalement d'assurer un contrôle social sur l'activité inventive des membres de l'organisation.

Les acteurs de la direction soutiennent donc le jeu des professionnels qui sont porteurs, en même temps que de troubles, de rationalité économique. De l'autre main, ils protègent les positionnements légalistes qui permettent de réduire la propension au chaos des stratégies d'innovation. Les dirigeants sont le « tiers garant », décrit par J.-D. Reynaud (14) comme le recours permettant de passer d'une situation d'interaction conflictuelle à une situation d'interdépendance, contrôlée « par le haut ».

Mais comme pour les logiques précédentes, on ne saurait confondre totalement la logique d'une fonction et celle d'un acteur. La logique de la direction est effectivement tenue par les dirigeants chez Comtel et Eldair. Elle est par contre largement délaissée par ceux de TAF, plus préoccupés de problèmes politico-financiers que de systèmes d'information : ils délèguent, ou plutôt laissent leur pouvoir directorial s'échapper vers les départements techniques et informatiques du siège social. Chez Autrement, la situation est encore plus équivoque mais finalement assez cohérente : le président s'intéresse surtout à l'action des « maîtres » et à l'innovation à court terme, indépendamment des autres contraintes de l'entreprise ; il « se » désigne un directeur général qui a pour obligation d'assurer la direction, l'harmonisation d'ensemble du fonctionnement de l'entreprise.

Ces précisions étant données, l'action dirigeante constitue bien une logique spécifique et homogène. Elle correspond, de fait, à une régulation centralisée des activités de transformation de l'entreprise et de ses produits, bien plus qu'à

---

(14) J.D. Reynaud, *Les règles du jeu, op. cit.*

la définition et à la mise en œuvre de changements strictement programmés. Ce processus n'est ni erratique ni aléatoire, même s'il n'est pas formalisé. L'observation montre au contraire qu'il se caractérise par la succession de quatre étapes, chacune d'entre elles correspondant à un état des rapports de force.

6.1. L'incitation

Dans un premier temps, les directions adoptent une position incitatrice. La mise en œuvre du changement se traduit en effet initialement par une action de temporisation et de résistance des opérateurs. Les professionnels croient distinguer dans ces instruments ou méthodes un moyen supplémentaire et modernisé d'exercice de l'autorité hiérarchique et d'accroissement de la charge de travail. Faute de capacité culturelle à imaginer l'espace de jeu supplémentaire que représentent ces changements, ils ne les investissent en aucune manière de façon active. Ils s'en protègent. De leur côté, les légalistes perçoivent le risque de remise en cause des activités traditionnelles que représentent ces investissements. Ils n'animent donc pas le changement.

Devant ce *statu quo,* les dirigeants adoptent alors une politique à la fois volontariste et pragmatique. Ils n'appliquent pas à la lettre une méthode d'introduction du changement strictement définie, qui ne ferait que justifier les craintes des acteurs. Les dirigeants tendent à surmonter ces blocages en « affectant de l'incertitude » dans trois perspectives distinctes :

— ils augmentent les moyens en matériels, en séances d'information, de formation et de négociation pour mettre en évidence la transparence, le caractère indéterminé et négociable du projet ;

— ils acceptent et sollicitent une appropriation de ce projet par les acteurs, préférant que le changement leur échappe partiellement plutôt que de le voir échouer ;

— ils développent délibérément des opérations expérimentales, laissant une large liberté d'initiative aux acteurs, reportant au lendemain la définition de règles de fonctionnement précises.

Cette politique d'incitation s'opère de façon circonstanciée, en fonction des opportunités de jeu offertes par le système social. D'un projet programmé, les directions passent, bon gré mal gré, à une série de coups adaptés aux caractéristiques locales. Mais surtout, durant toute cette étape, elles soutiennent les capacités d'action des innovateurs au détriment de celles des légalistes. Elles comprennent que les résistances de la base sont surmontables. Mais que celles de la « loi » correspondent à une donnée bien plus rigide.

— Chez Comtel, les dirigeants incitent les services techniques à collaborer avec le secteur commercial ; ils développent de vastes plans d'accès aux connaissances commerciales ; ils favorisent largement les opérations pilotes.

— Chez Eldair, ils développent les cercles de réflexion et de résolution de problèmes ; ils mettent en avant les contraintes de qualité par rapport à celles de productivité, l'avantage de la créativité par rapport aux activités rituelles ; ils créent le « groupe fonctionnel ».

— Chez Autrement, ils mettent à la disposition des nouveaux professionnels les consultants en organisation et acceptent la définition des méthodes de travail endogènes. Ils favorisent les réunions de réflexion collective hors hiérarchie et indépendamment de la houlette des « professionnels du métier de l'entreprise ».

6.2. Le laisser-faire

Tout bascule après quelques mois de ce type de fonctionnement. Les dirigeants sont en quelque sorte dominés par l'activisme tout neuf des innovateurs. Ils sont contraints de « laisser-faire », au moins provisoirement.

Les échanges, expériences et négociations ont en effet permis aux professionnels et aux groupes innovants de réaliser ce que R. Sainsaulieu (15) nomme un « élargissement de leur champ perceptif ». Ils font une découverte majeure : la dépendance de la réussite des investissements par rapport à leur propre action. Plus, ils découvrent que le changement technique et d'organisation est peut-être un moyen de coercition venu du haut, mais qu'en le prenant en charge, en le

---

(15) R. SAINSAULIEU. Voir en particulier : *L'effet formation en entreprise*, Éd. Dunod, Paris, 1981. Des observations du même type, élargies à l'institution, sont faites à propos de l'expression des salariés et du management participatif par D. MARTIN, « L'expression des salariés : technique du management ou nouvelle institution ? », in *Sociologie du Travail*, n° 2, 1986.

pervertissant, ce même changement peut devenir un atout pour minimiser le poids des dominations traditionnelles.

Ils deviennent alors les chantres et les porteurs du changement et de l'innovation. A partir des logiciels qui leur sont confiés, ils se conduisent en véritables pilotes des systèmes d'information. A partir de leur mission commerciale de service public, ils inventent un véritable rapport aux clients et au marché. A partir de la volonté directoriale de mutation organisationnelle, ils se définissent des zones, des niveaux et des types de compétences inattendus.

Ce moment est à l'évidence celui de l'apogée d'un professionnalisme « sauvage ». Maîtrisant le sens des investissements réalisés, la base maîtrise largement les nouveaux territoires sur lesquels elle campe. Cette occupation se traduit par deux faits : le fonctionnement échappe largement aux directions mais surtout, ce moment de toute puissance permet de transgresser les principes organisationnels maintenus par les hommes à statut fort.

— Chez Comtel, les pionniers du commercial mènent la politique de fait accompli. Ils concluent des accords avec des entreprises ou des particuliers en dérogeant aux règles contractuelles générales. Ils justifient leur action en invoquant les lois du marché, en faisant intervenir leurs clients et des experts, internes ou externes, pour aménager les procédures.

— Chez Eldair, des innovateurs forment un bloc soudé, imaginatif et conquérant : ils délaissent les méthodes participatives pour participer plus largement à la redéfinition du travail ; les expériences « autogestionnaires » enthousiasment agents et acteurs ; elles transgressent les frontières culturelles.

— Chez Autrement, les nouveaux professionnels interviennent dans la plupart des bureaux d'études et en dehors de leurs zones de compétence en imposant une logique basiste : prenant appui sur la légitimité toute fraîche de leur regroupement, ils interviennent comme contre-experts auprès de ces services. Ils transgressent ainsi les cloisonnements horizontaux et statutaires.

Cette appropriation dépasse largement les souhaits des directions : d'une intervention par défaut de motivation, elles passent alors à une intervention par excès.

6.3. L'institutionnalisation régressive

L'étape d'institutionnalisation correspond à un retour partiel à l'ordre, mais pas à l'ordre antérieur. Les directions « recentrent » les innovations développées par la base en s'appuyant sur la réaction légaliste pour les intégrer dans le giron institutionnel.

Ce mécanisme est essentiel. Au cœur du mouvement complexe qui caractérise l'innovation, les directions savent faire preuve d'un « apprentissage culturel » aussi complexe que celui des nouveaux professionnels. Elles découvrent, acceptent et mettent en œuvre une idée nouvelle : celle de la régulation du système de l'innovation. Elles abandonnent sa programmation et sa réglementation.

L'institutionnalisation des percées réalisées par les innovateurs correspond alors à un traité de paix permettant de stabiliser les zones de compétence et d'influence des uns et des autres. Les directions affectent une nouvelle légitimité à la règle : elles mettent en œuvre des dispositions qui tiennent compte de la valeur de l'intervention des innovateurs. Mais elles associent à cette politique d'ouverture une redéfinition des territoires conquis par les tenants de l'innovation : au moment même où elles transforment en droit ce qui était de l'ordre de l'informel, les directions taillent largement dans les excès interventionnistes des innovateurs.

L'institutionnalisation des pratiques innovantes s'avère donc régressive. Elle ne retient des offensives de la base que ce qui ne s'oppose pas à une certaine stabilité réglementaire.

— Chez Eldair, une organisation en réseau favorise la mise en œuvre de connaissances très précises, dans des fonctions et pour des clients bien ciblés. Chaque bureau retrouve ainsi un responsable pour quatre agents mais développe des relations contractuelles « sur mesure ». On phagocyte ainsi le professionnalisme. Les experts du « groupe fonctionnel » sont intégrés dans ces équipes.

— Chez Comtel, la politique est comparable. Des méthodes de vente sont élaborées pour chaque type de marché, ainsi que des fonctions, des formations et des profils précis de commerciaux. Des procédures de sélection « scientifiques » sont mises en œuvre. Des contrats de travail avec des objectifs communs aux services techniques et commerciaux assurent une meilleure coopération entre les deux partenaires. Les grands corps redeviennent dominants dans le secteur.

— Chez Autrement, l'intervention des innovateurs est limitée à des moments et thèmes précis de la vie d'un projet. Certains acteurs trop transversaux, sans territoire, sont intégrés, formellement réaffectés à une région institutionnelle précise : en reconnaissant leur compétence et leur réussite, les dirigeants canalisent leur action.

6.4. Le désordre

L'histoire ne s'arrête pas avec le retour d'une règle modernisée. Les innovateurs, au cours de ce mouvement, ont fait un apprentissage définitif : celui de l'influence qu'ils tirent de leurs stratégies d'innovation. Même si certains d'entre eux jouent le jeu de leur nouvelle fonction institutionnelle, ils sont remplacés à la base par de nouveaux innovateurs : le changement continu empêche toute stabilisation des règles et des statuts. De même, les légalistes, confortés par leur nouvelle légitimité, retrouvent des ressources stratégiques pour jouer leur rôle. Les dirigeants sont alors conduits à opérer des arbitrages permanents entre deux groupes et deux logiques, l'innovation et l'institution. Les trois moments et techniques observés deviennent alors des séquences qui se renouvellent à chaque occasion de changement.

— Chez Comtel, le marketing opérationnel, par exemple, caractérise ce retour de la base. La direction réalise simultanément de nouvelles opérations pilotes (retour à l'incitation) pour améliorer encore le métier.

— Chez Eldair, une « carte des métiers » ainsi qu'un plan de formation pour les employés sont en cours de réalisation. L'un et l'autre permettent de mieux gérer ; ils supposent aussi de nouvelles formes d'appropriation des savoirs et de la reconnaissance amenées par l'appartenance à un métier et non à un grade.

— Chez Autrement, une bonne partie de l'équipe dirigeante part. Elle laisse place à un management apparemment moins conquérant mais plus sérieux. Les syndicats sont activement intégrés au fonctionnement de l'entreprise.

Le tableau 5 schématise le caractère systémique de ce mouvement :

— Les trois acteurs savent jouer en fonction d'un appren-

Tableau 5 — *Le désordre : un conflit permanent*

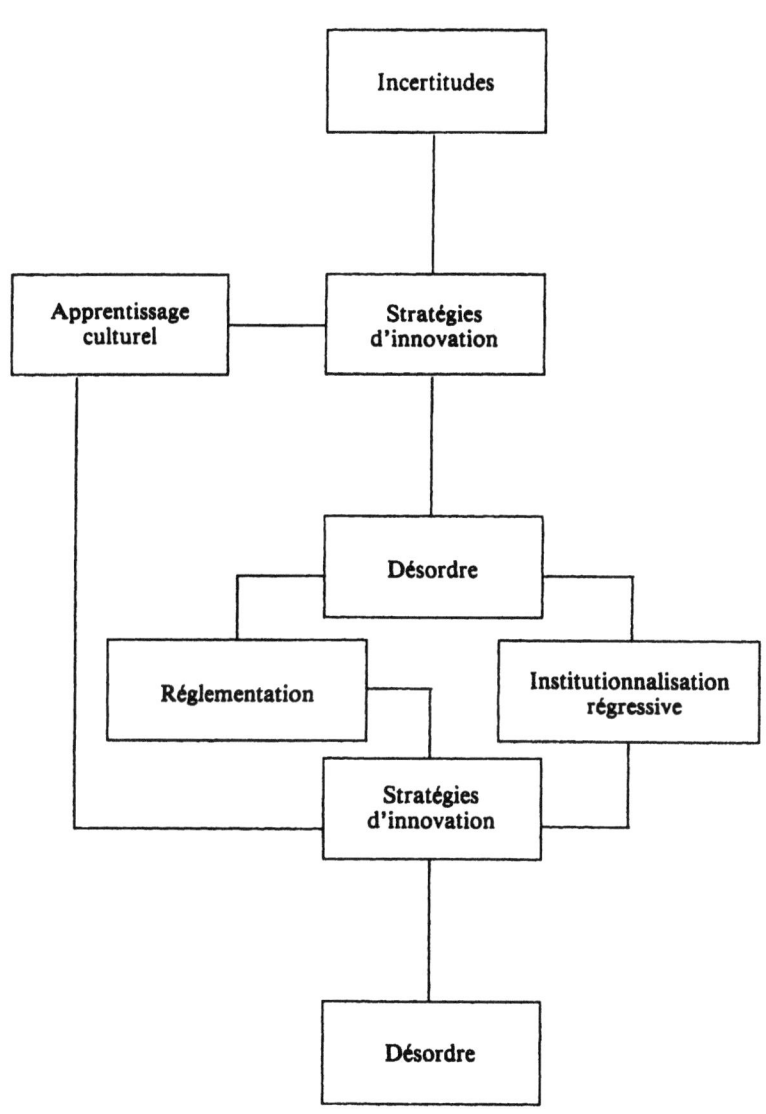

tissage collectif nouveau : la conscience du caractère stratégique de l'innovation.
— Les enjeux se déplacent progressivement. Les innovations concernent moins les techniques et les procédés dont le degré d'incertitude diminue avec la capacité à les gérer. Les innovations et les enjeux de fond deviennent alors les produits et l'organisation du travail.
— Cette pérennité du mouvement est aussi celle du désordre. Elle reflète la permanence d'oppositions régulées par à-coups (16). Le trouble organisationnel décrit dans le chapitre précédent ne peut alors être confondu avec un effet mécanique des investissements immatériels ou d'une volonté directoriale unilatérale. Il s'agit de l'effet d'une succession d'actions contradictoires qui conduit à empêcher la naissance d'un nouvel ordre stable.

Du point de vue des directions, le coût de ce fonctionnement devient excessif, et sur trois plans : il suppose des négociations permanentes avec un nombre d'acteurs accru ; les résultats deviennent aléatoires, non prévisibles ; la politique de l'entreprise devient trop dépendante du jeu de ses acteurs.

7. L'ORDRE PAR LA CULTURE D'ENTREPRISE ?

La cohérence réglementaire devenue impossible, les directions tentent alors d'assurer la canalisation du désordre par la cohésion culturelle (17). L'idée est ambitieuse. Il s'agit de faire en sorte que les salariés acquièrent ou préservent une « mentalité d'entrepreneurs », mais en guidant leurs actions dans le sens souhaité par l'entreprise (18).

Ce dernier avatar du management participatif est maintenant ample et célèbre. Objet d'innombrables interventions,

---

(16) J.G. PADIOLEAU montre que l'ordre social est un « phénomène organisé où s'enchevêtrent prévisible et contingence ». Le poids des incertitudes et la mobilité des jeux empêchent ici de pouvoir parler d'ordre. Il ne s'agit pas pour autant d'un « chaos où n'importe quoi peut arriver », mais d'une régulation sociale insuffisante, d'un déficit institutionnel. In *L'ordre social. Principes d'analyse sociologique*, Paris, Éd. l'Harmattan, 1986.
(17) N. ALTER, « Logiques de l'entreprise informationnelle », in *Revue Française de Gestion*, été 1989.
(18) Nous retrouvons ici l'idée de J.D. REYNAUD qui assimile la culture à la règle. *Les règles du jeu, op. cit.*

destinées à forger des cultures d'entreprises sur mesure, il représente un inépuisable champ d'intervention pour des « culturel designers ».

Les travaux de V. Degot, D. Segrestin et P.E. Tixier (19) mettent en évidence la coexistence de trois dimensions interdépendantes dans ce mouvement.

— Il est idéologique. Il tend à faire partager par l'ensemble du corps social la culture jugée pertinente par les dirigeants : il s'agit de la logique managériale érigée sous forme de consensus.

— Il intervient simultanément sur les relations interpersonnelles ou collectives, sur les valeurs, les représentations et les mythes.

— Il tend ainsi à faire passer l'entreprise d'une petite société à une communauté : d'un espace caractérisé par l'individualisme et le calcul, à un lieu permettant l'identification collective à un même projet.

L'idéologie managériale traduit également le caractère au moins partiellement démocratique de l'entreprise : les « citoyens » ne peuvent plus y être contraints de façon autoritaire et l'institution doit s'expliquer auprès de sa « société civile », la convaincre. L'ensemble du mouvement peut se décrire sommairement comme le moyen de niveler les différences culturelles en intégrant les opérateurs dans une communauté régie par l'esprit d'équipe et le goût de l'efficacité.

7.1. L'esprit d'équipe

Différentes techniques de formation et d'animation sont mises en œuvre pour parvenir à une convivialité et une fusion dégagées des errements individualistes ou corporatistes. L'idée est de transformer les comportements de façon à ce que chacun vive l'entreprise comme un tout, un collectif aux éléments indissociables, l'aventure d'une bande où l'intérêt de la communauté prévaut sur celui des individus ou des groupes.

Bernard Tapie écrit ainsi : « Nous sommes en guerre. Si nous ne voulons pas devenir un quelconque Bostwana mélan-

---

(19) V. DEGOT, « La gestion grise », in *Revue Française de Gestion*, n° 61, 1987. D. SEGRESTIN, « L'entrée de l'entreprise en société », in *Revue Française de Science Politique*, n° 4, vol. 37, 1987. P.E. TIXIER, « Légitimité et mode de domination dans les organisations », in *Sociologie du Travail*, n° 4, 1988.

colique, il est temps de réagir, d'abandonner les vieux oripeaux idéologiques et partisans, de cesser les querelles stériles (20). »

La charte d'une entreprise textile brésilienne, filiale d'une multinationale française, met en avant l'idée maintenant classique du « navire » où tout le monde doit ramer pour arriver au bon port. Séminaires, conférences et grand-messes célèbrent alors l'esprit de coopération et de motivation à l'aide d'images « marines ». La notion d'apprentissage est également centrale : chaque action nouvelle, ayant réussi ou échoué, doit être une opportunité de progrès dans les échanges, la connaissance et la reconnaissance mutuelles.

Une entreprise canadienne d'aéronautique met l'accent sur les mêmes thèmes. Elle y ajoute les manifestations symboliques du caractère égalitaire et collectif de l'entreprise. Les salles de cantine, les places de parking, la taille et la décoration des bureaux sont théoriquement uniformes : on ne doit pas reconnaître le niveau de fonction d'un salarié au style de son apparat. Tout le monde a théoriquement le droit de pénétrer dans un lieu ou d'en user, indépendamment de son grade. Dans une entreprise d'agro-alimentaire, des « conciliateurs » incitent à coopérer et « pour ce faire » à minimiser les signes distinctifs des métiers ou des niveaux hiérarchiques. Aux bleus et aux blouses blanches sont ainsi préférées les tenues sport. Démocratiques, elles traduisent à la fois l'équité, le dynamisme et le pragmatisme dont l'entreprise est censée faire preuve.

— Chez Comtel, chez Tarot et Autrement, dans l'entreprise d'aéronautique, la compagnie d'assurance, l'établissement de mécanique ou la multinationale d'informatique, il existe aussi des projets d'entreprise. Ils sont apparemment différents : plus ou moins éthiques », plus ou moins « opérationnels », plus ou moins « prescriptifs », plus ou moins logomachiques. Ils demeurent sur le fond tout à fait comparables. Ils énoncent, annoncent et préconisent l'incomparable plaisir et l'ineffable nécessité de travailler un pour tous et tous pour un.

L'esprit d'équipe doit aussi rimer avec la volonté de comprendre pour vaincre « dans la guerre économique ». Les universités d'entreprises californiennes fonctionnent ainsi, selon

---

(20) B. TAPIE, *Gagner*, Paris, Éd. R. Laffont, 1986.

leurs propres animateurs, comme un « enseignement d'aikido ». Il s'agit de passer, au cours d'une même semaine, de l'acquisition à la mise en œuvre réussie des connaissances. Il s'agit aussi de « surfer sur la vague technologique pour prendre en compte les désirs de la clientèle ». C'est en conciliant ces deux contraintes que les cadres parviennent à « réaliser leurs propres désirs » et ceux de leur équipe.

Le tableau 6 synthétise les principaux axes de ces investissements culturels, censés substituer des comportements collectifs, loyaux, consensuels et dynamiques à ceux d'« hier », considérés comme « bureaucratiques ».

Tableau 6 — *Les cibles de l'esprit d'équipe*

	Comportements « bureaucratiques »	Esprit d'équipe
Relations inter-personnelles	Réserve Défiance Individualisme Arrivisme	Dialogue Confiance Entraide Fidélité
Relations inter-hiérarchiques	Travailler Oppositions Chef Information	Vaincre Consensus Capitaine Communication
Relations inter-services	Organigramme Cloisements Discipline Salariés	Navire Échanges Loyauté Famille

— Sur le plan des relations interpersonnelles, la notion phare est le dialogue, suivie de son cortège d'obligations de confiance, de fidélité et d'entraide. Le dialogue apparaît comme le moyen de renouer avec la base et avec l'entreprise. Le chef, ou plutôt l'animateur a dorénavant pour mission d'éviter que son groupe ou lui-même confondent l'intérêt individuel et celui de l'entreprise. A ce titre, il se doit de dépasser et de faire dépasser les relations de défiance, d'individualisme et d'arrivisme qui caractérisent le passé.

— La même perspective s'observe à propos des relations hiérarchiques. Avant le chef faisait travailler, s'appropriait l'information et nourrissait d'innombrables oppositions. Aujourd'hui, le capitaine doit aider ses équipes à vaincre les défis, tourmentes et bourrasques qui assaillent le navire. Le consensus devient alors la voie nécessaire d'une institution condamnée à être à la fois démocratique et entreprenante.

— Un effort de même nature s'opère à propos des relations entre services. L'univers de salariés phagocytés dans des missions étroitement cloisonnées, dominées par des principes disciplinaires, n'est ni efficace ni légitime. L'entreprise doit devenir une famille où les échanges s'équilibrent naturellement, régulés par l'esprit de loyauté et de fidélité.

7.2. Le goût de l'efficacité

Le développement du « goût de l'efficacité » correspond à une intervention sur les valeurs. Il représente la seconde cible de ce travail idéologique. Il met en évidence la nécessité de conjuger simultanément la volonté d'entreprendre avec la notion de responsabilité, le goût du risque et celui de la réussite. Francis Bouygues écrit ainsi que « les valeurs (de l'entreprise) sont celles d'une communauté combattante qui ne craint pas d'affirmer son goût pour la réussite » (21).

La nouvelle voie indiquée au salarié est celle de l'entrepreneur. J. Schumpeter le définit par sa capacité à devenir le moteur de l'évolution économique de la croissance. Il doit, selon l'auteur, inventer des biens en renouvelant les « méthodes et les moyens de production », les produits de l'organisation. Il doit pour ce faire « pervertir l'ordre bourgeois », ébranler les traditions et représentations habituelles du monde pour parvenir à créer (22).

Hormis les séminaires, colloques et bulletins d'information internes, des pratiques étonnantes symbolisent cette nécessité nouvelle.

On va ici apprendre à escalader un mur de six mètres, pour comprendre combien il est nécessaire de s'engager totalement sans se jeter à corps perdu dans une affaire, d'utiliser le moindre point d'appui, d'avancer pas à pas. On va là pratiquer le saut d'un pont, les pieds attachés à une corde

---

(21) Cité par E. CAMPAGNAC, « L'ascension de F. Bouygues : pouvoir patronal et système d'entreprise », in *Sociologie du travail*, n° 4, 1988.
(22) J. SCHUMPETER, *Théorie de l'évolution économique*, Paris, Éd. Dalloz, 1935.

d'alpiniste. Encore plus motivants, le zen ou les méthodes obscurantistes, les « caissons d'isolation sensorielle », sont des « must » californiens. Dans tous les cas, il est question de développer la personnalité dans le sens des ressources cachées, de faire du dépassement de soi son lot quotidien.

Ces pratiques spectaculaires, et les enseignements qui les accompagnent, sont maintenant célèbres. Leur cohérence interne s'articule sur quatre plans (voir tableau 7).

— La notion de travail doit être débarrassée de l'idée de droits et de devoirs. Pragmatique, elle doit tendre à la rentabilité, indépendamment de quelconques contraintes éthiques ou organisationnelles issues du passé.

Tableau 7 — *Les cibles du goût de l'efficacité*

	Ritualisme	**Goût de l'efficacité**
Travail	Fonctionnement Droits et Devoirs Méticulosité	Dépassement Rentabilité Pragmatisme
Groupe	Coexistence Retrait Collègues	Compétition Motivation Clients
Carrière	Stabilité Règles Honnêté Sérieux	Mobilité Justice Opportunisme Audace
Entreprise	Structures Clients État	Flexible Partenaires Aventure

— Le groupe d'opérateurs doit alors changer de logique. Il faut vivre l'autre comme un client et accepter l'esprit de compétition qui anime les partenaires et collaborateurs. La tension collective vers la réussite repose sur une communauté concurrentielle.

— Le succès de la carrière, trop longtemps fondé sur le respect de la loi et le ritualisme, doit dorénavant se définir par la mobilité et l'audace. La réussite professionnelle est ainsi plus juste. Elle valorise l'opportunisme qui doit habiter tout entrepreneur.

— Hier solidement structurée, portée par une clientèle fidèle, l'entreprise avait auprès du salarié la fonction de l'État (23) auprès du citoyen : prendre en charge, en les banalisant, les destins de chacun. L'entreprise a changé. Elle ne peut plus être un recours, un secours ou une scène dont tout le monde connaît la fin. Elle est à faire, ensemble.

Aux lieu et place de règles, l'idéologie managériale est ainsi censée développer le sentiment d'appartenance à la « maison » et à son produit. Le poids de ces investissements ainsi que leur caractère extraordinaire est souvent confondu avec leur efficacité, la mise en œuvre d'une cohésion culturelle effective de l'entreprise.

8. L'ÉCHEC DE L'ORDRE CULTUREL

Cette tentative de régulation par la culture échoue largement. Elle se heurte à l'idéologie entrepreneuriale des innovateurs. Ils acceptent partiellement le type de normes et de valeurs proposé par le management mais tendent simultanément à vouloir imposer une autre conception de leur rôle. Les légalistes n'intègrent que partiellement cette nouvelle donne culturelle ou se trouvent exclus du débat. Cette dispersion culturelle reflète celle des logiques d'acteurs.

8.1. Esprit d'entreprise contre esprit maison

Les innovateurs interviennent par une position de type « ultra ». Ils ne souhaitent pas adhérer à l'entreprise mais y participer pour intervenir sur son identité.

Cette opposition s'inscrit dans quatre perspectives distinctes.

— A la volonté de canalisation de la créativité, ils opposent celle d'une créativité « ouverte ». Ils manifestent ainsi leur propre logique, considérant l'inventivité comme une action stratégique et pas seulement comme une nouvelle méthode de travail.

— Au consensus, source de fusion, ils préfèrent le dissensus, source de négociation. Ils acceptent de trouver accords

---

(23) L'état d'« hier » également. La référence à un libéralisme historiquement nécessaire est ici obligée.

et compromis, mais refusent de se couler dans un unanimisme interdisant la mise en œuvre d'intérêts divergents.

— Ils contestent l'esprit maison pour défendre la volonté d'entreprendre spécifique à leur groupe. Ils mettent ainsi en évidence les limites que la « communauté » impose à l'entrepreneur : forcé de s'astreindre à des us et coutumes normatifs, il doit limiter le champ de ses interventions pour assurer la permanence de « l'ordre moral ».

— A la notion d'efficacité interne qui contraint aux seuls objectifs définis par les directions, les professionnels préfèrent celle d'efficacité externe qui élargit l'action au rapport entre le résultat des activités et les contraintes de rentabilité globale de l'entreprise.

L'originalité la plus profonde de cette position tient à sa fréquence et à sa cohérence. Le groupe des professionnels se définit majoritairement comme « ultra » sur le plan de ses valeurs comme celui de son action.

L'expertise culturelle apparaît alors comme un atout majeur. Il s'agit d'une capacité à intégrer les autres à sa propre stratégie par le biais d'une action à caractère idéologique. Cette pratique se traduit par la production d'un discours de type « efficacité participation » développé par la base et mettant en cause certains des objectifs de la direction.

Cette position se relève dans toutes les études citées. Les innovateurs tiennent toujours un discours entrepreneurial qui s'oppose, en la dépassant, à l'idéologie managériale. Un seul exemple, TAF : la recherche de légitimité s'appuie sur quatre principes « ultra ».

— Critique du caractère bureaucratique des principes d'action de l'état-major ; mise en évidence du caractère économiquement négatif de ses actions ou de son absence d'action.

— Légitimation des fonctionnements quelque peu déviants par la mise en valeur du caractère positivement économique des pratiques innovantes : ils se présentent comme la seule véritable entreprise à l'intérieur de l'« État Taf ».

— Opposition aux velléités de centralisation de la direction, laquelle risquerait de perdre ainsi la nécessaire créativité dont ils sont porteurs.

— Mise en évidence du caractère anti-productif de la normalisation de leurs propres arrangements locaux, totalement indépendante de sanctions positives ou négatives, et donc d'une stratégie d'entreprise.

Même dans des situations étranges du point de vue du management occidental, cette dimension culturelle se repère.

Dans le kibboutz déjà évoqué, la robotisation a contraint la communauté à former de jeunes ingénieurs, capables de gérer la complexité du nouveau processus. Ces jeunes professionnels, sans remettre en question l'idée même de fonctionnement collectif, s'opposent à la préséance de l'idéologie communautaire sur les contraintes de gestion. Ils contestent l'indifférenciation qu'elle suppose et donc la limitation de leurs propres trajectoire et conception des rapports sociaux.

« J'ai passé un diplôme d'ingénieur, le kibboutz a payé ces études (...). Je leur suis redevable et j'ai envie de faire ma vie ici. Mais la gestion de l'activité n'est plus possible comme avant... Il faut des véritables spécialistes, il faut leur permettre de travailler sérieusement, de prendre des responsabilités professionnelles, de gagner plus d'argent (...). La communauté totale peut marcher avec l'agriculture, mais pas avec les nouvelles technologies ; ça suppose des gens compétents et ça remet en question l'égalité dans les responsabilités et les avantages matériels. »

En Pologne, une entreprise d'électronique voit un jeu du même type se dérouler. La cellule du Parti Communiste, alliée au nouveau syndicat (progouvernemental) et à la direction s'oppose aux anciens militants du syndicat dissout Solidarité (24). Cette confrontation masque une réalité moins politique. L'appartenance au groupe des ouvriers qualifiés et des techniciens conduit à contester la politique de la direction, liée au centralisme et à la bureaucratie étatique. Elle s'appuie sur un discours de la « transparence », sur la volonté de mettre en œuvre une gestion fondée sur les contraintes économiques, et non institutionnelles. Cette position, en-deçà de son caractère sociétal, reflète une logique qui tend à favoriser la reconnaissance de la compétence et de l'autonomie au détriment de celle du pouvoir directorial.

Au Brésil, dans une petite banque familiale, les dirigeants, détenteurs de capitaux tirés des fazendas ont longtemps exploité leur entreprise de manière traditionaliste. Ils employaient un personnel peu qualifié, encadré par une hié-

---

(24) La situation est observée en 1987.

rarchie plus vigoureuse sur le plan de l'autorité que rigoureuse sur celui de la gestion. Confrontés à l'inflation et à l'internationalisation des marchés de capitaux, les dirigeants ont dû faire appel à des professionnels de la finance. Ceux-ci ont progressivement mis en place des méthodes de travail suffisamment adaptées pour redresser le bilan de l'entreprise. Mais ces méthodes ont aussi eu pour effet de contraindre les positions dirigeantes de la famille à développer la négociation avec les experts de la finance, de la gestion et des nouvelles technologies. Un professionnel de la finance :

« La plupart du temps, au pouvoir ce sont les héritiers du père fondateur. Ils n'ont pas d'autorité réelle sur l'organisation... On leur fait payer nos services très cher. Ils ont besoin de nous, sinon ils font faillite, et leurs fazendas ne marchent plus (...). Le problème c'est la famille, qui occupe les postes intéressants. Les fils veulent toujours prendre la tête de l'entreprise mais ils mélangent leur conception de la "virilité" (25) et les moyens de faire de l'argent. »

8.2. Le malaise des légalistes

Les hommes forts en statut se trouvent dans une position ambiguë. Ils n'intègrent que superficiellement l'idéologie managériale, qui ne correspond que partiellement aux fondements de leur logique d'action. Malgré une position hautement favorable à la nécessaire mobilité organisationnelle de l'entreprise, malgré des discours centrés sur la notion de « chef de bande », ils valorisent l'autorité rationnelle légale.

Il existe dans ce groupe une distorsion forte entre les attitudes et les comportements. L'accord explicite avec le discours managérial tient à la position ambiguë du groupe : représentant et garant de la politique de l'entreprise, il ne peut s'opposer au discours qui prévaut. Il le peut d'autant moins que son légalisme correspond à une caractéristique identitaire profonde, acquise au cours des années passées dans des fonctionnements où il exécutait ou donnait les ordres. La majorité des légalistes met donc en œuvre ces investissements culturels avec sérieux et loyauté, mais sans l'« esprit » qu'ils supposent.

---

(25) Il s'agit en l'occurence de savoir mettre le poing sur la table et de prendre des positions spéculatives à risques élevés.

Le désaccord implicite est profond. Les légalistes interprètent le projet communautaire des directions de façon restrictive. Il s'agit pour eux de minimiser les risques que représenterait ou une opposition ou une adhésion effective à cette idée : dans le premier cas ils seraient négativement sanctionnés par les dirigeants ; dans le second cas ils seraient contraints d'intégrer la logique de l'innovation.

La distance des exclus

La culture des exclus demeure largement imperméable à l'idéologie managériale. Faute de pouvoir participer, dans un camp ou dans un autre, aux jeux stratégiques menés à propos de l'innovation, ils supportent les discours mis en avant par les directions, comme ils sont obligés d'accepter les procédures qui régissent leur activité.

Leur rejet demeure latent implicite. Appliquée de manière étroite par les hiérarchies, l'idéologie communautaire leur apparaît comme un éclaircissement volontaire des quelques marges de manœuvre dont ils peuvent jouir. Leur position est alors celle de la défiance par rapport à un projet qu'ils croient être « rationnel », durable et destiné à faire « travailler plus ».

Opération complexe, le passage de la cohérence réglementaire à la cohésion culturelle bute fondamentalement sur les différentes logiques des acteurs en présence. On n'injecte « malheureusement pas » des valeurs dans un tissu social comme un liquide anesthésiant dans un tissu musculaire. L'« ordre moral » butte fondamentalement sur les valeurs et les normes tirées des positions de pouvoir respectives dans l'organisation (26). Cet ordre retrouve le désordre.

L'entreprise peut alors être vue comme une lutte d'influence permanente entre les tenants de l'institution et ceux de l'innovation, entre les défenseurs de la loi, qui disposent de statuts sociaux avantageux, et les opposants à la loi, qui en bénéficient peu. L'objet majeur de cette rencontre concerne finalement, plus que l'organisation du travail ou la définition des postes, le mode de transformation de l'entre-

---

(26) R. SAINSAULIEU montre clairement le rapport qui existe entre ces deux éléments constitutifs des logiques d'acteurs, ainsi que la complexité des « transferts » d'apprentissage. *L'identité au travail, op. cit.*

prise, ainsi que le sens qu'elle donne à sa culture et à la nature de ses régulations. La pérennité du désordre tient finalement à une modification substantielle de l'enjeu des luttes d'influence. Il correspond, au niveau de l'entreprise, à ce que A. Touraine (27) nomme « l'historicité », mais demeure géré comme une série de simples histoires.

---

(27) A. TOURAINE définit l'historicité comme l'ensemble des « connaissances », de l'« accumulation » (les investissements) et du « modèle culturel » (la définition des orientations) dont la société dispose pour se transformer. Le « modèle culturel » n'est pas réductible à l'idéologie dominante : c'est un enjeu des rapports sociaux. *Production de la société,* Paris, Éd. Seuil, 1973.

CHAPITRE IV

LES PROFESSIONNELS, LE DÉSORDRE ET L'INNOVATION

Les professionnels activent en permanence le caractère informationnel des entreprises pour repousser leurs limites institutionnelles. L'information devient l'objet de stratégies de diffusion qui l'emportent sur les classiques stratégies de rétention.

Ce mécanisme assure à la logique décrite jusqu'ici son caractère systémique : plus l'entreprise investit en savoirs, plus elle crée du jeu social et plus ce jeu la conduit à consommer et à produire de l'information.

La croissance des investissements immatériels peut alors être lue comme le résultat d'une stratégie conjointe, bien plus que portée par le seul le acteur dirigeant. Les directions y trouvent un moyen d'efficacité économique dans leur rapport au marché. Les professionnels en tirent les sources de leur influence sur le système social et de leur reconnaissance.

1. LA FORCE DE L'IMAGINAIRE : UN ATOUT DANS LA LUTTE

La professionnalisation, l'obligation d'inventer, sinon leur travail, au moins la façon de le faire, conduit les innovateurs (1)

---

(1) Le terme « innovateur » ou « professionnel » est utilisé ici et dans la suite de l'ouvrage de façon synonyme : il s'agit du groupe d'acteurs (principalement nouveaux professionnels et éventuellement hiérarchies intermédiaires ou exclus) qui s'inscrivent dans la logique de l'innovation. Il semble raisonnable de reprendre le terme « professionnels » ou « innovateurs » pour décrire ce groupe : il montre le caractère dominant de cette position dans la structure et le jeu social de la logique informationnelle.

à disposer d'un atout culturel : la conscience aiguë du « jeu », au sens mécanique et stratégique du terme. Cette distance critique leur permet de traiter avantageusement la complexité des tâches et des jeux sociaux. Cette qualité participe d'une représentation du monde qui les distingue d'une position strictement technicienne. Elle est une source de force.

Les diplômés de sciences sociales ou de recherche fondamentale recrutés dans des SSII (2) ne sont parfois spécialistes d'aucun domaine intéressant directement le fonctionnement de l'entreprise. Ils parviennent cependant à tenir des postes de haut niveau. Selon leurs propres responsables, en matière de gestion financière et de comptabilité, leurs « qualités de logique formelle, d'intuition et d'esprit critique » les rendent aussi opérationnels que leurs collègues issus des filières idoines et consacrées. Dans les activités commerciales, leur extériorité, ainsi que la connaissance empirique des produits dont ils ont la responsabilité, les conduit paradoxalement à être « performants » : faute de savoirs spécifiques, ils sont contraints de limiter leurs investissements strictement techniques ou juridiques. Ils privilégient alors l'acte de commerce.

Leur incapacité à se limiter aux qualités intrinsèques du produit, leur incompétence relative, les amènent à mieux comprendre le rapport entre le produit et l'organisation. Dégagés du caractère strictement industrieux de leur tâche, forts d'une incapacité étroitement technique, ils deviennent forts en capacité à commercer, et à comprendre l'organisation.

Cette caractéristique est l'un des éléments dominants de la culture des innovateurs. L'écart répété entre leurs tâches et les moyens organisationnels dont ils disposent pour les réaliser, l'obligation d'inventer des solutions, les amènent à disposer de riches représentations du fonctionnement de l'entreprise. L'écart répété entre les solutions qu'ils trouvent et la capacité institutionnelle à les accepter les conduit à être d'habiles négociateurs. Ils disposent ainsi d'un large imaginaire organisationnel.

Ils jouissent d'une capacité à voir dans une chose ce qu'elle n'est pas en soi mais ce qu'elle peut être dans un ordre

---

(2) Sociétés de service en ingénierie informatique.

différent. L'imaginaire est à ce titre « le complément, la source de redéfinition de l'ordre » (3).

Cet avantage est cependant difficile à mettre en œuvre. Il suppose de pouvoir gérer positivement l'opposition entre la façon dont l'entreprise pense ses contraintes et la nécessité de les redéfinir. Le décalage culturel représente aussi une source de doute permanent : l'innovateur est toujours à contretemps par rapport à la norme, la règle ou l'idée dominante de la rationalité. Il paie une contribution psychologique élevée, celle de l'anxiété, pour parvenir à obtenir des rétributions stratégiques.

De même, la position d'isolement, de marginalisation momentanée représente une étape nécessaire mais coûteuse de l'innovation. La durée prise pour faire la preuve de sa propre raison est un passage au cours duquel l'acteur se trouve nulle part, sans ressources, et où rien ne l'assure immédiatement de la fécondité de son action.

L'imaginaire organisationnel représente donc un atout culturel essentiel, mais il n'est pas donné : ni par la structure de travail, ni par une série de représentations tirées des enseignements d'une grande école ou d'une université, ni par une quelconque position de pouvoir initial. Il repose sur une projection délibérée dans le risque, la mise en œuvre d'une capacité culturelle tirée de la professionnalisation, mais jamais exercée sans hésitation.

Un jeune ingénieur du kibboutz industriel

« Les techniciens comprennent que le robot ne peut pas être géré comme on travaille dans les champs, qu'il faut prendre son temps et réfléchir avant de travailler. Mais ça rend les choses plus difficiles pour eux et pour la société. S'ils réalisent vraiment leurs projets, ils sortent de la communauté parce qu'ils ne respectent plus les valeurs de la majorité (...). Même s'ils ont l'idée que ça va marcher, ils ne savent jamais trop si c'est intéressant de s'opposer aux autres, d'être pris pour un technicien qui confond son métier et la communauté... La situation est difficile. Ils se sont professionnalisés mais n'en font pas autant qu'ils le pourraient avec le robot. »

---

(3) C. CASTORIADIS, *L'institution imaginaire de la société*, Paris, Le Seuil, 1975.

Cette capacité demeure cependant un atout considérable, même si le « passage à l'acte » ne s'opère pas mécaniquement : les innovateurs considèrent l'organisation et la place qu'on y tient comme instables, négociables et non finies.

Ils se distinguent sur ce plan du groupe des légalistes pour lesquels l'organisation se rapproche plus d'un mécanisme régulier qu'il faut savoir entretenir. Mais ce clivage est flou. Les uns et les autres peuvent avoir des représentations communes à propos du fonctionnement de l'entreprise. C'est plutôt le rapport entre ces représentations et les valeurs qui les différencie : pour les innovateurs, le mouvement est porteur d'espoirs, et pour les autres, de craintes.

L'homogénéité du groupe des professionnels est par ailleurs relativement faible sur ce thème : il existe à l'évidence une inégalité culturelle entre les cadres, qui jouissent de positions d'acteurs leur révélant de longue date la complexité et la liberté du système social, et les autres, qui ne font que découvrir cet univers et disposent de moins d'atouts pour y intervenir.

a) Les discours tenus à propos du savoir illustrent la conscience aiguë des contraintes de mobilité. La formation permanente, l'apprentissage sur le tas, le bricolage réitéré des systèmes d'information conduisent à considérer les connaissances comme un élément du métier et non comme la compétence à acquérir pour réaliser une tâche. Les savoirs sont conçus comme une sorte de banque de données dont il faut pouvoir, en fonction des circonstances, tirer parti. Cette conception instrumentale s'oppose radicalement à une conception fonctionnelle d'adaptation au poste.

Un ingénieur de l'entreprise d'aéronautique

« On ne peut plus dire : j'ai telle ou telle compétence. Tout le monde a une compétence en quelque chose. Ce qui fait la différence, c'est de savoir en acquérir de nouvelles, ça c'est la vraie compétence. »

Un technicien de l'entreprise Autrement

« Le problème, c'est qu'on n'est jamais sûr de ce qu'on sait. Il faut apprendre sans arrêt si on veut participer au progrès. Sinon, on reste dans notre coin, planté à regarder les autres. »

b) L'entreprise est conçue, durablement, comme un mouvement et non une structure, une question plus qu'une réponse. Les incertitudes qui caractérisent la situation actuelle n'ont, selon le groupe, rien à voir avec un changement ponctuel ou accidentel. Il s'agit d'une institution structurellement déstabilisée, contrainte de laisser des marges de manœuvre croissantes : la position innovateur, aujourd'hui encore difficile, devrait alors logiquement devenir la norme de demain.

Un cadre financier de la multinationale d'informatique

« J'ai souvent l'impression d'être un pionnier. Mais les autres vont suivre... Ils ne pourront pas rester coincés dans des territoires qui n'ont plus de limites réelles. »

Un informaticien de la même entreprise

« Au début, j'étais seul à développer des relations de négociation avec les utilisateurs. Ça ennuyait pas mal mes collègues qui supportaient mal de devoir négocier... Maintenant, ils s'y mettent, ils savent que l'avenir n'est plus celui des bunkers. »

Ces représentations apparaissent donc bien comme des éléments clés de la logique de l'innovation. Les acteurs qui la portent expérimentent et inventent en fonction des images qu'ils tirent de l'expérience et non d'une quelconque disponibilité naturelle. Ces images, selon S. Moscovici, permettent, avant de s'associer à quelqu'un, de « se faire une idée des liens possibles, d'anticiper la façon dont ils vont se nouer et les satisfactions que nous en attendons » (4).

2. INVENTIVITÉ ET SENS TACTIQUE

Cet imaginaire rime avec l'inventivité, autre atout majeur. Elle permet de créer une incertitude cruciale dans l'organisation puis de la contrôler et d'en tirer influence et autonomie. L'inventivité active et légitime le désordre : elle représente le moyen de créer dans un premier temps une incertitude, puis dans un deuxième temps d'intervenir en acteur pour la contrôler. Ce processus en deux temps s'observe à tous les niveaux d'exercice de la logique de l'innovation.

---

(4) S. MOSCOVICI, *La machine à faire des dieux,* Paris, Fayard, 1988.

Les professionnels pourraient adopter une stratégie étroite. Elle consisterait à protéger le savoir-faire tiré de la connaissance technique pour préserver ainsi une autonomie dans l'exercice de la tâche, *stricto sensu*. Elle ne permettrait par contre en aucun cas de remettre en question la division du travail. Ce type de comportement existe, en particulier lorsque les salariés ne disposent que d'un espace de jeu étroit, d'aucun référent culturel exogène, ou d'aucune alliance avec d'autres groupes, pour imaginer une stratégie autre que celle d'une appropriation défensive et cachée.

Mais généralement les innovateurs, cadres et non-cadres, optimisent le système technique ou l'organisation dont ils disposent pour augmenter leur influence sur le fonctionnement de l'atelier ou du bureau. Ils deviennent ainsi une force avec laquelle les autres doivent compter. L'inventivité ne pouvant être une obligation formelle, mais au mieux une exhortation, ce groupe acquiert simultanément une liberté majeure : il choisit largement son type d'investissement personnel, en fonction des rétributions qu'il en tire.

La relation inventive à l'objet technique, aux clients ou à l'organisation ne renvoie donc pas à un plaisir ludique, au sens « inné de la relation » ou à la volonté de « bien » faire. Il s'agit d'une affaire plus sérieuse. Le temps et l'énergie consacrés à l'optimisation d'un système technique, à l'élaboration d'une stratégie commerciale adaptée, ou à un procédé de fabrication nouveau sont un investissement. Il représente le moyen d'inventer une source de compétence et d'autonomie. Il permet, dans un deuxième temps de jouer, en acteur, dans le système social. Il s'agit d'une sorte d'« accumulation primitive du capital stratégique ».

Dans tous les exemples cités, d'abord pour illustrer le caractère inventif des tâches de nouveaux professionnels, puis pour décrire leurs stratégies d'innovation, ce mécanisme en deux temps s'observe. Il sous-tend l'ensemble de la logique de l'innovation. Sauf à faire l'hypothèse que l'on ne travaille « que » pour son entreprise et jamais, au moins un peu, pour ses propres objectifs à l'intérieur de cette même entreprise, l'inventivité doit être conçue comme la construction d'une ressource stratégique. Sauf à faire l'hypothèse que l'on ne peut travailler à la fois pour soi-même et pour l'entreprise, les jeux qui s'élaborent à partir de cette ressource doivent être conçus comme les garants des capacités d'innovation d'une organisation.

Les ingénieurs de l'entreprise d'aéronautique, les ouvriers des ateliers d'usinage, les agents de l'entreprise d'assurance bricolent peut-être des solutions parce qu'ils aiment leur métier. Mais ils aiment leur métier parce qu'il leur permet ce bricolage. Et ce bricolage représente une source d'autonomie, d'influence et de reconnaissance.

Les pionniers de l'entreprise Comtel, les innovateurs de TAF, Autrement et Eldair ne peuvent se contenter d'exercer un pouvoir tiré de la règle. Ils sont trop faibles en statut pour en profiter. Leurs stratégies d'innovation correspondent alors à l'invention d'une position d'acteur.

L'investissement délibéré en inventivité s'appuie sur une tactique ayant pour objectif de valoriser cette prise du pouvoir. Cette valorisation est nécessairement collective, et conçue comme telle, parce qu'il est concrètement impossible de mener individuellement ce type d'action à bien. Elle suppose de construire et d'entretenir un réseau qui assure de pouvoir disposer de savoirs et d'alliances.

L'exercice de l'inventivité repose donc sur un mouvement décomposable en trois éléments : création d'une ressource, mise en œuvre d'une stratégie d'innovation, appartenance à un réseau d'alliés.

L'exemple des « responsables produits » d'une grande banque éclaire bien ce mécanisme.

Chargés d'évaluer la rentabilité de nouveaux produits financiers, ils dépassent largement la mission qui leur est attribuée. Ils mettent en place une banque de données permettant d'analyser le résultat de chaque site ou d'un ensemble de produits. Ils participent également à des réunions régulières, destinées à expliciter la « véritable vocation » des guichets et à redéfinir les objectifs et les moyens spécifiques de ce domaine. Ils parviennent ainsi à participer à la définition de politiques commerciales locales.

Mais cette position est fragile car non légale : elle outrepasse largement leur champ de compétence, théoriquement limité à l'analyse et non à la participation directe aux activités. Ils parviennent cependant à tenir leur position en multipliant les manifestations de leur inventivité et de leur sens tactique dans trois perspectives simultanées :

— ils adaptent des outils de gestion, en fonction des besoins du siège et de ceux des agences ;

— ils proposent des procédures de gestion et de répartition des responsabilités qui vont dans le sens de la décentralisation, évoquée par le siège et souhaitée par le terrain ;

— leur jeu s'appuie sur une alliance avec les professionnels des agences, qui trouvent ainsi le moyen de gagner en autonomie.

Ici comme ailleurs l'imaginaire organisationnel est d'une composition subtile. Il s'appuie simultanément sur l'inventivité dans le rapport aux « choses », techniques et produits, et sur la tactique dans le rapport aux autres. Il traduit une situation bien spécifique : le pouvoir tiré de l'innovation n'est pas donné par la structure. Il est gagné de haute lutte par l'exercice de la créativité. Il est à ce titre fondamentalement différent des pouvoirs bureaucratiques définis par de solides et immuables statuts d'appartenance et cantonnés dans des jeux défensifs.

3. UNE STRATÉGIE « PAYANTE » : TRAVAILLER ET LE MONTRER

L'institution ne supporte ces jeux qu'à la condition de les voir porteurs d'avantages « sonnants ». La légitimité des professionnels repose alors sur la valeur économique de leur action. A cette contrainte correspond une stratégie originale : les innovateurs tendent à s'autodéfinir une charge de travail souvent lourde et à mettre en œuvre des modes d'évaluation centrés sur les résultats et non sur l'appartenance statutaire.

Les stratégies du groupe des « pionniers » de l'entreprise Comtel consistent ainsi à valoriser leur activité. Au plan de procédures contractuelles, de relations d'assistance à la clientèle et de la définition de lignes de produits, ils distendent le cadre réglementaire de leur activité. Cet effort a pour objectif et pour effet de disposer d'une marge de manœuvre suffisante pour réaliser des opérations à la fois visibles et rentables, de conférer ainsi une identité spécifique au métier commercial. Les exemples seraient redondants. Il faut ici revenir sur une idée déjà avancée. Pour les agents de l'entreprise d'assurance, les ingénieurs de l'aéronautique ou les ouvriers utilisant les MOCN, la logique de l'innovation suppose de créer un professionnalisme en inventant les procédés et les produits d'un métier. Ceci suppose de redéfinir, au moins dans la pratique, le fonctionnement de l'organisation.

Plus encore, cette position s'avère tellement constitutive du jeu des innovateurs qu'elle les amène parfois à tricher avec la loi, les règles de l'État. Dans la banque Borne, des responsables de clientèle aménagent ainsi les prestations de leur entreprise pour améliorer leur force commerciale. Ils « dérégulent avant l'heure ». Quelques exemples connus :

— à l'occasion d'un transfert de livret ils arrangent les dates de valeur pour que le client ne soit pas pénalisé par la transaction ;

— la facturation obligatoire des comptes titres est souvent mal acceptée par des clients ; ils leur concèdent alors des ristournes sur les frais de gestion d'autres services ;

— ils acceptent de réaliser des prêts sans bénéfice pour garder la confiance d'un gros client ;

— ils réalisent des prêts interdits : ils accordent une somme théoriquement destinée à régler l'achat d'un véhicule, mais ne demandent pas le gage (la carte grise) ; ils savent que la somme sert à payer des impôts.

Ils adaptent aussi la politique financière et ses règles à la spécificité du client : un gros agriculteur Beauceron ne sera « traité » qu'après la rentrée des moissons mais sans conséquence financière négative pour ce retard : « Faut pas bousculer un Beauceron, une fois le fruit mûr ça tombe, lourd... Il faut accepter leur rythme ».

Cet effort constant d'aménagement des règles représente un coût. A la charge de travail prévue s'ajoute une somme de travail invisible considérable qui assure le passage de l'exécution des tâches au professionnalisme. L'inventivité, parce qu'elle est une ressource de l'autonomie, ne peut être ainsi confondue avec le temps de travail prescrit. Elle se développe en « temps masqué », mais aussi en dehors des heures de travail réglementaires.

Ouvriers, employés et cadres paient donc leur autonomie, leur reconnaissance sociale ou leur influence par un investissement considérable en travail de « reprofessionnalisation » de leurs tâches. Ils tendent alors à passer de positions éventuellement confortables à des situations plus incertaines dans lesquelles la tranquille porosité des heures de travail bureaucratique devient impossible.

L'inventivité repose également sur un écart à la règle qui n'est jamais vécu tranquillement. On ne s'oppose et on ne dévie (5) pas sans quelque anxiété : celle de la sanction. Les petits arrangements des responsables de clientèle de la banque Borne, des agents de la compagnie d'assurance, ou des pionniers de Comtel créent un sentiment de culpabilité diffus mais permanent. Les journées de travail deviennent ainsi plus denses et affectent plus directement l'identité.

De fait, les professionnels, en prenant des libertés par rapport à la règle, s'astreignent à vivre l'aventure et à inventer le risque dans leur activité. Un cadre du service bourse de la banque Borne traduit en termes techniques l'ensemble de cet aspect de la logique de l'innovation :

« La direction contrôle férocement les objectifs et les moyens chiffrés, mais ne regarde pas comment on s'y prend pour y parvenir. Avec des clients forts comme ceux de Thaïlande, j'échappe aux contraintes imposées à l'agence de Carpentras... J'échappe aux contraintes d'achat et de vente (d'actions et obligations) définies par le comité de la Direction (...). Une autre échappatoire avec de plus petits clients : on se met en cheville avec eux pour demander un "accord préalable" à la place de l'"accord d'office" préconisé par le siège. L'accord préalable nous permet de nous référer préférentiellement à ce que souhaite le client. On peut alors redéfinir spécifiquement la politique financière et court-circuiter la grille du comité. C'est la seule façon d'obtenir des résultats visibles (...). Les gens qui élaborent la politique et la grille sont jugés sur les résultats globaux. Ils ont donc une position neutre. Ils ne prennent pas le risque, ils s'en défendent. Pour eux, il vaut mieux laisser passer une opportunité présentant un risque, parce qu'elle peut se révéler préjudiciable. »

Les professionnels doivent également s'auto-administrer des évaluations précises. Non pas qu'ils souhaitent à tout prix que l'entreprise tende à la transparence. Mais leur jeu suppose de « se faire mal » : pour légitimer leur prise d'auto-

---

(5) Comme les innovateurs décrits par R.K. Merton, les professionnels participent aux idéaux de leur société. Mais pour y tendre, ils sont contraints d'utiliser des moyens déviants par rapport aux normes établies. Leurs objectifs sont « positivement valorisés » mais leurs moyens « négativement valorisés ». *Cf. Éléments de théorie et de méthode sociologiques*, Paris, Éd. Plon, 1965.

nomie, ils doivent mettre en évidence la valeur de leur contribution.

Les exemples de TAF, Autrement et Eldair sont instructifs : dans les trois cas, les innovateurs interviennent dans ce sens. Ils justifient ainsi leur déviance par la publicité opportune de leurs actions les plus réussies.

Dans une petite entreprise de logiciels, la même quête évaluative conduit les professionnels. La direction, pour réduire les coûts des cahiers des charges de la recherche et du développement, réduit leur composition à quatre thèmes : spécification des objets et des produits, document de réalisation d'ensemble, phases détaillées de réalisation et notes techniques. Ce type de cahier des charges, pourtant pragmatique et rationnel, est difficile à respecter par les bureaux d'études : pendant la durée de l'opération les coûts évoluent, d'autres méthodes de travail et d'autres composants sont découverts, de nouveaux sous-traitants prennent place sur le marché. La négociation des critères d'évaluation du travail devient alors permanente : elle oppose les tenants d'une gestion standardisée, qui se réfèrent au cahier des charges, à ceux qui veulent « profiter du marché ».

Ce fonctionnement met en évidence les spécificités de la logique informationnelle à propos de la notion de motivation.

Le management a toujours gardé du taylorisme l'idée que les salariés avaient un versant naturel pour la « flânerie » : l'essentiel des formations à caractère psychosociologique tend ainsi à leur administrer la motivation nécessaire. Dans la même perspective, l'évaluation des fonctionnements économiques et sociaux est presque unanimement conçue comme un outil d'analyse des directions, plus ou moins subtilement imposé aux opérateurs. Audits, diagnostics, tableaux de bord et séances de « concertations » évaluatives sont généralement conçus comme un « outil des chefs ».

Ces positions ont pu être justes (peut-être) dans le cadre des entreprises industrielles classiques ou bureaucratiques. Elles ne le sont plus dans le décor informationnel où le travail rencontre la stratégie et l'identité de l'acteur. Les professionnels s'approprient cette ressource pour mener à bien des stratégies de visibilité portant sur l'efficience de leurs actions et l'efficacité relative de celles de leurs opposants. Plus qu'un outil de gestion, l'évaluation devient ainsi le moyen de mettre en évidence de nouvelles rationalités organisationnelles et économiques.

Mais les critères d'évaluation habituellement utilisés par les entreprises posent problème. Ils ne permettent pas de prendre en compte la valeur ajoutée par une organisation moins formaliste mais plus mobile. L'amélioration spontanée des relations commerciales avec fournisseurs et clients, la mise en œuvre de produits non programmés ou la perversion positive d'une technologie ne participent d'aucun registre d'évaluation. Confrontés à la nécessité d'innover, les professionnels sont alors d'autant plus confrontés à l'obligation d'inventer ces registres. Les négociations directes avec les dirigeants, évoquées dans le chapitre précédent, vont souvent dans ce sens : il s'agit de passer d'évaluations centrées sur l'efficacité du travail à d'autres, centrées sur celle de l'organisation.

4. L'EFFICACITÉ ORGANISATIONNELLE : UN ENJEU

L'efficacité organisationnelle est un effet direct de ce mécanisme. Elle reflète la volonté de définir une légitimité économique nouvelle, de transformer les formes traditionnelles de gestion de la main-d'œuvre pour définir un « champ du profit » permettant l'exercice de l'innovation ainsi que la reconnaissance de ses acteurs.

Les responsables de clientèle de la banque Borne ou les agents de l'entreprise d'assurance évitent ainsi de « vendre pour vendre » de manière à préserver la confiance de leurs clients. Ils multiplient les entretiens approfondis au détriment de la mise en œuvre de certaines campagnes. Ils développent le service après-vente pour assurer la fidélisation de la clientèle locale. Et ils demandent aux directions de modifier leurs critères de gestion dans ce sens.

Dans les établisssements commerciaux de Comtel, les pionniers refusent de se soumettre à la politique rustique qui consiste à avoir de bons résultats aux indicateurs réunis dans le tableau de bord en accumulant les opérations coup de poing. Ils privilégient l'apprentissage du métier, la fidélisation de la clientèle à long terme et l'expliquent aux directions.

Dans une usine de production automobile, un spécialiste de l'organisation explique à la direction qu'il devient impossible d'« objectiver » le travail. L'homme milite pour la réduction des critères et des outils de mesure traditionnels. Il a compris et accepté que les opérateurs imposent légitimement leur savoir-faire, et que celui-ci ne peut être comptabilisé, au risque de multiplier les erreurs. Par exemple, les responsables de conducteurs de ligne se « baladent » dans l'atelier. Pourquoi ? Pour « flâner » ? Non, pour regarder si les balancelles contiennent bien les différents éléments nécessaires à la réalisation de la tâche de montage. Ou pour intervenir en temps masqué sur la trajectoire du robot. La flânerie fait ici partie de la capacité à optimiser le processus de production.

Même dans des situations étrangères aux pratiques occidentales, le mécanisme se repère. Dans la petite banque brésilienne, les professionnels, en multipliant les produits financiers et en décentralisant le système d'information, parviennent à participer à la définition de la politique économique de l'entreprise.

« Les héritiers du père fondateur tirent encore beaucoup d'influence de leur position. Ils veulent rester dans des positions clés en arguant qu'ils sont là pour faire une entreprise rentable. En fait, ils ne se contentent pas de gagner de l'argent, sinon ils ne s'estiment pas "virils" (...). L'une de nos idées, c'est d'avoir monté un système de négociation entre trois niveaux hiérarchiques : les fils, les directeurs qui les représentent et nous, chargés des services fonctionnels. Un consultant nous a aidés à définir la règle du jeu de ces négociations : le "non" hiérarchique y est interdit, parce qu'il se fonde sur la position et sans prendre en compte les contraintes de gestion. »

L'efficacité organisationnelle apparaît ainsi comme le résultat d'un compromis entre innovateurs et directions : son intégration progressive dans la gestion est un arrangement entre les deux acteurs.

Se référant à L. Thévenot (6) qui définit les investissements de forme comme des « codes, contraintes et équipements » permettant de stabiliser les conditions d'intervention à l'intérieur d'un marché, C. Paradeise (7) précise que ces « formes »

---

(6) L. THEVENOT, « Les investissements de forme », in *Conventions Économiques,* Cahiers du CEE, PUF, 1986.
(7) C. PARADEISE, « Acteurs et institution. La dynamique des marchés du travail », in *Sociologie du Travail,* n° 1, 1988.

ne reflètent pas la volonté d'un acteur unique mais la traduction d'un compromis entre différents acteurs. Le caractère organisationnel de l'efficacité peut être considéré dans cette perspective.

Issue d'une zone de qualification collective où se joignent la « culture orale, l'implicite et le semi-clandestin » (8) l'efficacité organisationnelle correspond à une entente avec la logique économique de l'entreprise. Elle est « conjointement régulée », aucun des deux partis ne pouvant imaginer et définir le contenu de la convention sans tenir compte de l'action de l'autre. Le caractère incertain de son développement tient à l'apprentissage qu'il suppose pour être accepté par les deux partis. La difficulté à reproduire cette donnée, à la standardiser, repose sur le fait qu'elle demeure une action de transgression, pas suffisamment prévisible pour en faire une politique structurée.

Il existe donc une négociation, informelle et permanente, à propos de la définition du caractère légitime de l'action économique de l'entreprise. Cette négociation concerne l'enjeu majeur des innovateurs et des directions. Pour les premiers, elle représente le moyen de renouveler et d'élargir leur espace de jeu. Pour les seconds, elle représente le prix à payer pour faire admettre la politique et lui trouver un sens. La rencontre de ces intérêts complémentaires n'empêche pas l'opposition entre les deux groupes. Au contraire, l'efficacité organisationnelle n'étant jamais clairement identifiée, elle assure la pérennité de la « coopération conflictuelle » entre la logique de la direction et celle de l'innovation.

Cette rencontre entre les deux logiques, n'est à l'évidence jamais parfaite. La première est en retard sur la seconde, parce qu'elle met du temps à porter son regard trop strictement comptable sur la notion d'efficacité. La seconde ne pousse pas toujours la première, parce qu'elle se heurte aux îlots bureaucratiques et à ses propres craintes. L'ajustement entre les deux logiques ne s'opère donc que par à coups, sans politique explicite, avec beaucoup d'échecs, d'opportunités oubliées et d'acteurs blessés.

La définition de la politique de l'entreprise, au moins en matière d'organisation, demeure élaborée par les « happy

---

(8) J.D. REYNAUD, « Qualification et marché du travail », in *Sociologie du Travail*, n° 1, 1987.

few » de la direction, mais réalisée et en même temps « pervertie », redéfinie par la base professionnelle. La somme des micro-négociations qui s'opèrent entre ces deux sources de légitimité devient alors essentielle : même si elle demeure souvent perçue par les directions comme un simple accord ou un arrangement local, ne remettant en question qu'une fraction de l'organisation du travail, elle correspond de fait à une maîtrise partagée des fondements de l'entreprise (9).

Cette modernisation conjointe de l'économie de l'entreprise peut sembler paradoxale : pourquoi les innovateurs participeraient-ils à la définition de leur propre « exploitation » ? Comment pourraient-ils disposer de représentation, et de vues prospectives aussi larges que les directions ?

La réponse à ces questions est simple, même si le caractère paradoxal de la situation demeure. Les innovateurs développent la productivité organisationnelle parce qu'elle sert leur jeu. Ils ne disposent pas pour autant d'une conscience totale et parfaitement articulée de cette nouvelle donne économique. C'est plutôt l'accumulation d'actions allant en ce sens qui produit leur position collective.

Le croisement de trois éléments clés de l'efficacité organisationnelle (la qualité, la flexibilité de l'organisation et la « réactivité »), avec trois champs essentiels de ses « effets » (les postes de travail, les produits et l'organisation), éclaire ainsi un mécanisme essentiel. Chaque zone de renouvellement de l'efficacité conforte la stratégie et les ressources des innovateurs (Tableau 8).

a) L'amélioration de la qualité des produits et du fonctionnement de l'organisation est ainsi un enjeu essentiel, bien plus qu'une nouvelle contrainte.

— Elle est l'occasion de développer la compétence et donc d'augmenter le capital stratégique des connaissances.

— Elle conduit l'entreprise à déléguer, au moins particiellement ou ponctuellement, la conception ou les corrections

---

(9) M. BAUER et E. COHEN montrent que le « pouvoir des cadres est encadré par les dirigeants », *Qui gouverne les grands groupes industriels ?*, Éd. du Seuil, Paris, 1981. Les grandes décisions demeurent effectivement la « chose » des dirigeants ; ils disposent d'autre part du pouvoir d'institutionnalisation. Mais l'exercice de cette domination suppose de prendre en compte les actions et réactions de la « base » pour devenir effectif.

du processus de travail aux professionnels, lesquels savent transformer cet espace d'autonomie en espace d'influence.

— L'amélioration de la qualité du fonctionnement de l'organisation repose sur une multiplication des sources et des cibles d'information : elle est à ce titre essentielle pour l'existence du réseau des innovateurs.

Tableau 8 — *Enjeux stratégiques de l'efficacité organisationnelle*

	Poste de travail	Produit	Organisation
Qualité	Compétence	Participation à la conception	Multiplication des sources et des cibles d'information
Flexibilité	Diversification des tâches	Participation à la gestion	Mobilité des rôles
Réactivité	Autonomie	Participation à la décision	Développement de l'informel

b) La recherche de flexibilité conforte cette superposition des enjeux ; elle élargit le champ d'intervention et de compétence des professionnels.

— La flexibilité des postes de travail suppose une diversification des tâches et donc un élargissement des zones d'intervention.

— La flexibilité des produits repose sur une intégration d'opérateurs d'horizons divers à leur gestion. Elle soutient à ce titre les stratégies d'horizontalisation des rapports sociaux.

— La flexibilité de l'organisation suppose une mobilité permanente des « rôles » et des missions affectés aux différents groupes. Elle tend à rendre caduc tout discours fondé sur la stabilité et la réglementation stricte des modes opératoires et des tâches.

c) Le développement de la « réactivité » s'appuie sur la capacité directe des opérateurs à privilégier les contraintes de l'environnement économique, au détriment du respect des procédures formelles de travail. La « réactivité » correspond donc également à un enjeu pour les professionnels, celui de leur auto-organisation. Reposant sur un élargissement de l'autonomie et de la participation aux décisions, elle suppose d'avoir affaire à des acteurs bien plus qu'à des agents.

La lecture verticale du tableau 8 est encore plus explicite : elle illustre la forte complémentarité et l'indissociabilité de l'entreprise et de ses professionnels. Plus l'efficacité organisationnelle devient la logique dominante de l'institution, et plus celle-ci repose sur le professionnalisme.

— Le poste de travail suppose ainsi des opérateurs à même d'intervenir sur l'ensemble d'un métier et non sur une seule de ses composantes.

— La réalisation de produits repose sur une intégration des membres de l'organisation à l'ensemble du processus de travail, y compris l'amont et l'aval, la conception et la décision.

— L'organisation est contrainte d'assurer un maillage de son système d'information, une mobilité des rôles et une acceptation des « arrangements ».

Persuadées de l'intérêt de l'efficacité organisationnelle, les directions ne souhaitent pas pour autant en faire le terrain de jeu des seuls professionnels. Les légalistes, en canalisant ces offensives, vont donc jouer un rôle modérateur. Mais ce rôle est difficile à tenir en équilibrant parfaitement les ressources et les contraintes à affecter à l'innovation. Les dérives existent.

Les insuffisances en matière de formation permanente en sont l'un des nombreux effets. Il existe toujours « quelqu'un » qui juge cet investissement inutile, excessif ou trop précoce. Il existe toujours une partie de l'institution qui ne transforme pas en efficience les savoirs nouveaux tirés de la formation, car ils remettraient trop en cause l'équilibre du système social.

La limitation à l'accès aux informations est un autre exemple. Il existe toujours une « mission » ou une direction informatique qui « rationalise » tellement les systèmes d'information qu'elle en limite l'efficacité et l'efficience. Les professionnels mènent alors une stratégie originale : celle de la consommation et de la diffusion de savoirs.

5. LE SYSTÈME DE L'INNOVATION

On sait que « l'information c'est du pouvoir » (10). Mais les analyses des univers bureaucratiques ont si longtemps mis en évidence les stratégies de rétention d'information qu'on imagine ce jeu comme unique et universel. La logique informationnelle fait apparaître une stratégie dominante inverse : celle de la diffusion d'information.

Il existe cependant une difficulté méthodologique pour mettre en lumière ce phénomène. Décrire des flux d'informations et un mouvement de débureaucratisation revient souvent à privilégier l'aspect strictement descriptif de l'observation. Ce fut l'approche retenue dans le chapitre II. Ici, avec les mêmes éléments, il devient nécessaire de considérer l'évolution des flux d'informations et de l'organisation comme le résultat d'une lutte d'influence.

5.1. De la rétention à la diffusion d'information

L'action des innovateurs repose, préalablement ou finalement, sur la consommation, la diffusion, la production, la normalisation d'informations, de connaissances, de savoirs ou de symboles. Elle concerne les domaines techniques, organisationnels ou idéologiques. La situation est identique pour les directions. Chaque groupe vit ainsi une tension bien particulière : pour parvenir à imposer sa propre conception des rapports sociaux, il est contraint de devenir le promoteur des systèmes d'information.

Ce positionnement stratégique représente la clé de voûte de la logique de l'entreprise. Elle devient informationnelle, parce que les uns et les autres trouvent intérêt à promouvoir l'information.

Une lecture synthétique des différents exemples cités jusqu'ici permet de mettre en lumière le poids des professionnels dans les différents lieux et modes de production de l'information (Tableau 9).

Le système technique

Les systèmes techniques permettent d'accéder aux différentes formes de connaissances stables, mémorisées dans les

---

(10) M. CROZIER, *La société bloquée*, Paris, Éd. Seuil, 1971.

banques de données. Les liaisons « télé » assurent la transmission de connaissances diffuses, transitant sur les différents supports de transmission d'information. Les capacités de calcul et d'archivage de l'informatique permettent de traiter les connaissances à développer.

— La production et la diffusion d'information, via les systèmes techniques, représente la clé de voûte de l'entrée en jeu des innovateurs. Cette action leur ouvre le champ d'une compétence visible qui s'avère « payante ».

— L'usage de la messagerie électronique est un parfait exemple : l'outil n'est généralement utilisé que sous forme de « collèges invisibles » de professionnels qui trouvent dans ce média un moyen de renforcer leur réseau en transgressant les règles de transmission formelle de l'information.

L'institution

Malgré des relations parfois difficiles avec l'institution, les innovateurs ne rompent pas, et surtout pas lorsque celle-ci propose l'acquisition de savoirs. Ils profitent au contraire largement des opportunités offertes par les séminaires, colloques ou autres lieux d'échange. Ils ne délaissent pas non plus la « lecture », que celle-ci soit proposée sous forme de « feuille interne » ou d'articles techniques. Malgré la grande réserve qu'ils éprouvent à participer aux réunions formelles et formalistes, ou aux « actions de motivation », les innovateurs s'y retrouvent, au moins un temps. Celui de comprendre la politique de l'entreprise et donc de mieux définir leur propre logique. Malgré leur caractère frondeur, ils se pressent donc aux portes de l'institution pour bénéficier du savoir qu'elle délivre.

Tableau 9 — *Cibles et sources d'information des professionnels*

Système technique	Institution	Système social
- Banques de données	- Formation	- Entraide
- Bricolage	- Négociations	- Réseau
- Connexions	- Réunions	- Réflexions collectives
- Tableaux de bord	- Bilans socio-économiques	- « Acteurs supports »
- Obsolescence	- Face à face	- Courts-circuits
- Messagerie électronique	- Actions du management participatif	- Idéologie

La force et la singularité de leur action conduit par ailleurs l'institution à développer la connaissance économique de son fonctionnement, plus et différemment que si elle n'avait que sa propre logique à traiter. Ce type de connaissances a une autre fonction vitale pour la dynamique du groupe : il permet d'obtenir des alliances auprès « d'acteurs supports », consultants extérieurs et services de formation en particulier.

— L'intervention critique dans les actions du management participatif traduit et véhicule la culture du groupe à l'intérieur de l'institution : au-delà des projets de communication où « tout le monde est censé dire tout à tout le monde », les professionnels y imposent un code d'échanges plus direct et plus dur, centré sur leurs propres enjeux.

Le système social

Le système social demeure cependant la principale source d'acquisition et de diffusion de connaissances. Le réseau et les alliés extérieurs proposent des savoirs particulièrement opportuns. Ils correspondent directement aux préoccupations des professionnels : ils sont allégés du caractère normatif ou général des autres sources d'information.

— Ils constituent une bourse des savoirs qui permet d'intervenir directement sur la scène de l'action parce qu'elle transgresse la rétention des connaissances.

— Le réseau permet par ailleurs de laisser le choix, entre la position clandestine ou publique de la mise en œuvre de ces savoirs, et d'organiser l'idéologie du groupe.

5.2. Le système informationnel

Ces analyses et celles du chapitre précédent conduisent à synthétiser le mécanisme de l'innovation (Tableau 10). Il ne reflète pas la réalité de toutes les situations observées, mais traduit leurs principales caractéristiques.

— Il existe une relation d'interdépendance entre les incertitudes portant sur le produit, le marché, les techniques et l'organisation. La rencontre de ces quatre sources d'instabilité conduit à mettre en œuvre des procédures participatives ou à accepter une participation spontanée.

— Le professionnalisme augmentant, le système social se clive entre innovateurs, légalistes et exclus. L'idéologie managériale apparaît alors comme une tentative de régulation.

Tableau 10 — *Le système informationnel*

```
┌─────────────────┐         ┌─────────────────┐
│  Marché ouvert  ├─────────┤ Mobilité des produits │
└────────┬────────┘         └────────┬────────┘
         │                           │
┌────────┴────────┐  ┌───────────┐  │
│  Distorsion de  ├──┤Incertitudes├──┤
│  l'organisation │  │techniques  │  │
└────────┬────────┘  └───────────┘  │
         │                    ┌─────┴────────┐
         │                    │Incertitudes/produits│
         │                    └──────────────┘
┌────────┴──────────┐
│Production et diffusion│
│  d'informations   │
└────────┬──────────┘
         │              ┌──────────────┐    ┌────────┐
┌────────┴────────┐    │ Participation├────┤ Exclus │
│   Efficacité    │    └──┬─────────┬─┘    └────────┘
│ organisationnelle│       │         │
└────────┬────────┘   ┌────┴─────┐ ┌─┴────────┐
         │            │Innovateurs│ │Légalistes│
         │            └────┬─────┘ └────┬─────┘
         │                 └─────┬──────┘
         │            ┌──────────┴──────────┐
         │            │Conflits et participation│
┌────────┴──────────┐ │      informelle     │
│Production d'incertitudes│ └──────────┬──────────┘
│par inventivité et sens│              │
│      tactique         │    ┌─────────┴─────────┐
└────────┬──────────┘        │ Idéologie managériale│
         │                   └──┬──────────────┬──┘
         │         ┌────────────┘              └──────────┐
         │    ┌────┴──────────┐              ┌───────────┴──┐
         │    │Esprit d'entreprendre│        │ Esprit maison│
         │    └────┬──────────┘              └───────────┬──┘
         │    ┌────┴──────────┐              ┌───────────┴──┐
         │    │ Élargissement │              │ Rationalisation│
         │    │de la participation│          │de la participation│
         │    └────┬──────────┘              └───────────┬──┘
         │         └──────────┬──────────────────────────┘
         │              ┌─────┴─────┐
         └──────────────┤  Désordre │
                        └───────────┘
```

— Un « esprit maison », un consensus dédié au projet organisationnel des directions peut alors opérer superficiellement, via la fonction hiérarchique.

— L'esprit d'entreprendre, l'idéologie entrepreneuriale portée par les innovateurs, pousse à élargir la participation « réelle » en réduisant la participation formelle. Pour ce faire, le groupe produit de nouvelles incertitudes qui vont dynamiser à nouveau le processus de production.

— L'action stratégique du groupe se traduit concrètement par la recherche permanente de nouvelles cibles d'innovation. Elle active et légitime le désordre en assurant le changement.

— La logique informationnelle répond donc à des contraintes de marché traduites par les directions, mais aussi à la pression interne des professionnels : ils usent de l'innovation pour travailler et en abusent pour « jouer » ; ils participent ainsi largement à produire des incertitudes, à définir la nouvelle productivité et à assurer la diffusion et la production de l'information.

Ce fonctionnement donne à l'entreprise son caractère mobile, comme les jeux défensifs contribuent à verrouiller les systèmes bureaucratiques. Le changement de logique dominante reflète une profonde transformation : les acteurs jouent autrement parce qu'ils trouvent d'autres moyens pour exercer leur propre rationalité.

Le renversement s'observe d'abord sur le plan de la position des acteurs. L'univers bureaucratique décrit par M. Crozier (11) confère une sorte de toute puissance à des acteurs définis par strates statutaires. Les acteurs de la logique informationnelle ne peuvent, faute de statuts univoques, se référer à un type d'appartenance administrative pour jouer. Ils doivent, au moins partiellement, définir le champ de leur action par rapport à une contribution concrète, visible. Si le légalisme garde encore droit de cité, il devient simultanément plus aisé de jouer en fonction de la qualité de son rapport au produit.

Les ressources mêmes des acteurs de l'univers bureaucratique sont en quelque sorte « pré-contraintes » par la position de travail et le champ d'intervention prévu par les règles. Les ouvriers d'entretien du célèbre « Monopole Industriel » tirent leur influence de protection de la connaissance des

---

(11) M. CROZIER, *op. cit.*

machines dont ils assurent la maintenance : il existe une adéquation entre les procédures de travail et les ressources stratégiques.

Faute de règles d'organisation solidement structurées, les acteurs de la logique informationnelle inventent leurs ressources par itération, en fonction de leur champ d'investigation du moment et des sources de pouvoir qu'ils peuvent en dégager. Ils inventent leurs ressources, au même titre que des procédures, pour parvenir à jouer.

Les jeux bureaucratiques, stables, finis et reproducteurs disparaissent : l'obsolescence touche aussi le système social. Ses différents éléments deviennent trop incertains et mobiles pour qu'il soit possible de jouer les mêmes « coups » avec les mêmes alliances. L'acteur de la logique informationnelle doit pouvoir supporter des jeux ouverts. L'art stratégique change alors de nature : il ne s'agit plus d'être puissant sur un enjeu précis, mais de réussir à élaborer des relations dynamiques entre les atouts et les opportunités du moment.

Les alliances deviennent simultanément mobiles, tournantes et équivoques. Les luttes intestines menées au cœur du groupe des professionnels ou l'entrée de hiérarchiques intermédiaires dans l'univers de l'innovation représentent parfaitement l'insécurité de cet univers plus ouvert certes, mais aussi plus « sauvage ».

Ce système social a une dernière caractéristique : les organisations syndicales y sont peu représentées, en tout cas peu directement. Il faut y voir plusieurs raisons. Dans le cadre des enjeux évoqués, les opérateurs (exception faite pour les « agents », les exclus), définissent rarement leurs actions par rapport à une adhésion ou une militance syndicale particulière. Ils reflètent ainsi les stratégies syndicales, prêtes à négocier des enjeux institutionnels mais peu portées à intervenir sur les jeux informels.

Une connivence idéologique, voire un sentiment de solidarité, existe cependant entre certains innovateurs et certains thèmes à caractère « autogestionnaire » des organisations professionnelles des salariés. La « culture entrepreneuriale » décrite jusqu'ici rencontre à l'évidence l'idée qu'elles peuvent se faire de leur intervention dans le champ du « profit ». En tant que telles, les organisations syndicales sont donc peu directement actives dans le système social observé. Mais une partie de leurs convictions est partagée et mise en œuvre par les innovateurs.

La mobilité de ce système social s'explique par l'importance des incertitudes. Il apparaît une relation étroite entre le jeu dans les structures, au sens mécanique du terme, et le jeu stratégique des acteurs. L'ouverture de la scène amène plus d'acteurs à jouer et de façon plus variée que dans l'univers bureaucratique.

L'originalité la plus profonde de cette mutation tient à son effet sur l'organisation. Dorénavant, elle est portée, définie et orientée par la base de son système social, autant que par les directions. Ce processus correspond à une démocratisation de l'entreprise bien plus profonde que ne le permettent et ne le souhaitent les hérauts du management participatif.

Mais le prix à payer pour devenir et demeurer citoyen dans cet univers est élevé.

CHAPITRE V

LA LASSITUDE COMME LIMITE DU POUVOIR

Le dépassement des fonctionnements bureaucratiques, l'instabilité des régulations correspond à une déréglementation interne. Certains opérateurs tirent mieux parti de ce désordre que d'un ordre, quel qu'il soit. Pour d'autres, les changements s'effectuent à un coût social élevé. Dans ces situations, les stratégies des innovateurs reposent sur une légitimité et une pérennité insuffisante. La lassitude d'entreprendre (1) devient alors une source de fragilité considérable pour l'institution.

Le désordre apparaît ainsi comme un champ d'engagement plus ouvert que l'organisation. Mais cet engagement est parfois lourd, excessivement « mobilisateur ». L'ordre de la production fatigue ses agents. Le désordre risque de briser ses acteurs.

Les professionnels peuvent se lasser de l'innovation, parce qu'elle représente un investissement personnel trop élcvé. Ils tendent alors à redécouvrir les « délices » de fonctions quelque peu ritualisées, au détriment des sensations trop fortes de l'action. Les avantages tirés de l'exercice du pouvoir peuvent ainsi être largement pondérés par le désir d'exister autrement que dans la lutte, même si c'est au départ celle-ci qui permet d'obtenir reconnaissance et influence.

---

(1) Nous empruntons le terme « lassitude de l'acteur » à Henri FAURE.

1. DÉPENDRE OU ENTREPRENDRE

Les professionnels n'innovent pas par plaisir, ou pas uniquement. Ils innovent pour échapper aux situations de dépendance hiérarchique et réglementaire de l'ordre ancien. Ils gagnent donc en autonomie, en influence et en reconnaissance sociale. Mais le prix de cette position est élevé, en travail, en stress et en affectivité.

1.1. Le réseau d'experts : une norme contraignante

Libérés d'une bonne partie de leur dépendance verticale, les professionnels vivent une interdépendance horizontale, entre collègues et alliés, qui s'avère souvent lourde, oppressante. Les actions s'y concoctent en effet à l'intérieur d'un « milieu » caractérisé par sa fragilité institutionnelle : l'action de chacun engageant un peu l'avenir de tous, chacun doit observer scrupuleusement les contraintes et avis de l'autre. La culture du groupe a ainsi un rôle à la fois instrumental, structurant mais également normatif (2).

Un comptable à TAF

« Si on veut monter une émission un peu originale, on est rarement suivi. Les gars de la programmation et mes patrons préfèrent qu'on respecte ce qui était prévu, ce qu'on sait faire (...). Les administratifs veulent que tout se fasse dans les règles... Ils tirent leurs forces des moyens : c'est eux qui les affectent (...). Je passe le plus clair de mon temps à faire des montages compliqués pour obtenir des budgets qui ne transitent pas par eux. J'ai des contacts avec les gens de la D.G., ça aide, je me laisse pousser des ailes... Mais les moyens je dois les trouver en montant des collaborations financières avec d'autres équipes, et avec des clients extérieurs, intéressés par les thèmes. Ça suppose aussi d'être bien avec les administratifs d'ici, ils doivent accepter de faciliter nos « manips » et c'est pas toujours simple (...). Ça fait beaucoup de travail. Il faut gérer tout ce monde par la confiance mutuelle, sinon on ne peut pas avancer... Mais on n'est pas vraiment forts. Ils (les administratifs) peuvent facilement inter-

---

(2) M. LIU, « Technologie, organisation du travail et comportement des salariés », in *Revue Française de Sociologie*, avril-juin 1981.

venir sur l'affectation des moyens que j'ai réussi à obtenir. Tout le problème c'est d'éviter ça. D'où la persistance du maquis (...). Petit à petit ça fait une entreprise parallèle : on s'entraide, on se renvoie les ascenseurs dans le dos des bureaucrates...

Un ingénieur dans l'entreprise aéronautique

« Ici, c'est une bande. La hiérarchie en fait partie. C'est-à-dire, elle laisse faire sinon ça peut pas marcher, on l'aligne (...). Un train d'atterrissage ne marche jamais comme on veut, si on ne s'arrange pas, ça peut pas marcher. C'est l'entraide qui nous permet de fonctionner (...). Il faut que tout le monde se remue dans le même sens pour qu'il y ait de la confiance entre nous et faire du bon boulot. Tant que ça marche bien comme ça, on nous laisse faire, sinon boum ! (...). On est obligés d'appliquer un peu nos propres lois : les anciens règlent les problèmes de charge de travail, d'entraide. On fait gaffe aux nouveaux qui n'ont pas encore compris comment on travaille ici ; ils ont tendance à jouer un peu « perso » au début (...). Le gros problème, c'est lorsqu'il faut prendre position par rapport aux décisions des bureaux. On n'est pas toujours d'accord, mais on ne peut pas vraiment s'accrocher, pas sérieusement. »

Le fonctionnement du milieu des innovateurs se rapproche sur bien des plans de celui du « milieu » (3). La densité et la clandestinité des actions qui s'y mènent rendent cet univers parfaitement adapté pour œuvrer dans une ombre relative. La pérennité du groupe repose sur la force des normes implicites de comportement et sur la loyauté : l'une et l'autre assurent la cohésion du groupe. L'appartenance au milieu offre ainsi des atouts supplémentaires, mais oblige à « savoir se tenir » et souvent strictement.

Les amitiés, rites, histoires et petites fêtes spécifiques au milieu de l'innovation célèbrent, manifestent et structurent également l'esprit pionnier : le réseau met en œuvre des processus de soutien affectif qui redoublent le caractère structurant du milieu : l'un et l'autre protègent l'innovateur des

---

(3) J.G. PADIOLEAU, *op. cit.* Ce « milieu » peut certainement être rapproché du fonctionnement de la mafia, d'un grand corps de l'État ou d'une diaspora. Le manquement à « la loi » se paie par l'exclusion, l'isolement ou la mort, plus ou moins symbolique selon le cas.

interventions légalistes et de l'isolement. C'est parce qu'il est menacé que le groupe augmente la qualité et la densité de ses relations (4).

Un technico-commercial de Comtel

« Il faut aider les plus faibles, sans ça ils se font bouffer la laine sur le dos et nous avec... On est obligatoirement solidaire, parce qu'on participe à une aventure où il est impossible de ne pas prendre des risques ou de revenir en arrière (...). Les jeunes, on est obligé de les parrainer, de les prendre sous notre aile tant qu'ils n'ont pas bien compris qui jouait quoi. Les administratifs, c'est pareil, ils craquent un peu quand A ou B leur tombe dessus pour faire valoir qu'on ne travaille pas dans les normes. Mais le vrai problème, c'est les internes: ils n'arrivent pas à accepter l'idée de travailler à la marge ; il faut constamment les soutenir, leur remettre les idées en place pour qu'ils tiennent le coup ».

Une secrétaire dans une SSII (5)

« A force de discuter pour comprendre le boulot, on finit par découvrir qui se cache, la vraie personne, derrière les collègues (...). On s'aménage un peu plus notre vie, les horaires, le partage du travail, tout ça, on s'arrange. C'est devenu plus familial... Par exemple, on en prend un peu à notre aise. Quand on s'est bagarré avec nos micros pendant plusieurs jours, on arrive plus tard, on prend du temps pour boire un pot. C'est histoire de reprendre notre souffle. Mais ça nous soude aussi ».

Un cadre du même service

« Petit à petit, on a pris l'habitude de se consacrer plus au travail, quand il y a des coups de feu. Là, tout le monde se défonce, on est un peu masos, mais on y prend plaisir, parce qu'on a l'impression d'exister vraiment, d'être dans la bagarre (...). La semaine dernière, quand on a réussi à obtenir les nouveaux contrats de maintenance, on a fait une soirée couscous, jusqu'à 2 heures du matin. Le mois d'avant, même chose pour le gros contrat passé avec Renault. Ça paraît un

---

(4) E. REYNAUD, « Identités collectives et changement social : les cultures collectives comme dynamique d'action », in *Sociologie du Travail*, n° 2, 1982.

(5) Société de Service et d'Ingénierie Informatique.

peu enfantin, boy-scout, mais on a besoin de ça. On se soutient le moral. »

Ce caractère « tribal » amène aussi à des situations psychologiquement difficiles : en cas d'opposition avec la majorité du groupe, ce n'est plus un salarié qui se trouve confronté à ses pairs, c'est le membre d'une famille, d'une communauté. Le réseau crée des systèmes de dépendance, des principes moraux, qui réduisent la liberté des acteurs : l'exercice du droit à la différence se teinte toujours ici largement de la notion de trahison.

Un professionnel devenu hiérarchique chez Autrement

« Mes anciens collègues ne comprennent pas ce choix... Pour eux, je suis devenu le bureaucrate qui ne pense qu'à exercer du pouvoir. J'ai essayé de travailler avec eux comme avant, mais ils sont très méfiants ; ils sont persuadés que je suis là pour les posséder. Même au restaurant d'entreprise, nos discussions ne sont plus les mêmes, comme si je les avais « trompés ».

Un chercheur qui refuse de participer à la prise en charge d'un nouvel outil de traitement de données

« J'en ai un peu marre de la bagarre permanente. Mais mes collègues ne comprennent pas ça. Pour eux, il faut toujours être sur la brèche, toujours reprendre la balle au bond. Mais j'en ai marre du football permanent. J'ai mis un but, maintenant j'ai envie de jouer un peu la montre. Mais essayez de leur faire comprendre, c'est impossible ; ils défendent leur point de vue pire que s'ils étaient les patrons (...). Je sens déjà qu'ils me sortent de l'équipe (...). Oh... Des petites choses, des petits services et des coups de main qu'on ne me rend plus ou après lesquels je suis obligé de mendier... »

1.2. Le prix du conflit

Le coût de la transgression de ces interdits, l'exercice de l'infidélité représente donc un lourd tribu. Le prix à payer pour changer de camp ou transformer ses alliances est élevé, mais pas toujours autant que le « manque à gagner ». Quand l'attirance est forte, l'identité stratégique des innovateurs peut donc dominer leur morale et leur sentiment d'appartenance. Le groupe correspond ainsi autant à un entrecroisement d'alliances qu'à des normes de relations solidement établies. L'ambivalence vaut également sur le plan des valeurs qui sont autant une idéologie destinée aux autres que des référents culturels communs (6).

Les enjeux majeurs du groupe des innovateurs, autonomie, reconnaissance sociale, influence sur l'organisation et sur l'entreprise, ne peuvent se réduire à une volonté collective de contrôler l'institution. Ils correspondent aussi à des enjeux à l'intérieur du groupe : ils sont l'objet de tiraillements incessants entre ses différents membres. Ceux-ci ont donc des objectifs et des capacités d'action collectifs, qui se manifestent par des solidarités fortes. Mais l'idéologie du groupe, comme sa conception de l'identité de l'entreprise n'ont rien de fusionnel et de définitif : elles représentent les moyens nécessairement communs de négocier avec l'institution. Les manœuvres et les luttes intestines sont donc pratiquées, mais « coupables ».

Un contrôleur de gestion de la grande banque

« C'est un peu pervers tout ça. On donne l'impression d'être une bande, parce qu'on est très soudés sur les problèmes d'organisation. Mais on n'est quand même pas une famille. Chacun a des objectifs personnels et tend à marcher sur les autres pour les atteindre (...). Dès qu'il y a une possibilité pour se distinguer, les gens s'engouffrent dans la brèche pour en profiter... On est ensemble mais c'est un moyen pour travailler, on sait bien qu'on est surtout individualistes ».

A ces tensions internes, aiguisées par leur caractère affectif, s'ajoutent les conflits plus ouverts avec les acteurs légalistes et les négociations avec les directions. Disposant de peu d'atouts institutionnels ou réglementaires, les professionnels doivent en permanence participer à la « bagarre » qui leur permet de faire valoir leur logique. Le conflit est un passage obligé.

---

(6) Cette ambivalence culturelle ne permet pas d'assimiler les innovateurs aux représentants de solides groupes ouvriers ou de métiers traditionnels, dans lesquels la culture régit la vie du groupe. Cf. P. BERNOUX, *op. cit.* et D. SEGRESTIN, *Le phénomène corporatiste*, Fayard, Paris, 1985.

Nécessairement répété, il représente un coût psychologique considérable. Les professionnels vivent alors leur réussite avec un « stress » et un sentiment d'insécurité qui représentent une redevance élevée pour bénéficier de l'autonomie et du pouvoir d'innover.

Un cadre opérationnel technique dans l'entreprise Autrement

« On me considère comme expert seulement si j'arrive à donner les preuves de cette expertise (...). Ça signifie des journées entières passées en négociations, à mettre le poing sur la table pour se faire entendre. Mais il faut aussi manœuvrer subtilement sinon on finit par être le loup blanc, l'empêcheur de tourner en rond... Celui qui veut absolument arriver... C'est ça le vrai problème : si on veut travailler, on est obligé de s'en donner les moyens (...). Le plus dur n'est pas la charge de travail, c'est de devoir sans arrêt se bagarrer pour faire quelque chose (...). Ça finit par dégoûter. On emploie 70 % de notre énergie à faire passer nos idées et seulement 30 % à y travailler. »

1.3. L'autosurmenage

A cette redevance élevée s'ajoute une autre contrainte, représentant le prix à payer pour « faire la différence » : celle de « travailler dur ». Il s'agit d'un autosurmenage, les innovateurs décidant eux-mêmes d'investir aussi lourdement dans leur activité. Ce phénomène est doublement renforcé. Il correspond en effet à la loi du « milieu ». Il correspond également aux contraintes d'acquisition permanente de savoirs nouveaux.

Un cadre du service financier d'une SSII

« Le problème ici, c'est l'absence de bureaucratie. Quand je travaillais chez X, j'avais mon statut, ma place dans l'organigramme, et dans la gestion. C'était pas particulièrement performant, mais au moins j'étais tranquille. Je faisais 8 heures par jour, si j'en faisais plus, c'était pour le plaisir de mieux comprendre un dossier ou de le faire avancer. Mais rien ne m'y obligeait. Si j'avais envie d'être tranquille, c'était possible (...). Ici c'est un autre univers, rien n'est jamais fixé, clairement délimité. On peut devenir de véritables entrepreneurs. Mais pour y arriver, on ne peut pas s'amuser (...). Il faut penser toute la chaîne de travail : la conception, la fabrication, la diffusion tout en luttant avec la concurrence externe et interne (...). C'est un vrai problème... Si on ne travaille pas dans ce sens, on est mal admis par les collègues qui sont tous programmés comme ça, dans ce genre de trip. C'est un peu un cercle vicieux, mais je crois qu'on aurait du mal à s'en défaire. »

Un spécialiste des télécommunications de la même entreprise

« On travaille beaucoup trop ici. Et pourtant, on n'y est pas vraiment obligés. C'est le métier qui veut ça (...). Dans ces métiers, on reste un peu étudiant toute sa vie, sinon on décroche vite et c'est profondément ennuyeux... Si on décroche, on n'a plus de pouvoir sur son métier. On est obligé de rentrer dans le rang et on devient des exécutants de luxe, sans influence sur les décisions. »

La logique informationnelle retrouve ainsi paradoxalement et souvent de façon accentuée, les effets classiques de la fatigue au travail. Le paradoxe tient au fait que l'institution laisse définir partiellement la charge de travail au même titre qu'elle accepte un certain taux d'auto-organisation. Mais le couplage étroit entre la contribution des professionnels sur le plan de leur activité et la rétribution qu'ils en tirent sur le plan stratégique les amène à vivre un processus ambigu : plus le groupe travaille, plus il peut jouer et plus il joue, plus il doit travailler.

De manière schématique, le processus se présente de la façon suivante (Tableau 11).

— La mobilité du processus de production s'accompagne d'une part d'un phénomène d'obsolescence des connaissances et d'autre part de stratégies d'innovation des professionnels.

— La consommation et la diffusion de connaissances deviennent alors le moyen et l'effet majeur des stratégies des professionnels ; à cette occasion, ils entrent en conflit avec les hiérarches légalistes ou les métiers fermés.

— Le conflit et la compétence permettent aux professionnels d'accéder à l'influence et à la reconnaissance sociale dans l'organisation ; mais délitent en partie ces acquis par l'institutionnalisation régressive opérée par les directions.

— Pour recouvrer leurs acquis ou pour en développer de nouveaux, les professionnels sont alors contraints d'innover

Tableau 11 — *Le mécanisme de l'autosurmenage*

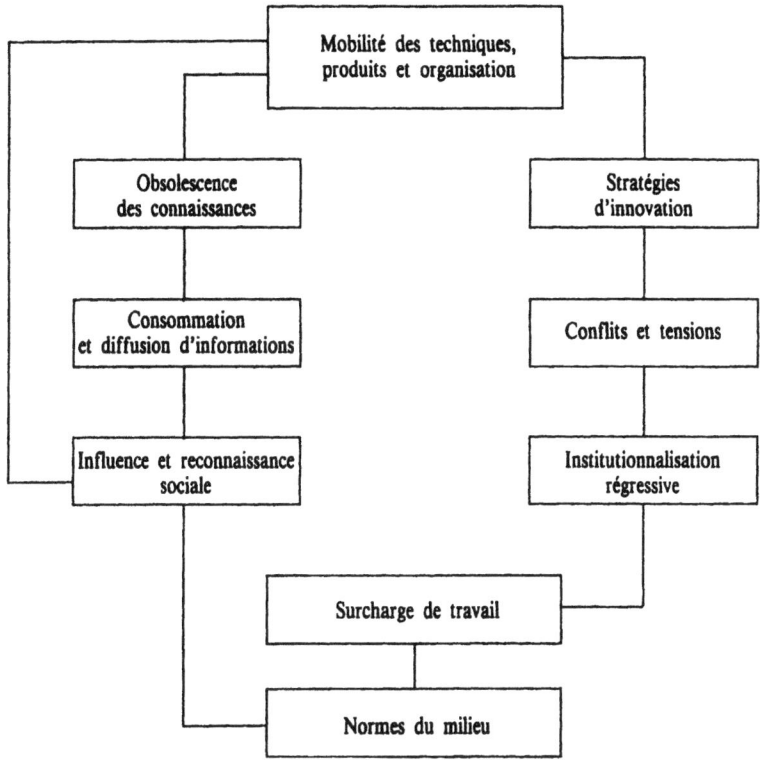

en permanence ; ceci suppose de multiplier les sources de frictions, mais aussi d'investir lourdement en travail.

— Cette double tension n'est supportable que par l'existence de la solidarité du milieu, qui aide et soutient les membres du groupe. Mais en contre-partie, le milieu impose des normes contraignantes tant sur le plan de la morale du travail que sur celui des relations.

— Ces normes permettent donc aux professionnels de renouveler leurs interventions. Mais elles les y contraignent tout autant.

Ce processus est l'inverse de celui d'une organisation taylorienne ou bureaucratique. Ici, l'agent met sa « force de travail » au service de l'acteur. Ailleurs, l'acteur se campe sur la défense des intérêts de l'agent.

Certaines entreprises considèrent cette situation comme positive et tendent à l'ériger en méthode.

Gilbert Trigano affirme ainsi : « je crois qu'il faut vivre dans la pression permanente et je fais tout pour que mes collaborateurs et collaboratrices vivent comme cela, dans la crainte et dans l'angoisse, pour que l'on ne s'endorme pas » (7). Ce principe général appuie sa mise en œuvre selon quatre principes : l'augmentation des contraintes de temps, le charisme à la fois convivial et autoritaire du patron, la mise en concurrence délibérée des cadres, et enfin la précarité de la fonction.

Prenant à revers la logique d'acteur des professionnels, ce « management par le stress », ne semble cependant pas pouvoir perdurer. Même dans des entreprises moins volontaristes en la matière, le surmenage représente une source de fragilité considérable pour l'acteur et, *in fine*, pour l'entreprise.

2. LES SORTIES DU JEU

Lorsque la fatigue de l'acteur l'emporte sur sa capacité à participer au système de l'innovation, le désordre décrit devient dysfonctionnel. Il ferme la porte aux investissements personnels et ouvre celle de la sortie du jeu sur l'innovation. Cette sortie peut prendre différentes formes : l'apathie, le légalisme, la fermeture du métier ou le départ pour un univers moins turbulent (8).

2.1. La lassitude d'entreprendre

La lassitude d'entreprendre se manifeste selon deux perspectives distinctes. Baisse volontaire de l'activité et donc minimisation des coûts pour l'acteur. Intégration volontaire à un groupe jouant la règle ou l'institution.

---

(7) Cité par A. BRADFER, « La gestion par le stress », in *Liaisons sociales, Mensuel,* n° 35, janvier 1989.

(8) Ce mouvement est évidemment à approcher de deux des trois formes de réactions au mécontentement analysées par A.O. HIRSCHMAN (loyauté et défection). L'« apathie », définie par G. BAJOIT comme une autre forme de réaction trouve ici largement sa place. Mais ces comportements ne peuvent donc se confondre avec une stratégie optimale de substitution. Ils reflètent l'incapacité culturelle à optimiser en permanence une

Dans les deux cas, l'ambivalence organisationnelle, évoquée précédemment, peut se retourner contre l'entreprise : l'acteur a toujours la liberté de redevenir agent.

L'histoire professionnelle de Madame Dupont est tout à fait illustrative du phénomène. Jeune diplômée d'histoire, elle entre en 1978 dans l'entreprise pour « étoffer un service ». Elle trouve un emploi, mais pratiquement sans contenu. Elle est chargée au sein du service de documentation central, d'assister les cadres dans leurs recherches. De fait, le service est surtout utilisé comme une salle de lecture et de repos, les six documentalistes faisant surtout fonction de bibliothécaires.

Cette mise à l'écart du travail convient peu aux unes et aux autres. La venue de systèmes de documentation informatisés est une opportunité considérable. Les documentalistes se consacrent ardemment à leur exploitation selon deux voies interdépendantes. Elles parviennent à réaliser de véritables recherches documentaires en utilisant au maximum les ressources des banques de données, en élargissant et en approfondissant les quelques questions posées par les cadres, bref, en renvoyant une image panoramique à une question souvent mal définie. En échange, elles souhaitent, demandent puis, au fur et à mesure que leur compétence s'accroît, exigent un exemplaire des études finalement réalisées par les « clients ». Ces études permettent d'alimenter une banque de données de « littérature grise » et donc de renforcer la valeur ajoutée par le service de documentation.

Le mouvement ne s'opère cependant pas sans difficultés. Madame Dupont évoque en particulier le double apprentissage permanent que suppose la mise en œuvre de cette action.

---

situation d'acteur : il s'agit d'un apprentissage culturel régressif. A.O. HIRSCHMAN, *Face au déclin des entreprises et des institutions*, Éd. Ouvrières, Paris 1972. G. BAJOIT : « Exit, voice, loyalty... and apathy », in *Revue Française de Sociologie*. avril/juin 1988. R. SAINSAULIEU P.E. TIXIER et M.O. MARTY *(op. cit.)* mettent en évidence des phénomènes de ce type au propos de fonctionnements collectifs dans les univers à caractère autogestionnaire : l'énergie collective initiale a laissé progressivement place à l'individualisme, la recherche de règle ou de chefs charismatiques. Les histoires de vie d'ouvriers utilisant les technologies flexibles montrent également des effets de lassitude liés à la complexification croissante du système technique et social, *op. cit.* A. JEANTET/A. TIGER, *Des manivelles au clavier*, Coll. Alternatives Sociales, Paris, Syros, 1988.

Elle doit connaître avec précision les problématiques et les champs de connaissances des différents cadres qui collaborent avec elle ; elle doit également maîtriser l'accès à des systèmes documentaires complexes et obsolescents.

Mais la plus lourde exigence de sa position n'est pas cette accumulation de savoirs. Elle correspond à la lutte obligée sur deux fronts simultanés. Avec le service informatique, jamais pressé d'entreprendre des travaux dont les retombées ne sont pas à son gré suffisamment visibles. Avec de nombreux services qui préfèrent organiser leurs propres banques de données plutôt que de participer au « pot commun ».

Cette situation impose à Madame Dupont une activité et un temps de négociation qui s'ajoutent aux charges de travail qu'elle s'est déjà définies. Sa journée est constamment tendue par la double nécessité de travailler et de ne pas se laisser déborder par les manœuvres des autres services. La reconnaissance qu'elle tire de ce dynamisme est de plus relativement faible, la « doc » restant, aux yeux de ceux qui font les carrières, une fonction sans enjeu.

Le désarroi et la lassitude l'emportent peu à peu sur la volonté de créer et d'entreprendre. L'influence et l'autonomie, le sentiment d'avoir trouvé un sens à une fonction sont largement pondérés, puis dévalorisés par le coût trop élevé de la position d'acteur. Madame Dupont change alors de logique. Elle désinvestit son action de la plupart de ses éléments spontanés et créatifs pour profiter des avantages de la position calme et légale.

Dans ses relations aux clients, elle répond en fonction de ce qu'elle sait et non plus de ce qu'elle peut découvrir. A l'acquisition permanente de connaissances se substitue ainsi la gestion d'un capital qui s'effiloche rapidement. Refusant dorénavant d'être au cœur de la bagarre, elle devient peu à peu exclue du jeu social : elle se démunit des atouts qui lui permettaient d'y intervenir. Pour ne pas trop souffrir de l'ostracisme de ses collègues, elle continue en fait à bricoler, à aller et venir, mais sans la volonté d'aboutir. Ses heures de travail deviennent poreuses, altérées par son ressentiment. Madame Dupont apprend à fonctionner, à répondre aux sollicitations, mais elle n'entreprend plus.

L'histoire professionnelle de Monsieur Durand correspond à la version « réglementaire » de cette lassitude. Jeune diplômé d'une grande école de gestion, il travaille dans une banque depuis 1975. L'évocation de son activité professionnelle est celle d'une « longue crise d'adolescence ». Il lui a fallu tout ce temps, dit-il, pour arriver à comprendre qu'on n'innovait que si on en avait le droit.

Affecté lors de son arrivée dans l'entreprise à la direction financière, il est chargé avec trois collègues de centraliser et de présenter les informations de ce secteur provenant des différents établissements, sous forme de tableau de bord. Cette activité suppose, outre la collecte de données, la réalisation de ratios, graphiques et séries statistiques permettant de saisir « au premier coup d'œil » la nature et l'évolution des phénomènes observés.

Mais le service d'attache de Monsieur Durand dispose de peu de moyens techniques, logistiques et institutionnels. Chaque service de la direction financière gère ses propres sources d'informations pour évaluer l'activité des établissements et n'attend pas le tableau de bord pour analyser un problème ou pour prendre une décision. Les établissements, par ailleurs, ne souhaitent pas particulièrement transmettre des données qui servent surtout au pouvoir central.

Chacun trouve en fait plus intérêt à ne pas améliorer la fiabilité et l'utilité de cet outil statistique qu'à en faire un véritable outil de gestion. Dans ce contexte, Monsieur Durand est perdant : il ne bénéficie en rien des avantages de ces dysfonctionnements. La faiblesse de sa charge de travail, et la pauvreté de son contenu lui apparaissent comme « morbides ».

Dans le début des années quatre-vingt, la venue simultanée des nouveaux produits financiers d'une part et de la micro-informatique d'autre part présentent une opportunité considérable pour bousculer ce *statu quo*. Monsieur Durand et ses collègues saisissent la balle au bond en réalisant un investissement en savoir extrêmement dense. A l'aide de revues, de séminaires et d'apprentissage sur le tas, ils se forment à la gestion de données ainsi qu'aux réseaux de transmission. Forts de ces connaissances, ils prennent ensuite leur « bâton de pélerin » pour établir un *modus vivendi* avec l'ensemble des établissements. L'idée proposée, et acceptée par les interlocuteurs des établissements, est de parvenir à réaliser un tableau de bord fiable, mais aussi d'y intégrer des informations provenant du siège, pour en faire un outil de gestion local autant que national.

Pendant un temps, les différents services centraux utilisent alors largement les éléments du tableau de bord qui correspondent à leur zone de compétence. Mais progressivement, chaque service tend à multiplier les indicateurs spécifiques à son secteur, sans prendre en considération les contraintes locales de gestion. Pour assurer la survie et l'unicité de son produit, Monsieur Durand est contraint de réaliser une lourde offensive.

Il multiplie les déplacements et négociations en province pour tenir compte des logiques contradictoires du siège et des établissements. Ceci suppose la connaissance d'un champ de plus en plus large, sur le plan des éléments comptables, sur celui des problèmes de gestion locale et sur celui des réseaux de transmission de données.

Après trois années de ce type de fonctionnement, les luttes intestines lassent Monsieur Durand. Il ne supporte plus « d'être toujours dans le train pour aller répéter les mêmes mots » ni d'être perçu comme « la tête du turc des chefs de service de la DG ». Il accepte alors une promotion, qui consiste à avoir la responsabilité d'un nouveau service chargé de gérer sur le plan strictement fonctionnel le tableau de bord.

Cette rentrée dans l'ordre, qui correspond aussi à une institutionnalisation de l'innovation, se traduit par une diminution de la performance du produit, qui finit par dériver : Monsieur Durand, au cours des négociations avec ses nouveaux collègues hiérarchiques, accepte que chaque rubrique du tableau de bord soit gérée par le service directement concerné. Ses relations avec l'ensemble des acteurs du siège s'améliorent par contre sensiblement : il n'impose plus un produit, il opère des traitements à la demande.

D'autres raisons lui permettent de trouver plus d'intérêt à la gestion au quotidien qu'à l'innovation à tout crin. Devenu « chef », il participe au jeu social, il ne le transforme plus : il resserre son rapport à l'institution et relâche celui qu'il entretient avec le produit. L'avantage est double : avec une contribution moindre, il est plus largement rétribué et accepté.

Ces deux histoires professionnelles éclairent trois aspects essentiels de la logique informationnelle :

— le coût psycho-sociologique de la position d'innovateur peut l'emporter sur les avantages qu'elle procure : l'apprentissage est alors régressif ;

— l'acteur dispose parallèlement d'une liberté de choix entre différentes positions permettant de réduire ces coûts : l'entreprise ne peut obliger à entreprendre, seulement à travailler ;
— la lassitude d'entreprendre grossit les rangs des hiérarchiques, mais aussi ceux des « bras cassés ».

2.2. L'apesanteur sociale

L'acteur, pour des raisons culturelles — voire morales — profondes, ne peut ni changer de jeu ni de groupe. Ne pouvant pour autant demeurer « sur la brèche », il se trouve dans une situation d'«apesanteur sociale » où les velléités l'emportent rapidement sur la mise en œuvre d'une volonté opératoire.

Monsieur Pierre, responsable des ressources humaines d'un établissement de la même banque, vit ainsi une situation d'anomie difficile : il ne dispose plus des moyens pour parvenir à accéder au type de réussite que lui-même et le réseau valorisent (9). Il a dû rompre avec le projet pour lequel il militait et se trouve isolé, exposé aux incertitudes de sa situation sans trouver de repères et de sentiment d'appartenance suffisants, pour lui donner une cohérence identitaire.

Au début des années soixante-dix, il est l'un des pionniers du renouvellement de la gestion des ressources humaines. Formateur puis responsable de formation dans le centre pédagogique de l'entreprise, il milite activement pour la mise en œuvre de toutes les méthodes permettant de « moderniser » l'organisation. Nommé successivement responsable du personnel dans deux établissements de son entreprise, il s'appuie sur le réseau de formateurs et d'intervenants de son ancien métier pour développer des pratiques participatives.

L'aventure est riche en surprises, réussites, déceptions et retours de situations : les responsables de services évitent de réaliser les modifications des procédures de travail qu'il pro-

---

(9) Cette formule correspond à la définition de l'anomie donnée par R.K. MERTON à propos d'innovateurs », *op. cit.* Cette définition n'empêche pas de se référer à celle qu'en donne J.D. REYNAUD et qui correspond précisément à la présentation faite ici du « désordre » : « un défaut de régulation (...), la régulation étant la condition même de l'action collective ». *Les règles du jeu, op. cit.* L'anomie de certains innovateurs est liée à l'incapacité institutionnelle à réguler le système de l'innovation.

pose, mais acceptent volontiers d'en parler et d'en faire parler. Un chef d'établissement, sous la pression de Monsieur Pierre, finit par accepter des expérimentations pilotes en matière d'organisation. Elles sont malheureusement peu suivies et encore moins soutenues et évaluées. On les laisse doucement péricliter.

Après quatre années de ce type de fonctionnement, Monsieur Pierre change de jeu. Usé par sa volonté de transformer les choses, flatté par sa capacité à en parler, il finit par se laisser aller à ce qu'il contestait jusque-là : un discours sans action. Il multiplie ainsi les réunions, comités de pilotage et autres groupes ayant pour objectif réel de communiquer à propos du fonctionnement de l'établissement sans y intervenir concrètement.

Le bénéfice de l'affaiblissement de sa rigueur est évident : il ne gêne plus. Ses amis du réseau de formateurs et d'intervenants continuent à le considérer comme un pair, peut-être un peu émoussé mais fidèle aux idéaux du groupe et « occupant moins de place ». Il découvre ainsi le repos, ce qui n'empêche pas un déroulement de carrière normal. Mais il perd le sens de son métier : il s'oppose intimement aux valeurs qu'il affiche, il déroge à son éthique. Ce cynisme obligé, objectivement salutaire, est difficile à vivre.

Pionnier des activités commerciales de l'entreprise Comtel, Monsieur Hubert suit un cheminement professionnel comparable. Pendant douze ans, il participe activement à une grande aventure : elle consiste à réaliser le passage d'une commercialisation de type « soviétique » selon ses propos, à un « marketing concurrentiel ». Pendant toute cette période, il œuvre pour imaginer, réaliser puis développer un véritable métier commercial. En s'appuyant sur un marché des techniques de communication qui « pousse » et des orientations commerciales très générales, il doit négocier tour à tour avec les services fonctionnels du siège, avec les chefs d'établissements et les technico-commerciaux eux-mêmes. Il se satisfait d'une mobilité horizontale, passant d'un problème à un autre, sans se préoccuper de la verticalité de sa carrière.

Lassé de la concurrence interne au groupe des commerciaux et de l'institutionnalisation de son savoir-faire, qui se développent avec la croissance de l'activité, Monsieur Hubert regrette de n'avoir pas demandé plus de « réussite classique ». Prisonnier de son image d'innovateur et de la spécificité de sa compétence, malmené par de nouveaux experts, il ne peut cependant sortir de l'univers du commercial et de la position de pionnier qu'il y occupe.

Il baisse alors les bras tout en préservant partiellement son image. Il désinvestit largement les activités de renouvellement des produits, procédures et services. Il multiplie par contre les apparences jusqu'à en être un symbole : les discours et les méthodes à la mode s'inscrivent dans l'axe privilégié de son activité. Il devient une sorte de « mascotte » intouchable, mais ne touchant à rien. Conscient de cette situation, Monsieur Hubert la conçoit comme cependant moins douloureuse qu'une sortie du milieu.

2.3. La fermeture du métier

Le moyen le plus rationnel pour limiter les coûts de l'innovation tout en préservant les avantages du professionnalisme est de créer un espace réglementaire figé. La fermeture de leur métier permet ainsi aux professionnels de protéger leurs acquis de façon aussi rigide que ceux qu'ils combattaient antérieurement et de stabiliser leur identité et leur culture : il leur donne droit à une place (10).

Tirant parti des activités d'innovation, stabilisant leur pouvoir autour de règles précises et d'une déontologie défensive, ce comportement permet de tirer parti des investissements originaux, des risques pris à un moment donné pour faire carrière et de protéger des changements. Mécanisme classique dans l'ordre de la production, il est spécifique dans la logique informationnelle : il suppose de pouvoir préalablement inventer sa place ; les professionnels ne peuvent se contenter de se « nicher » dans un métier.

Cette dérive s'observe dans les activités spécifiques aux investissements immatériels : marketing, formation, recherche, développement de logiciels, ou gestion des ressources humaines, il existe, dans ces nouveaux espaces, des tours d'ivoire ou des forteresses construites par des innovateurs lassés d'entreprendre. L'exemple de l'entreprise Autrement est clair.

---

(10) Nous rejoignons ici les travaux de D. SEGRESTIN qui met en évidence, à propos des phénomènes corporatistes, la défense d'« avantages acquis », mais aussi d'une culture, de représentations et de relations spécifiques au métier. *Le phénomène... op. cit.*

L'exemple des nouvelles technologies est le plus frappant. Les mutations cumulées des logiciels créent des métiers qui, dans un premier temps s'ouvrent à la demande pour conquérir droit de cité et influence et qui, dans un deuxième temps, s'abstraient largement de ces préoccupations pour assurer la défense de leur territoire. Cette tendance, qui a valu bien sûr pour l'informatique, s'observe parfois à propos de la robotique et de la télématique.

Les mêmes hommes, qui ont, à un moment, su faire des nouvelles technologies un cheval de Troie pour surmonter les forteresses bureaucratiques peuvent ainsi préférer occuper la place plutôt que de la détruire. Pour ce faire, ils organisent leur métier selon des procédures aussi rigides que celles de leurs prédécesseurs.

La division du travail est la première cible de ce retranchement. Les professionnels « inventent » une division stricte entre la conception, qui leur appartient puisqu'ils détiennent la compétence et la légitimité tirée de leurs réussites antérieures, et l'exécution qui est confiée aux utilisateurs finaux. Ceux-ci sont alors largement privés de l'accès à l'imaginaire technico-organisationnel. Le verrouillage de cette dichotomie s'opère selon des règles d'organisation que les professionnels connaissent bien, pour en avoir longtemps pâti. En particulier, les zones de compétence et d'intervention des utilisateurs finaux sont strictement circonscrites au produit. Cette rigidité s'observe aussi à l'intérieur du groupe : au réseau d'antan se substitue une logique pyramidale avec ses chefs, sous-chefs et « petites mains ».

La solidité du retranchement de ces professionnels suppose également de combattre les « nouveaux innovateurs ». Du milieu des utilisateurs surgissent en effet en permanence des bricoleurs, des déviants et « intrapreneurs ». Les « anciens » retrouvent alors l'intérêt des stratégies légalistes. Ils mettent en évidence le peu de cohérence et de solidité des propositions qui leur sont faites. Ils protègent leurs applications derrière les discours d'homogénéité, de continuité et de compatibilité technologiques. A toute force, ils protègent leurs zones d'influence, quitte à perdre en compétence. Ils savent aussi habilement utiliser, et là encore, pour l'avoir subi, le principe d'institutionnalisation régressive. Contraints et forcés, ils finissent parfois par modifier un usage, un mode opératoire, mais du même coup, ils l'intègrent dans leur schéma d'ensemble et se présentent comme porteurs de l'idée.

Ce qui préserve ces professionnels du dur métier d'acteur d'autrefois est de pouvoir se définir par rapport à la logique de l'institution et non plus par rapport à celle du produit. Arc-boutés sur la défense de leur métier, ils traitent de problèmes spécifiques à leurs tâches, mais ne s'investissent plus dans le renouvellement du processus de travail et des produits. Retrouvant le calme et la stabilité réservés aux puissants, ils n'ont plus à faire leurs preuves ni à chercher à modifier l'ordre établi. Leur vocabulaire ésotérique, caractéristique de tous les métiers solidement constitués, représente aussi un atout : celui d'une communication difficile permettant de toujours différer les négociations. Leur rhétorique est celle de la « vérité de la science et la nécessité du monopole » (11).

Cette position n'est cependant pas durable. Faute d'être en contact direct avec le mouvement qui agite l'entreprise, leurs connaissances s'usent. L'ostracisme et l'élitisme frileux de ces groupes les rend progressivement aussi fragiles que les autres légalistes.

Le départ peut alors apparaître comme un meilleur moyen d'échapper aux rigueurs stratégiques de l'entreprise.

2.4. Le départ

La mobilité interentreprise des « battants » s'interprète généralement comme la volonté d'exercer toujours plus de pouvoir et de « combativité ». Le discours des intéressés eux-mêmes s'inscrit dans cette perspective.

Il doit cependant être écouté avec prudence. Il peut s'agir bien souvent d'une simple nécessité : celle de convaincre l'employeur qu'il recrute un nouveau salarié « qui en veut », qui sort de son univers antérieur par excès de dynamisme et non par usure. Ce discours correspond également à une rationalisation, au sens psychologique du terme : se représenter sa propre mobilité comme un moyen de pouvoir mieux exprimer son énergie est plus supportable que de la penser comme un moyen de réduire sa mise à l'épreuve. Les professionnels

---

(11) C. PARADEISE, « Rhétorique professionnelle et expertise », in *Sociologie du Travail*, n° 1, 1985.

changent ainsi parfois délibérément de service ou d'entreprise pour trouver les vertus de la tranquillité bureaucratique ou d'une certaine inertie organisationnelle, tout en préservant une attitude de « battant ».

La première et la plus fréquente de cette forme de sortie du jeu social s'appuie sur la mobilité fonctionnelle et spatiale, tant prônée par le management. Plutôt que de continuer à se battre pour déboucher sur des résultats palpables, les professionnels multiplient les passages d'une situation innovante à une autre pour n'avoir qu'une implication modérée, celle de la création de l'« idée ». Si cette tactique représente une solution relativement positive pour l'acteur, qui préserve ainsi sa liberté d'innovateur tout en minimisant ses investissements personnels, il n'en va pas de même pour l'institution : elle a, par le cumul de ces situations, tendance à développer un processus d'innovation velléitaire, agité mais peu finalisé.

La seconde forme de départ est la plus évidente. Elle consiste à rejoindre les fonctions fossilisées que recèle n'importe quelle entreprise. Services fonctionnels sans écho, activités de gestion redondantes, secteurs entiers phagocytés par des alliances conservatrices, services en voie de dépérissement ou services à vocation symbolique. Il existe dans ces lieux le moyen de se mettre à l'écart de la violence des rapports sociaux.

Au pire, l'acteur las peut toujours rejoindre les rangs des « bras cassés ». Et ces rangs s'épaississent. Ils ramassent et protègent, pêle-mêle, ceux qui ne peuvent plus travailler, faute de pouvoir jouer dans le système de l'innovation, ou d'y avoir trop joué.

La sortie idéale existe, elle correspond à un passage de la position de professionnel à celle de hiérarchique à propension innovatrice. Elle existe, et même fréquemment. Mais l'observation met en évidence l'ambiguïté de cet équilibre apparent : la mobilité verticale fondée sur la lassitude d'entreprendre, s'accompagne souvent d'une volonté d'accompagner les changements sans trop de trouble. Il s'agit plus d'une capacité à intégrer sans s'y opposer les innovations des professionnels que d'une capacité à les animer.

La logique informationnelle risque ainsi de consommer ses forces d'innovation au profit de celles du retrait, de l'anomie ou de l'intégration à la logique managériale. Elle produit simultanément un flot continu de nouveaux innovateurs. Mais ce mouvement n'est ni suffisant ni salutaire s'il tend progressivement à montrer qu'entreprendre ne peut être qu'un moment de la vie professionnelle, un moment difficile et mal récompensé.

Il existe dans certains groupes d'innovateurs une réelle lassitude du face à face, de la mobilité et de l'innovation. La contradiction entre la rationalité stratégique et l'identité est patente. Certains professionnels acquièrent ainsi des normes de relations et des valeurs qui traduisent un apprentissage culturel bien particulier : celui d'une logique d'innovation, qui ne peut s'exercer durablement ni se solidifier dans la violence quotidienne et « libérale » des rapports sociaux. Les limites de l'acteur peuvent alors donner raison à la loi : retrouver une fonction faute de pouvoir assurer la permanence de ses capacités d'action. Cette ambivalence culturelle empêche de considérer le groupe des professionnels comme autonome et culturellement achevé. Au contraire, il semble parfois se définir de manière contre-dépendante par rapport aux directions, ce qui ne saurait se confondre avec les marques d'une réelle indépendance.

Le trouble organisationnel de la logique informationnelle ne laisse donc pas place à une auto-régulation du système social. La capacité collective à innover s'opère trop souvent à un coût élevé pour l'acteur. L'anomie qui existe dans les situations décrites reflète l'« indétermination des règles » qui rend possible la « lutte de tous contre tous » (12).

La fragilité de cette situation repose sur une double incapacité du management : celle d'accepter de gérer explicitement son désordre, celle de tirer parti de sa déviance en la soutenant.

---

(12) J.D. REYNAUD cite T. HOBBES dans cette perspective. *Op. cit.*

CHAPITRE VI

LA GESTION DES INCERTITUDES

A la condition d'être considérées comme des ressources pour l'entreprise, à la condition également de soutenir la déviance des acteurs, la gestion des incertitudes peut devenir un objectif.

Ce changement suppose que le management se mette au service de l'esprit de l'entreprise et non l'inverse. Il repose sur une mobilisation des jeux offensifs, des différences culturelles et sur le renoncement à la rationalisation systématique du travail, l'éradication permanente des « flous » de l'organisation.

Il faut alors imaginer une absence, ou une dilution des modèles d'organisation. Cette idée ne saurait cependant être confondue avec celle d'un modèle de fonctionnement spontanéiste et communautaire. Il s'agit plus simplement d'autoriser les fonctionnements informels et la participation spontanée.

Plusieurs pistes peuvent alors être considérées. Elles s'écartent radicalement du pacifisme, de la bienséance et des nouveaux « one best way » proposés par le management participatif. Elles aboutissent à la notion de démocratie, idée banale mais rarement mise en œuvre dans l'organisation.

1. ACCEPTER LA DIFFÉRENCE

Un renversement radical de la proposition de fusion culturelle mérite attention.

La fusion neutralise la mise en œuvre constructive des différences et sur deux plans distincts. Il existe une relation étroite entre l'intensité des oppositions et celle de l'innovation. Une série de cercles de qualité appliqués à la lettre ou l'énonciation de valeurs catéchistiques, n'ont ainsi jamais troublé l'ordre. Par contre, si des projets antagoniques appuient la transformation de métiers, de l'organisation et de « l'état d'esprit », tout tremble et réagit. L'affaiblissement des différences culturelles se paie également par un affaiblissement identitaire de l'institution. Les négociations entre innovateurs, légalistes et dirigeants contribuent en effet à structurer des positions stratégiques claires.

La fusion culturelle, associée à la mise en œuvre de solutions considérées comme bonnes *a priori*, repose ainsi sur un malentendu fondamental : l'acceptation passive du changement est interprétée comme sa réussite économique. En tentant de programmer et de contrôler la « culture de l'entreprise », le management verrouille les négociations de fond. Il interdit, par la neutralisation du conflit, l'apparition et le développement de logiques nouvelles.

A l'inverse de cette perspective, l'entreprise pourrait positivement s'ouvrir à tous ceux qui, par « manque de conformité » sont mis à l'écart du système social et même de l'organisation. Ils ont souvent en commun d'être sous-utilisés, de le regretter et d'être prêts à saisir des opportunités de jeu et de travail.

L'inégalité entre compétences et situations professionnelles féminines d'une part et compétences et situations professionnelles masculines d'autre part est patente (1). L'appartenance sexuelle continue à jouer de manière discriminante dans l'attribution des fonctions.

Cette mise à l'écart n'est ni légale ni technique. Les règles de recrutement des entreprises n'y contraignent que rarement et les connaissances des femmes leur permettraient d'occuper des postes considérés comme plutôt masculins. Le clivage s'opère par le biais de l'institution qui identifie les femmes

---

(1) Par exemple, à la sortie de l'université, dans les formations à la gestion, 52 % des hommes occupent un emploi de type « supérieur » et seulement 36 % des femmes. Cf. A. CHARLOT. « Les universités, le marché du travail et les emplois : monopole, concurrence et déclassement ». In *Formation-Emploi*, n° 3, 1983.

à l'exception, à l'a-normal, en tout cas dans les postes à responsabilité.

Ce mécanisme ostraciste opère de façon identique pour les « cosmopolites » de l'entreprise, définis par une logique culturelle dépassant le cadre de l'organisation. On retrouve ici, pêle-mêle, l'ensemble des professionnels dont les connaissances supposent l'appartenance à un milieu dépassant les frontières réglementaires fixées à l'exercice de la fonction. Spécialistes d'un savoir fondé sur l'existence d'un réseau inter-institutionnel, ils ne peuvent valoriser que partiellement cette extériorité. Elle est en quelque sorte autorisée dans l'exercice de la tâche, mais difficilement tolérée dans le rapport à l'institution. Technologues, formateurs, commerciaux, financiers, organisateurs et bien d'autres sont ainsi amenés à disposer d'un champ perceptif plus large que celui de la fonction formellement attribuée. Mais cet atout culturel considérable n'est valorisé par l'institution que dans le cadre de leurs droits et devoirs. Au-delà, ils doivent prendre en charge eux-mêmes, au prix d'un investissement personnel considérable, l'exploitation de leur différence.

Militants syndicaux, élus de collectivités locales, acteurs de mouvements sociaux divers ont également à leur disposition des représentations critiques qui manquent à l'institution. Mais dans ces cas, l'exploitation des connaissances est également limitée par le principe normatif des milieux où ils se trouvent.

Exception faite pour les hauts niveaux hiérarchiques, être « étranger » par rapport à un métier donné est mal rétribué ou mal accepté. Un informaticien qui souhaite exercer son savoir en dehors d'un service informatique est encore, malgré la volonté de banalisation de ses connaissances, « original ». Un commercial qui souhaite s'investir dans la gestion de production doit « filer droit ». Un formateur qui s'avance sur les rivages féconds de la finance garde son « image de marque ». Ce type de position se développe, et en particulier sous la houlette du principe de mobilité. Mais le mobile a, de toute évidence, plus intérêt à s'adapter au milieu qu'à tenter l'inverse. La mobilité perd alors en chemin une large partie de son potentiel créateur.

A une intégration active de la différence, bon nombre d'entreprises privilégient les cultures normatives. Des jeunes cadres, largement diplômés, présentés comme les rénovateurs de l'institution, sont ainsi parfois trop naïfs pour s'opposer sérieusement à l'esprit maison. Persuadés qu'ils sont que l'entreprise a des objectifs légitimes, qu'elle saura récompenser leur loyauté et leur efficacité, ils comprennent mal la déviance, l'interprétation des règles et l'auto-organisation. Disposant d'un capital de connaissances et d'une volonté d'aboutir souvent considérables, ils sont encore vierges de projet personnel mais puissants de celui de l'entreprise.

La gestion active de la différence culturelle ne peut donc s'opérer en s'appuyant sur les seuls représentants du « sang neuf » qui croient que parler la même langue pour traiter les mêmes objets est le moyen unique de leur propre réussite et de celle de l'entreprise. Le changement suppose de s'appuyer sur des forces endogènes qui ont appris, au cours de leurs expériences, à disposer d'un projet relativement indépendant.

L'accompagnement et le soutien de leurs actions deviennent alors le moyen essentiel de valoriser la différence culturelle et, plus encore la déviance.

2. SOUTENIR LA DÉVIANCE

Le libre accès à la formation et à la transgression de la division du travail devrait représenter une ressource considérable pour les porteurs de l'innovation, trop souvent obligés de se battre pour disposer de ces espaces.

La formation est un thème trop débattu et trop complexe pour l'aborder de façon exhaustive. Retenons ici quelques pratiques originales qui font de cet investissement un moyen de transformation de l'entreprise et pas seulement un moyen d'acquisition de savoirs nouveaux.

a) Le libre accès aux séminaires, réalisé dans des entreprises dites « high tech », repose sur l'autodéfinition des plans de formation ; il réduit trois coûts supportés par les procédures classiques :

— l'investissement personnel préalable pour parvenir à participer à l'enseignement souhaité (les programmes restent encore souvent définis et proposés en fonction des statuts et non des activités réellement exercées) ;

— l'investissement représenté par les formations obligatoires qui ne correspondent ni aux métiers, ni aux polarisations culturelles ou stratégiques des acteurs ;

— les coûts de gestion et de programmation de séminaires définis par rapport à des besoins généraux, à des contraintes de planification, et non par rapport aux besoins spécifiques de fonctionnement des services.

b) La surabondance de formation apparaît par ailleurs comme une situation économiquement logique et comme le corollaire de l'autoformation. La mobilité et la complexité des connaissances ne peut se satisfaire de programmes de formation contraints par la pénurie, même relative, de leur capacité d'accueil, et de la palette des « produits » disponibles. Considéré comme un outil de travail essentiel, le savoir ne peut s'intégrer dans une politique strictement programmée de la formation. Celle-ci doit se rapprocher des pratiques réelles de l'entreprise, lesquelles reposent sur une fluidité et une disponibilité maximum des savoirs.

c) La formation demeure trop strictement technique. Elle diffuse des savoirs dits opérationnels, directement centrés sur l'activité exercée, ou au contraire, s'échappe vers des connaissances extrêmement générales et peu structurées. Un domaine très vaste demeure peu couvert, ou en tout cas pas de façon active : celui des connaissances concernant le fonctionnement réel de l'entreprise. Des enseignements de ce type, centrés sur la compréhension des mécanismes de l'organisation du travail, de la stratégie des différents acteurs et de l'entreprise dans son ensemble sont pourtant des ressources culturelles considérables. Elles accélèrent le processus d'enrichissement des représentations, nécessaire au développement de stratégies d'innovation. Concrètement, ce type d'enseignement aide à identifier des espaces de jeux, des modes de fonctionnement ou des produits « oubliés » par l'institution et réinvestis par l'acteur.

d) Dans la même perspective, des séminaires théoriques ne peuvent qu'être les bienvenus. Des conférences de philosophie ou d'histoire par exemple, offrent l'occasion unique d'avoir quelque humilité par rapport aux certitudes conventionnelles. Elles représentent un moyen d'acquérir la distance critique qui permet de distinguer les dogmes des principes opératoires et les discours normatifs des idées pertinentes pour l'acteur. Ce type d'enseignement cultive la capacité à distinguer et donc à agir. Il ne peut en aucun cas se confondre avec les séminaires « originaux », centrés sur le rapport au corps, aux astres, au risque physique ou à la transformation de quelques éléments de psychologie en jeu de go : ceux-ci tendent au contraire à développer l'esprit d'allégeance et d'appartenance à une idée et une seule de l'organisation.

e) La formation, conçue comme un espace destiné à traiter les connaissances capitalisées dans l'exercice de la profession, peut également devenir un lieu d'élaboration, de synthèse et de formalisation des savoirs « réels ». Ces rencontres sont l'occasion de tirer les leçons des expériences, des pratiques mises à l'épreuve des faits et d'en connaître le « mode opératoire ». Accélérant ainsi la constitution des cultures professionnelles, la formation devient un lieu de traitement de problèmes techniques, stratégiques ou identitaires : elle structure et enrichit le réseau (2).

Ces pratiques et ces cibles de formation correspondent à la nouvelle contrainte des entreprises : passer de l'application de savoirs à l'acquisition de savoirs permettant d'innover et, pour ce faire, de jouer.

Mais elles ne peuvent opérer sans une modification simultanée des structures de travail et de négociation.

Les conflits, frictions et luttes intestines décrits à propos de l'enjeu de la division verticale du travail sont coûteux, pour les professionnels, pour les hiérarchiques et pour l'institution dans son ensemble. La division horizontale du travail pose un problème encore plus complexe. Taylor est peut-être moribond, mais pas Fayol. Le cloisonnement des champs d'intervention des différentes directions reste souvent imperméable aux sollicitations des innovateurs et contrecarre la nécessaire transversalité de leurs actions et de leurs connaissances.

Accentuer un recouvrement élargi des différentes zones d'intervention suppose alors de passer par une négociation institutionnelle, formelle, permettant de légaliser cette affaire et pas seulement de la tolérer.

Les procédures de négociation permettant d'y parvenir se trouvent mal adaptées. Les commissions ad hoc, généralement

---

(2) Il s'agit ici d'une simple formalisation de ce qui s'opère déjà dans certaines séances de formation. Cf. R. SAINSAULIEU, *L'effet formation, op. cit.*

réunies au sommet, mettent en scène des rôles plus que des acteurs et souffrent d'un excès de rites et tactiques procéduriers. Les groupes de travail s'y succèdent, les responsables de service y défilent et les enjeux négociables disparaissent derrière des positionnements rigides et conventionnels. Ces procédures souffrent aussi d'une fragilité permanente : il suffit que l'un des acteurs disparaisse ou change de jeu pour que tout soit à nouveau remis en question. Mais elles souffrent surtout de leur verticalité : seuls les acteurs « responsables » peuvent provoquer une négociation formelle sur l'organisation. Les autres pas.

Un élargissement du droit de saisine de la négociation représente une ressource essentielle au dépassement de ces blocages. Réalisé à la demande de la base ou du sommet, ce type de négociation, opéré au coup par coup, redeviendrait peut-être opératoire. Les observations précédentes montrent que c'est le cumul de « petites réussites » qui permet peu à peu de changer la logique de l'entreprise et non l'inverse.

L'accès élargi à la formation et à la négociation suppose de disposer du temps nécessaire pour transformer cette ressource en pouvoir. L'acceptation de rythmes d'apprentissage lents et aléatoires représente l'autre contrainte du management.

3. Perdre du temps pour gagner de la force

Bon nombre d'échecs des spécialistes de la gestion des ressources humaines sont dus à un fait trivial : les dirigeants ne savent pas gérer le temps des acteurs de l'entreprise. Voulant à tout prix adapter le social en faisant coïncider son rythme d'apprentissage avec celui des décisions prises, le management lâche la proie pour l'ombre.

Cette forme de gestion est porteuse d'un effet doublement négatif : elle ne permet pas de tirer parti des transformations en cours ; elle pénalise les apprentissages culturels en changeant constamment les règles de jeu. L'observation montre que des processus d'innovation survivent à ce fonctionnement, mais à un coût psychosociologique élevé et avec des pertes considérables pour l'institution.

L'acceptation explicite d'expériences organisationnelles, d'errements et de procédures déviantes, représente le moyen de réduire ces coûts, tout en préservant leurs avantages. Cette liberté accélère la découverte et la publicité des solutions aux problèmes de fonctionnement. Mais elle suppose d'inverser la logique managériale dominante : il devient nécessaire d'investir dans la « perte de temps » que représente ce laisser-faire momentané. Il s'agit peut-être d'une autre forme d'investissement immatériel : elle correspond à la durée requise pour que les acteurs trouvent de nouvelles marques, fassent de nouveaux apprentissages culturels. L'idée est d'ores et déjà appliquée dans certains segments des organisations et sur certains thèmes.

Un réseau de PME agro-alimentaire a par exemple décidé de renoncer aux schémas directeurs directifs lors de l'implantation de nouvelles technologies. Pendant plus d'une année, le travail des opérateurs s'élabore à l'intérieur d'une loi-cadre. Celle-ci définit des programmes de formation et des modes opératoires rudimentaires, en particulier ceux qui concernent les relations avec les services fournisseurs ou clients. Pendant toute cette durée, le système technique est en quelque sorte laissé à vau-l'eau. Investi de logiques contradictoires, il trouve progressivement son sens et sa légitimité organisationnelle. Le bureau des méthodes n'intervient sur les formes « d'appropriation » qu'en cas d'oppositions irréductibles entraînant une sous-utilisation des matériels. A l'intérieur de la même entreprise, et avec le même type d'outils et de contraintes économiques, coexistent alors des configurations technico-organisationnelles extrêmement variées.

Dans une entreprise de services informatiques, l'affectation des cadres et la constitution d'équipes suit une logique similaire. Pendant plus d'une année, les nouveaux arrivés sont libres d'intervenir comme bon leur semble sur un champ déterminé. Ils doivent y développer un nouveau service, améliorer une procédure technique ou commerciale sans avoir de mode opératoire, de calendrier ou de moyens spécifiques à leur disposition. Le jeu est de se débrouiller pour inventer une mission et de découvrir les moyens pour la réaliser. La mission ne se transforme en activité, n'est conçue comme durable, qu'à partir du moment où l'institution et l'acteur souhaitent assurer sa pérennité.

Ces opérations ont un mérite : elles mettent en évidence qu'il peut être sérieux de laisser aux acteurs le temps de définir leurs propres règles de fonctionnement. Mais elles demeurent partielles : elles concernent les quelques thèmes ou populations qui ont administré la preuve de l'inefficacité de procédures plus « rationnelles ». Elles ne correspondent pas à une politique globale de gestion du personnel et de l'organisation.

L'élargissement de ces procédés à l'ensemble de l'entreprise mérite pourtant attention. La durée correspond en effet à l'apprentissage lent, complexe et contradictoire que suppose toute transformation du fonctionnement d'une organisation fondée sur la prise en compte de ses acteurs et non de ses agents.

Le désarroi de directions d'entreprises qui, malgré tous leurs efforts de motivation, voient subsister le ritualisme ou l'autorité d'antan ne s'explique donc pas uniquement pour des raisons stratégiques, de l'ordre de l'intérêt de l'acteur. Souvent, l'acteur joue contre son intérêt parce que sa stratégie s'est fossilisée dans des dizaines d'années de fonctionnement bureaucratique. La lassitude d'entreprendre qui touche de nombreux professionnels abonde dans le même sens : faute de pouvoir accéder à une identité d'innovateur avec quelque sécurité et chance de pérennité, ils sortent de cette logique pour rejoindre celle de la « sortie », de l'anomie, de l'apathie ou des rangs légalistes. Le développement d'une nouvelle logique est donc lent : il suppose que chacun puisse trouver l'opportunité de préférer un nouveau jeu aux fonctionnements antérieurs. Il repose sur un investissement délibéré dans la perte de temps.

Une mutation de ce type suppose de dépasser la seule transformation des attitudes, qui peut être réalisée par le biais d'une coercition plus ou moins subtile. La difficulté est de parvenir à trouver une cohérence nouvelle entre les différents niveaux constitutifs de l'identité professionnelle telle que la définit R. Sainsaulieu (3) et l'efficacité organisationnelle.

---

(3) L'auteur montre la nécessité d'un espace et d'un temps « protégés » des contraintes de jeu et de production quotidienne pour que les acteurs puissent réaliser un nouvel « apprentissage culturel ». *L'identité...*, *op. cit.* Et *Sociologie... op. cit.* M. CROZIER met l'accent sur des thèmes comparables. Le changement de règles du jeu ne peut s'opérer que par un nouvel « apprentissage collectif » *(L'acteur... op. cit.)* et une « professionnalisation » des hommes *(L'entreprise... op. Cit.).* L'auteur ne met cependant pas l'accent sur les mécanismes identitaires permettant cette transformation, pas plus que sur les difficultés liées à la gestion du professionnalisme.

L'évolution du service « contentieux » d'une entreprise montre bien cette articulation. Récemment créé, le service développe une activité d'une qualité inattendue. Il a initialement peu de ressources et de reconnaissance. Le responsable nommé est « trop gradé » par rapport au poste. Deux des quatre agents qui l'accompagnent sont d'anciens responsables syndicaux mal accueillis dans les services plus « installés ». Les moyens matériels mis en œuvre (bureaux, téléphones, informatique) sont manifestement peu adaptés aux contraintes de travail et même aux normes habituelles en la matière.

Mais le réseau professionnel du groupe, plus étendu que celui de salariés « conformes », permet de réunir des connaissances, internes et externes, suffisamment précises pour faire l'objet d'actions positivement remarquées. Cette première vague de travail inventif permet dans un second temps de créer de nouveaux emplois pour le service et de structurer le réseau d'échange extérieur (créanciers, institutions judiciaires). La stratégie du groupe repose sur cette externalisation des négociations mais aussi sur un rapport bien spécifique aux conventions organisationnelles. La délégation de signature est fréquente dans le service, même si elle présente des risques. Le piratage des informations d'autres services et l'empiètement sur leurs zones de compétence sont justifiés par la référence aux contraintes économiques. Le groupe, ainsi que son réseau interne et externe, se présentent progressivement comme une bande qui opère dans l'ombre mais dont l'efficacité est reconnue par tous.

Ce cheminement est erratique, fragile, composé simultanément de forces de progression et de régression. Il illustre bien l'intérêt de perdre du temps (Tableau 12).

— L'acquisition des connaissances et des savoir-faire nouveaux requiert, hormis les séances de formation technique, un temps d'apprentissage sur le tas qui permet d'acquérir une véritable capacité d'expert : chaque agent met ici environ une année pour maîtriser les connaissances juridiques et financières spécifiques à ce type d'activité.

— La maîtrise de ce nouvel atout permet de définir de nouvelles stratégies et alliances. Cette mutation suppose de laisser le temps d'apprendre à jouer autrement, à définir progressivement un nouvel espace de relations. La durée est ici nécessaire pour que le groupe jouisse d'une position identi-

Tableau 12 — *La « perte de temps » : un investissement rationnel*

Thèmes de la transformation	Investissement en temps	« Retours »
Connaissances	Apprentissages et découvertes	Compétence
Conflits	Blocages, incertitudes et désordre	Traité de paix et négociation
Valeurs	Processus de « rationalisation »	Identité
Légitimité	Négociations, reconnaissances mutuelles	Régulation
Efficacité	Définition de nouveaux objectifs	Efficacité organisationnelle

fiable dans le système social : contrôlant des incertitudes et reposant sur un réseau.

— Le conflit qui provient de l'émergence du nouveau groupe est essentiel. Il permet de stabiliser l'organisation comme un « traité de paix » entre les acteurs et non comme une loi extérieure. Son existence suppose d'accepter des périodes de blocage et de désordre parfois longues. Dans ce cas précis, le groupe du contentieux a d'abord dû travailler seul ou presque. Les autres services acceptaient mal la centralisation des activités contentieuses dans un seul lieu. Ils supportaient encore plus mal les méthodes de travail « cavalières » de ceux qui s'y trouvaient. Dans un deuxième temps, le groupe a su montrer suffisamment d'efficacité pour être reconnu par la direction, puis être accepté par d'autres services.

— La transformation des valeurs assure à l'acteur sa consistance identitaire, la possibilité de trouver intérêt à sa position de travail. Ce changement, qui correspond à une « rationalisation des ressources », au sens psychologique du terme, suppose d'avoir le temps d'hésiter, de se troubler et souvent de rêver. Le caractère marginal du groupe est ici essentiel. Il permet de disposer de ce temps. Aucune contrainte précise, au moins au départ, ne lui est imposée en terme de charge de travail ou de procédures.

— La légitimité de l'organisation retenue, l'acceptation du traité de paix, s'appuient sur des mécanismes complexes de reconnaissances mutuelles. Ces échanges lents et aléatoires sont essentiels pour assurer la régulation de l'ensemble. Ils correspondent dans le cas étudié au lourd travail de constitution du réseau extérieur, puis de mise en œuvre de procédures d'évaluation destinées à montrer le bien-fondé des actions menées.

— L'efficacité du service passe par une capacité collective à inventer un « produit contentieux » qui s'appuie sur la mise en œuvre d'une nouvelle organisation et sur la définition de nouveaux objectifs.

4. Rétribuer l'acteur, pas l'agent

L'entreprise a pris l'habitude de gérer des fonctions et de se désintéresser de la gestion des pouvoirs informels. Elle définit ainsi des organigrammes abstraits qui reflètent peu les pratiques et abandonne celles-ci à la brutalité du système social.

Les observations montrent que cette ambiguïté peut assurer la dominance de la régulation sur la seule réglementation, mais aussi que les efforts consentis pour y aboutir sont lourds, trop parfois, pour assurer une pérennité à ce type de fonctionnement. Le soutien à l'innovation suppose alors de repenser la distribution des pouvoirs formels et informels.

Les entreprises souffrent du pouvoir établi et protégé par des groupes puissants, « parvenus ». Leur situation de monopole stratégique ralentit l'élargissement de la scène de l'action. Elle diminue de ce fait les capacités de transformation de l'entreprise.

Le cas des grands corps de l'État français est l'illustration parfaite de cette situation. La réussite, à vingt ans, d'un concours de recrutement difficile, permet d'accéder par la suite au quasi-monopole des positions d'influence d'entreprises, publiques, et parfois privées. Les cadres qui ne disposent pas de cette reconnaissance initiale ne peuvent plus ambitionner que des postes relativement subalternes. Leur motivation s'adapte à cet horizon. Les grands corps de l'État assurent ainsi la pérennité et l'étroitesse de l'espace de jeu des autres.

A ce modèle de fonctionnement, la logique informationnelle n'est pas étrangère. Elle rencontre des corps, et les clans y existent. Spécialistes de l'informatique, du marketing, de la finance, ou des ressources humaines défendent ainsi parfois les positions d'influence de leur métier pied à pied. Ils interdisent aux autres l'accès au savoir qui permettrait de pénétrer l'espace de jeu qu'ils contrôlent. Ces chasses gardées favorisent le cloisonnement horizontal des structures, limitent la mobilité des pratiques ou des connaissances et épuisent les capacités de transformation de l'institution.

De même, les positions de force, non fondées sur la compétence mais sur une appartenance juridico-administrative, se doublent d'avantages symboliques ou pratiques qui accentuent le sentiment d'altérité des autres : conférences, formations, libertés et reconnaissances de toutes sortes y sont un droit et un privilège.

La situation demeure donc influencée par l'héritage de fonctionnements « industriels ». Les rétributions matérielles et symboliques demeurent souvent fonction du statut d'appartenance, de la capacité d'allégeance aux logiques directoriales ou de la capacité d'autosurmenage. Pour changer de situation les innovateurs doivent alors intégrer un statut plus avantageux et pour ce faire, ils doivent changer de jeu. La fermeture de certains métiers tient aussi à ce phénomène.

Son dépassement supposerait de repenser trois formes de rétributions.

a) Les grilles de rétributions matérielles et symboliques. Elles amènent mécaniquement à donner plus aux classifications formelles et moins à l'activité réellement exercée. Cette situation accentue, en le matérialisant, le clivage entre ceux qui jouissent d'un statut social fort et ceux qui en pâtissent.

b) Le volume et les formes de rémunération. L'« argent » demeure ou devient un facteur de mobilisation : il traduit concrètement l'appartenance à une aventure difficile, celle de l'entreprise. Le partage des bénéfices financiers est une question de fond : on ne peut à la fois demander de « prendre l'entreprise en charge » et rétribuer en fonction d'une grille de salaires fondée sur l'organisation industrielle d'hier ou la situation de « crise économique qui nous guette encore ».

c) Les « rétributions organisationnelles ». Souvent clandestines, elles participent autant à la régulation du système de l'innovation. Mal gérées, ignorées ou cachées, elles méritent pourtant d'être identifiées et prises au sérieux. Plus que les rétributions de l'ordre de l'amour et de la « convivialité groupale », qui caractérisent trop souvent les volontés de payer autrement. Tout un pan du management des ressources humaines pourrait alors être repensé dans cette perspective de redistribution du pouvoir et favoriser :

— un élargissement de l'espace et de la durée laissés à l'expérience, aux soutiens matériels ou à la légitimité institutionnelle ;
— l'acceptation d'identités professionnelles durables par le développement des mobilités horizontales ;
— la définition de responsabilités ou postes sur mesure partant des compétences et de la logique de l'acteur et non des « besoins recensés » ;
— la possibilité de pouvoir disposer de temps libre, d'une certaine tranquillité, le temps de « reprendre ses esprits ».

Les organisations bureaucratiques et tayloriennes payent le respect de l'ordre. La logique informationnelle devrait rétribuer la prise en charge du désordre par les acteurs.

Ces « méthodes » ne peuvent cependant concerner ceux qui ne disposent pas de capital stratégique et culturel. La gestion de la déviance ne convient pas aux exclus, contraints au conformisme, à leur rôle. Leur intégration à l'organisation, conçue à partir de postes de travail ouverts, et fondée sur un effort de formation, est à l'évidence une bonne solution. Mais elle n'assure par leur participation au système social.

L'égalité de position suppose, pour ce groupe, un apprentissage accéléré de connaissances techniques, mais aussi de connaissances générales et de situations leur permettant d'apprendre à jouer.

Certains ont recouvré des positions d'acteur dans des situations bien particulières (4). C'est le cas d'employés aux écritures pour lesquels le développement du commercial a été l'occasion d'un accès à la reconnaissance, à l'autonomie, mais aussi au risque. C'est le cas de dactylographes ou d'ouvriers non-qualifiés qui ont pu tirer parti des nouvelles technologies. C'est aussi le cas de cadres ou d'employés des « Services Généraux » pour lesquels le développement et la complexification des activités logistiques ont permis de recouvrer un potentiel stratégique.

---

(4) N. ALTER, *La bureautique... op. cit.*

Dans tous ces cas, souvent bien plus par un effet de système que par celui d'une politique volontariste de l'entreprise, les opérateurs ont pu disposer simultanément de trois types de ressources qui leur ont permis de se redéfinir une compétence, des enjeux et une logique spécifiques.

— Le temps libre, sous forme de séminaires répétés, d'inactivité déguisée ou d'espaces-temps oubliés par l'organisation, a été exploité pour assurer l'acquisition d'une compétence professionnelle adaptée aux incertitudes du service d'appartenance.

— Une large affectation, en moyens matériels, relationnels ou savoirs particuliers, nécessaires par ailleurs aux stratégies des professionnels, a conduit ces derniers à s'allier avec les exclus.

— Le droit à l'errement et à l'expérience, plus encore qu'ailleurs, a été essentiel : vingt années de passivité obligée produisent une culture dont on ne se défait que lentement.

Le « clonage » de ces mutations est à l'évidence irréalisable : on ne peut délibérément reproduire un fait social. L'analyse des éléments favorisant ces transformations donne cependant une perspective opératoire, quoique paradoxale. Disposer, pour les exclus, de postes de travail « à incertitude » est fondamental : c'est ce qui donne une part de libre arbitre. Mais il faut simultanément disposer d'une situation permettant de se munir du capital technique, stratégique et culturel pour entrer en jeu. L'acquisition de ce capital repose au moins sur les trois ressources identifiées.

L'intégration des exclus demeure le problème de fond de l'entreprise : elle doit parvenir à investir longuement avec comme objectif unique une transformation culturelle. L'efficacité et l'efficience, plus encore pour ce groupe que pour les professionnels, reposent donc sur la volonté de soutenir et préalablement de créer une capacité critique, la déviance.

Celle-ci représente finalement l'une des grandes contraintes de la gestion contemporaine des entreprises. Elle devient économiquement fondamentale, car l'innovation passe toujours, au moins partiellement, par la périphérie de l'institution. Elle suppose d'inverser les pratiques dominantes du management : en favorisant le cosmopolitisme, le libre arbitre et le développement de rétributions de « citoyens professionnels ».

5. Accepter le conflit

Les changements nécessaires à la transformation de l'entreprise ne passent pas nécessairement par le chemin tortueux des luttes d'influence et de l'hésitation institutionnelle décrites dans les chapitres précédents. Certaines entreprises parviennent à exclure, à neutraliser ou à canaliser ces tourments avec succès. Mais à un coût élevé.

L'exclusion des conflits n'est en effet pas plus salutaire que la volonté de fusion culturelle : le conflit représente un moyen de mise en œuvre de l'innovation. Il est le passage obligé d'une modification réelle des fonctionnements car tout changement profond heurte les pouvoirs établis. Neutraliser le conflit revient alors à neutraliser toute forme d'innovation non programmée.

Le champ des nouvelles technologies est un exemple parfait de cette idée. Trois méthodes permettent, plus ou moins bien, de réduire la dimension conflictuelle des changements technico-organisationnels : la programmation, la participation préalable et l'ignorance de l'appropriation.

a) La programmation consiste à réaliser un schéma directeur rigide, ainsi qu'un double enseignement : celui de l'unicité du mode opératoire de l'outil et de son champ d'application. Méthode généralement utilisée pour la mise en œuvre de l'informatique ou de l'automation dans les années soixante, elle a encore bien du succès auprès des entreprises qui découvrent les nouvelles technologies. La conception du système technique ainsi que les connaissances rudimentaires des opérateurs empêchent toute possibilité de transgression inventive des usages. Les pannes, la sous-utilisation, les redondances et les retards sont le lot de ces premières formes de modernisation. Mais elles s'opèrent dans le calme et l'inertie. Chacun reste à sa place, personne ne prend d'initiative particulière : il n'y a ni déformation des usages, ni transgression des règles d'organisation, ni conflit manifeste. Il n'existe que des résistances latentes.

b) Conscient de cette difficulté, le management développe aujourd'hui des procédures d'introduction participative du changement. L'information préalable, l'explication des potentiels technologiques, et parfois même la négociation de dimensions organisationnelles, ont pour objectif de créer un accord sur un projet commun et consensuel. La plupart du temps, la réussite de ces procédures est apparemment forte. Les responsables du projet ne négocient que des enjeux mineurs. Les opérateurs se trouvent par ailleurs suffisamment prisonniers de leur méconnaissance des possibilités techniques pour ne pas trop déséquilibrer l'édifice. L'opération se réalise donc avec une conflictualité relativement faible. Les directions supposent que les « résistances au changement » sont dépassées. Et c'est vrai. Par contre, l'appropriation active du système technique, celle qui permet de circonvenir à ses insuffisances ou de l'optimiser, demeure faible. En effet, la négociation n'étant que préalable, en amont seulement des pratiques, elle s'opère avec des agents, et non pas des acteurs : les opérateurs, faute d'avoir eu le temps de découvrir les enjeux stratégiques de la technique n'ont pas négocié en connaissance de cause. Ils se trouvent alors doublement phagocytés : par le système technique et par la légitimation qu'ils ont accordée aux choix opérés.

c) Mais pour éviter le conflit, la « meilleure solution » est l'exclusion de tous ceux qui pervertissent trop le projet initial. On autorise ainsi des aménagements limités au poste de travail. Par contre, la volonté de modifier la nature même des produits ou de l'organisation se traduit par la mise à l'écart des fauteurs de troubles. Concrètement réalisée par l'affectation à un autre poste et surtout par la soustraction des ressources stratégiques permettant de jouer ce genre de jeu, cet arbitrage n'est guère performant. Il permet d'éviter les oppositions avec les bureaux des méthodes ou les groupes légalistes mais ne permet pas de tirer parti du potentiel technologique et humain des services.

L'exclusion du conflit permet donc de maintenir l'ordre. Mais dans ce cas les changements restent mineurs. Leur champ est limité par une volonté qui dépasse la logique économique de l'entreprise : celle de préserver le *statu quo* stratégique. Ce type de fonctionnement s'avère donc coûteux : il exclut toute optimisation et toute appropriation des matériels. Le prix à payer par l'entreprise pour préserver la paix sociale est donc ici élevé.

Ces faiblesses sont liées au fait que le management, s'il a modernisé ses pratiques, n'a fondamentalement pas modifié sa conception de « l'homme au travail ». Celui-ci reste identifié comme un « agent », l'élément d'un dispositif organisationnel, que l'on peut contrôler et orienter à l'aide de méthodes éprouvées.

En refusant de considérer l'importance et la diversité des pouvoirs informels, ainsi que la complexité des apprentissages culturels, bon nombre de spécialistes de la gestion des ressources humaines, même s'ils ont récemment changé de « boîte à outil » demeurent ainsi prisonniers de leur conception rationnelle et fonctionnaliste de l'organisation. Cherchant à édicter des règles et des normes de fonctionnement sans prendre en compte le système social de l'entreprise, ils occupent une position particulièrement ambiguë. Porteurs de certitudes, ils rassurent. Mais leur crédibilité s'use au fur et à mesure que l'entreprise gère des jeux d'une complexité croissante.

Les méthodes et les concepts de référence du management sont en fait adaptés à un univers dans lequel l'organisation peut se permettre d'être stable et de s'appuyer sur des agents apparemment contrôlables. Mais le monde change : il s'agit maintenant de gérer la mobilité d'un univers chargé de désordre et d'acteurs.

Les observations montrent pourtant que « le bébé » ne saurait être « jeté avec l'eau du bain ». Les méthodes participatives, en multipliant les lieux et les moments de formation et d'information appuient parfois le professionnalisme : le développement d'un esprit critique concernant l'identité même de l'organisation, la volonté de participer plus ou autrement, la recherche de sources d'influences personnelles et la découverte d'alliés en sont quelques exemples.

Ne correspondant pas aux objectifs initialement prévus, ces manifestations font l'objet d'un délaissement institutionnel et parfois d'un masquage de la part des promoteurs du participatif. Cherchant à promouvoir l'esprit maison, ceux-ci découvrent l'esprit d'entreprendre et préfèrent changer de méthode plutôt que de tirer parti de cette mobilisation inattendue. L'effet est alors considéré comme négatif, opposé aux résultats attendus de l'investissement.

Dans une perspective dynamique, ces dérives pourraient être gérées comme un errement salutaire. Canalisées et activées, elles deviendraient des ressources au même titre que l'ensemble des incertitudes liées aux investissements immatériels. Reconsidéré dans cette perspective, le management participatif pourrait alors être soutenu. Il a en effet un avantage considérable, au même titre qu'un schéma directeur informatique. Il rassure parce qu'il est raisonnable. On pourrait donc souhaiter son développement, qui permet d'entrer au cœur du jeu social sans le dire. Ce serait aussi le moyen de ne pas se heurter frontalement avec ses hérauts et soldats.

Cette gestion par la crise ne saurait cependant faire l'économie d'une modification substantielle des images de l'organisation.

6. OUBLIER LES MODÈLES

La force intellectuelle d'un modèle d'organisation conduit à ne traiter que les problèmes et les solutions reconnus et identifiés par celui-ci. Bon nombre de ressources et de contraintes échappent alors au regard. Les entreprises en arrivent ainsi à ne traiter qu'une partie du réel, celui qui passe par le prisme du modèle (5).

La volonté de changer une organisation en passant d'un ensemble de règles et de systèmes d'information considérés comme désuets et non performants à un autre ensemble, considéré comme parfait, ne tient pas seulement à une volonté de contrôle social de management : il s'agit aussi d'une crise de ses représentations. Faute d'avoir pu apprendre à négocier et à penser le désordre, il se trouve conduit à ordonner, tout en sachant parfois qu'il faudrait faire autrement. Certaines directions font ainsi l'impasse sur leur intime conviction, parce qu'elles ne peuvent ni l'expliciter, ni la jouer. Elles continuent alors à élaborer des méthodes de travail en sachant pertinemment que ces nouvelles règles ne règlent pas grand-chose.

Il existe pourtant une relation proportionnellement inversée entre la perfection du modèle d'organisation retenu et la capacité à tirer parti des ressources humaines. Cette déduction

---

(5) D. DESJEUX, distingue des phénomènes de nature comparable. Au Congo, le paysan est généralement considéré par les observateurs comme un « agent », l'élément indifférencié d'une communauté villageoise, qui ne joue pas, qui respecte la tradition indépendamment des contraintes de production. Ce comportement est pourtant adapté à la gestion des incertitudes locales, plus qu'une quelconque organisation scientifique, qui les néglige. *Stratégies paysannes en Afrique Noire. Essai sur la gestion de l'incertitude*, Éd. L'Harmattan. Paris 1987.

n'est polémique, ou ce résultat surprenant, qu'en apparence. Les modèles d'organisation actuels sont en effet chargés d'une lourde hérédité, celle de l'organisation scientifique du travail, qui consiste à définir un fonctionnement idéal en faisant deux postulats : qu'il est nécessaire de réduire les incertitudes, que la validité du modèle est certaine. Ce double verrou intellectuel conduit, hier ou aujourd'hui, à favoriser le traitement des seuls problèmes et solutions considérés comme sérieux, scientifiques et rationnels. On tend ainsi à gérer le modèle au détriment du réel par calcul, mais aussi par déficit et héritage culturels. La filiation se repère dans deux perspectives.

a) On privilégie les méthodes totalisantes qui permettent :
— de définir des poliques globales cohérentes et planifiées ;
— de bénéficier ainsi de l'aval des directions générales ;
— de mettre en œuvre des méthodes de travail qui demeurent dans la lignée de leurs aînées scientifiques et qui dérangent donc peu ;
— d'éviter des négociations de fond en multipliant les animations.

b) On oublie les pratiques localement performantes qui s'écartent du champ d'identification du modèle parce qu'elles reposent sur :
— des procédures dont la technicité conduit à la transgression des règles ;
— des valeurs qui correspondent aux missions, publiques ou privées, de l'entreprise, mais pas aux objectifs qui y sont définis ;
— des exercices de l'autonomie opposés à l'idée même d'organisation.

Cet héritage de l'organisation scientifique du travail permet parfois aux directions de supporter l'écart entre leur intime conviction et la nature de leurs décisions. Celles-ci sont donc autant une rationalisation au sens psychologique qu'organisationnel du terme.

Il est possible de modifier, au moins partiellement, ce fonctionnement, en inversant son principe directeur. Au lieu de s'appuyer sur des postulats pour définir les modes opératoires et l'organisation de l'ensemble, il s'agirait de repérer les écarts à la règle porteurs de solutions endogènes, pour les intégrer au plus haut niveau institutionnel.

Un travail de « veille organisationnelle » pourrait soute-

nir et accélérer les processus assurant le passage du caché au public, de l'innovation à l'institution (6).
— Le retour au réel s'appuierait sur l'analyse des solutions endogènes développées par l'organisation.
— L'identification de ces réponses passerait par une analyse du système social qui les porte.
— Ces deux premières tâches permettraient de connaître l'existence et la nature de processus créateurs de réalisations et de régulations adaptées à leur environnement local.
— Cette démarche supposerait de différencier les rôles : ceux de la prescription et ceux de la description, généralement confondus dans les entreprises.
— La veille organisationnelle reposerait sur une double liberté : celle de l'autonomie par rapport aux instances dirigeantes, pour intervenir en fonction d'une démarche compréhensive et non normative ; celle de l'impertinence par rapport à ces mêmes instances, trop souvent aveuglées par l'humilité de bon aloi dont font preuve les différents conseillers, internes ou externes.
— Ce travail ne saurait en aucun cas s'appuyer uniquement sur des spécialistes, lesquels se caractérisent trop souvent par une distance excessive par rapport au terrain et par une proximité malheureuse par rapport aux modèles. L'action de retour au réel s'appuierait sur la compétence organisationnelle du terrain.
— Cette action ne saurait fonctionner sans diversifier ses commanditaires sauf à devenir la « danseuse » des puissants. L'auto-saisine et la saisine de cette fonction par n'importe quel niveau hiérarchique et type de fonction est la seule garantie de sa liberté.
— Elle devrait progressivement amener à inverser la logique managériale des ressources humaines : en partant des usa-

---

(6) Cette idée correspond en partie à celle que M. CROZIER développe dans *L'entreprise à l'écoute*. A l'évidence l'entreprise doit apprendre à se connaître, à connaître ses régulations sociales. Mais la gestion de cette écoute n'est pas une affaire simple. Pour être légitime et durable elle doit être autonome, à la disposition des différents acteurs de l'entreprise. M. CROZIER semble plutôt préoccupé d'en faire un outil des directions. L'importance que l'auteur attache à ce niveau d'action pour promouvoir le changement (voir également *État modeste...*) semble parfois correspondre à la seule volonté de moderniser une régulation centralisée, de « contrôle ».

ges et des pratiques organisationnelles ad hoc, elle amènerait à définir des métiers ex-post, et pourquoi pas, à inventer des produits en fonction des potentiels humains disponibles. Le « banzai », en statégie industrielle, qui consiste à élaborer des produits à partir des savoir-faire de l'entreprise, est loin d'être une rêverie.

Ce traitement de l'organisation par des solutions endogènes reposerait simultanément sur une inversion de la notion de contrainte.

7. GÉRER LES RESSOURCES

M. Crozier montre que les entreprises disposent de ressources libres (7). Plus encore, elles traitent des contraintes qui n'existent pas, faute de savoir ou d'oser gérer ces ressources. Elles fixent donc leur énergie sur le traitement des « problèmes ». L'inversion de cette logique permettrait d'enrichir considérablement leurs capacités de gestion en privilégiant les ressources pour penser autrement la force des contraintes.

La logique, quasi universellement enseignée et pratiquée en matière de gestion des ressources humaines, participe de celle du manque, de la linéarité et de l'unicité. L'entreprise, une fois la contrainte identifiée, définit un ensemble d'objectifs et de moyens pour la surmonter. Si la direction générale définit par exemple un niveau de qualité accru des produits, les services du personnel repèrent les postes de travail concernés et matérialisent leur intervention par des semaines-élèves de formation, des modifications de systèmes techniques et de modes opératoires, ainsi que par un appel à la volonté générale.

Si la direction de la production définit un nouvel ensemble de produits ou de services, la direction du personnel opère de la même manière : elle considère le changement comme une nouvelle contrainte pour les hommes chargés de le traiter, partant du principe que leur savoir-faire antérieur ne permet aucunement de réduire les coûts de l'innovation.

---

(7) Ce thème est abordé dans plusieurs ouvrages de l'auteur. Voir en particulier, *L'acteur... op. cit.* ; *État modeste... op. cit.*

Chaque changement est ainsi perçu comme la création obligée de savoirs et de procédés totalement neufs, devant se développer séquentiellement, et selon des modalités spécifiques. Cette façon de voir et de faire est certes logique et parfois généreuse : elle a l'avantage de « prendre l'homme en considération ». Mais elle demeure issue des modèles d'organisation où on adapte les hommes à leur poste et où le savoir cumulé est faible.

Elle représente également autant la volonté d'éviter des changements dans les rapports de force que d'assurer un programme de formation ou un « pilotage de l'organisation » efficaces. Contrainte d'assurer la paix sociale, la direction des ressources humaines se préoccupe ainsi plus de mettre en lumière les problèmes et leur gestion que les solutions endogènes et les questions de négociation fondamentales que posent leur usage.

Ici on développe tout l'arsenal de motivation pour l'action commerciale alors que le personnel fait concrètement preuve de véritables capacités de dynamisme en la matière. Là on se plaint de l'absence de connaissances générales, et on invente d'innombrables séminaires, alors que les employés sont surdiplômés par rapport aux postes qui leur sont confiés. Ailleurs, on multiplie les techniques de conduites de réunions, de traitement des « dysfonctions », de résolution de problèmes alors que d'innombrables professionnels réussissent en permanence à inventer des réponses quand bon leur semble. On invente des « cercles », des méthodes et des principes là où il existe des groupes, des pratiques et une éthique.

Cette politique paradoxale réduit la pertinence et la diversité des fonctionnement antérieurs sans réussir à promulguer sa nouvelle loi ou en imposant d'autres. A tort ou à raison, les acteurs de la base perçoivent parfois ce type d'action comme une manipulation de la direction et limitent leurs investissements spontanés, de peur d'être « récupérés ». Plus encore, si cette politique ne se traduit pas par une démocratisation de l'organisation, un élargissement de l'autonomie et de la reconnaissance, la défiance se substitue à la connivence antérieure.

L'absence de valorisation de ces ressources sociales libres touche à la capacité institutionnelle de l'entreprise. En oubliant de s'appuyer sur des savoirs, des stratégies et des cultures porteuses d'innovation, elle risque de les réduire à la simple exécution de son interprétation des contraintes. Au lieu d'être progressivement amenée à définir des produits ou une politique industrielle à partir de son potentiel d'acteurs, elle risque de réduire celui-ci à se cantonner à l'exécution de sa politique. Non identifié, non géré et « court-circuité », le milieu social peut ainsi jouer le jeu de la contrainte : en se « laissant tirer » par le management, il se trouve cantonné dans une logique d'obéissance et d'allégeance.

L'accumulation de savoirs et de volontés d'entreprendre est pourtant une ressource majeure des institutions. En les valorisant, les entreprises y trouveraient une nouvelle mission : celle de maximiser les ressources permettant de dépasser les blocages de l'organisation.

Ce pas est difficile à franchir. Il suppose en effet d'élargir le champ des incertitudes, qui sont génératrices de stratégies innovantes, au détriment de l'application des certitudes managériales, qui tendent à les réduire et donc à favoriser les stratégies conservatrices. Il exige de rompre avec l'idée de rationalisation du travail, d'exclusion des incertitudes sur laquelle repose l'organisation du travail. Il suppose de laisser de façon délibérée des espaces de jeu considérables aux acteurs, pour « profiter » de leur inventivité.

8. TROUVER UNE LÉGITIMITÉ AUX CHEFS

Les pratiques managériales tendent à conjuguer simultanément les trois formes d'autorité identifiées par M. Weber : rationnelle légale, traditionnelle et charismatique. Mais en aucun cas, elles ne remettent en question le respect des relations de dépendances verticales.

En fonction des circonstances, un même « bon chef » devrait ainsi pouvoir assurer sa légitimité par l'application des règles : auprès de ses propres supérieurs, de ses pairs et de ses collaborateurs. Il devrait également appuyer sa légitimité par la loyauté qu'il met en œuvre pour assurer la pérennité des rapports sociaux et des valeurs du professionnalisme. Il devrait enfin savoir traiter les situations de crise, les grands projets ou les « défis » de l'entreprise en assurant, par son charisme, la régulation de la « communauté émotionnelle ».

Cette superposition souhaitée des types d'autorité reste un vœu pieux. La verticalité constante des relations d'autorité bute sur les phénomènes d'interdépendance et d'horizontalisation liés à la complexité des entreprises. Elle échoue sur une évidence : on n'apprend pas à être charismatique dans des séminaires, aussi féconds soient-ils. Elle se brise sur la motivation spontanée d'une bonne partie des opérateurs, laquelle dépasse largement les « figures imposées » par le management.

Mais surtout, les recettes proposées pour transformer les hiérarchies intermédiaires en « animateurs » d'une équipe, sont inadéquates. Cette forme modernisée d'exercice vertical de l'autorité ne peut assurer une nouvelle légitimité aux chefs : le travail est devenu trop complexe pour que ces derniers puissent encore être les experts des milieux où ils se trouvent. La compétence est répartie, de façon diffuse, au niveau des opérateurs et de leur réseau.

D'une fonction hiérarchique par excès dans les entreprises industrielles, la fonction hiérarchique s'exerce alors par défaut dans la logique informationnelle : le chef y devient peu à peu incapable d'assurer un rôle d'activation de l'organisation.

Recouvrer une légitimité pour la fonction hiérarchique supposerait qu'elle parvienne à se transformer en fonction de médiation. Cette médiation représenterait une activité de transmission, de traduction et d'intégration des actions des professionnels vers une ouverture institutionnelle.

Dans certains cas, les hiérarchiques parviennent à réaliser cette métamorphose. La rareté relative de cette position s'explique par son caractère nécessairement endogène : elle ne peut être décidée, elle ne peut qu'être favorisée. Elle repose en effet sur un accord avec les professionnels : elle en est l'émanation.

Dans ces situations, les hiérarchiques ne confisquent plus une position particulière, celle de l'exercice de la règle. Ils interviennent au contraire au cœur de la rencontre de deux sources de légitimité antinomiques : celle des professionnels et celle des directions. A cet endroit précis du jeu social, il existe à l'évidence un nouveau « rôle pour le chef ». Il accélère le processus de compréhension de l'organisé qui fait défaut aux directions. Cette activité représente un axe d'intervention fondamental. Elle réduit les coûts, économiques et sociaux, liés aux efforts considérables que les innovateurs doivent mettre en œuvre pour « percer ».

Mais ce positionnement est difficile à tenir : il repose sur la double confiance, de la base et du sommet. Cette réconciliation ne saurait s'opérer aisément sans la modification substantielle déjà évoquée : celle de l'organisation et des rétributions qu'elle accorde. Elle ne saurait pas plus s'opérer par une élection des hiérarchiques par leur base. Ils développeraient alors un clientélisme et dépendraient de leur électorat. A nouveau, il faudrait plutôt imaginer d'accepter de « nommer » et de gérer les pratiques parfois en vigueur : en l'occurrence une cooptation bi-partite des hiérarchiques.

Cette idée s'oppose diamétralement à l'autoritarisme éclairé de directions qui nomment des représentants hiérarchiques « ouverts » sans modifier les règles du jeu qui les lient aux professionnels. Ne parvenant alors jamais à trouver les « bons chefs », parce que cette position est trop difficile à tenir, elles accélèrent la rotation des hiérarchies et l'érigent parfois en méthode de gestion. Cette méthode symbolise les vertus dynamiques du dirigeant, « qui n'hésite pas à trancher », et le rapproche, par intérims successifs, de sa base. Mais elle amène les hiérarchiques à des positions de retrait, plus qu'à la prise d'initiative, car ce type de sanction fait peur.

Beaucoup de chemin reste à faire, tant sur le plan de la régulation des jeux que sur celui de leur compréhension. La gestion du désordre suppose d'adapter l'entreprise à ses acteurs, plus que l'inverse. Faire son éloge (8) demande encore plus : réduire le caractère régressif de l'institutionnalisation. Les modèles d'organisation fonctionnelle reposent sur une captivité de leurs membres et de leur marché. L'ensemble est éventuellement cohérent. La dérégulation de l'économie, qu'on a du mal à ordonner sans intervention de l'État ne choque plus. Celle de l'entreprise demeure encore rare, scandaleuse et coûteuse pour ses acteurs, parce qu'elle se réalise sans nouvelles règles du jeu.

---

(8) M. GUILLAUME, *Éloge du désordre*, 1978.

CONCLUSION

L'entreprise se transforme. Mais pas sous les incantations répétées des modes managériales qui se succèdent. Elle change pour préserver sa capacité à traiter avec l'environnement économique. Cette capacité est collective mais conflictuelle. Elle n'a rien, quoi que souhaitent les uns ou les autres, d'une sorte de communauté virile et combattante tournée vers un seul projet : vaincre dans la guerre économique. L'entreprise change avec des individus et des groupes, composés de volontés de réussir, d'intérêts divergents, d'enthousiasmes inattendus et de fragilité. Elle change parce qu'une part élargie de ses acteurs associe sa conception du monde à celle d'«entreprise». Mais cette conception s'oppose à celle d'autres acteurs, qui voient surtout dans l'entreprise une « structure ». Des pratiques, des libertés et une morale professionnelles se heurtent ainsi à des droits et des devoirs.

Ce mouvement n'a rien d'une sorte de reflet de l'environnement économique sur le fonctionnement des structures et des jeux de l'entreprise. Il passe préalablement par une capacité collective à consommer, à traiter, à diffuser et à produire de l'information. Ce prisme informationnel a une qualité que la matière ne connaît pas : il est flou, infini et inépuisable. Il ouvre la porte à des acteurs, des jeux et des lois économiques inattendus et mal connus. Antérieurement muette, disciplinée et solennelle, l'entreprise se rapproche ainsi d'une société démocratique. Mais elle ne dispose pas de règles adaptées à son fonctionnement. L'anomie et la réaction légaliste guettent l'acteur.

Au moment même où la bureaucratie semble enfin trépasser, on en vient ainsi paradoxalement à espérer de nouvelles règles du jeu. Mais une règle peut gérer autre chose que le *statu quo*. Elle peut servir l'entreprise et ceux qui l'habitent en leur garantissant l'impossible retour d'un ordre sectaire, qu'il soit organisationnel ou moral.

On a du mal à accepter ce qui semble être un paradoxe : la gestion du désordre. Il faut y voir le poids de certitudes inutiles. Elles ne parviennent pas à concevoir qu'autonomie peut rimer avec efficacité. Elles n'acceptent pas la liberté de l'acteur. Au mieux, elles lui concèdent quelques initiatives, mais pas le droit d'entreprendre. Elles continuent ainsi à vouloir motiver alors qu'il s'agit de soutenir et de négocier. Elles s'arc-boutent sur des ratios, des modèles et des principes qui ont la vertu de rassurer mais pas celle d'expliquer, ni celle d'innover. Elles tendent à donner l'image d'un monde où tout est ordonné ou devrait tendre à l'être, alors que l'entreprise se transforme avec sa déviance.

On trouve pourtant partout les traces d'une nouvelle pensée sur l'organisation. Le malheur est qu'elle ne réside pas dans des lieux spécialisés. Elle est en œuvre. Elle gît dans les immenses espaces que l'entreprise abandonne à ses membres. Elle se niche dans les failles de la rationalité organisationnelle. Elle s'enrichit constamment de l'échec des méthodes raisonnables pour développer sa propre raison.

Le travail, qui reste à faire, semble simple : penser l'organisation à partir de ce qu'elle est, et oublier ce qu'elle aurait dû être. Ce renversement est coûteux : il suppose plus de modestie pour les spécialistes de l'organisation et encore plus d'ambition pour ceux qui ne le sont pas.

Il suppose aussi d'abandonner une source d'influence et de reconnaissance sociale immédiate au profit incertain d'une institution démocratique dont on deviendrait citoyen. Mais on ne lâche pas facilement la proie pour l'ombre.

BIBLIOGRAPHIE

ADLER P.S., « Automation et qualifications. Nouvelles orientations », in *Sociologie du Travail*, n° 3, 1987.
AFB, (« Association Française des Banques ») Service des Études. *Effectif et rémunérations au 31 mars 1988*.
AKRICH M., CALLON M., LATOUR B., « A quoi tient le succès des innovations », in *Gérer et Comprendre* n° 11, 1988.
ALTER N., *La bureautique dans l'entreprise. Les acteurs de l'innovation*. Paris, Éd. Ouvrières, 1985.
ALTER N., *Informatique et management : la crise*, Paris, Coll. IDATE, La Documentation Française, 1986.
ALTER N., « Logiques de l'entreprise informationnelle », in *Revue Française de Gestion*, juillet-août 1989.
BAJOIT G., « Exit, voice, loyalty... and apathy », in *Revue Française de Sociologie*, avril-juin, 1988.
BARRICK M.R., ALEXANDER R.A., « A review of quality circle efficacy and the existence of positive-finding bias », in *Personnel psychology*, n° 40, 1987.
BAUER M., COHEN E., *Qui gouverne les grands groupes industriels ?*, Paris, Éd. du Seuil, 1981.
BELLOC B., MARC N., MARCHAND O., « Des séries longues sur la population active, l'emploi et le chômage », in *Économie et Statistiques*, n° 205, 1987.
BERNOUX P., *Un travail à soi*, Toulouse, Éd. Privat, 1981.
BERNOUX P., MOTTE P., SAGLIO J., *Trois ateliers d'OS*, Paris, Éd. Ouvrières, 1973.
BERTRAND O., « Qualité et hétérogénéité des emplois de service », in *Formation Emploi*, n° 23, 1988.
BERTRAND O., NOYELLE T., « L'emploi dans les banques et les assurances », in *Économie et Humanisme*, n° 297, 1987.
BERTRAND O., NOYELLE T., « L'impact des transformations des services financiers sur le travail, les qualifications et la formation », in *Formation Emploi*, n° 17, 1987.
BIPE, « L'ingénieur de l'an 2000 », in *Revue du Haut Comité d'Éducation-Économie*, n° 1, 1988.
BLONDEL D., « Cadres de gestion : quelles qualifications pour demain ? », in *Revue Française de Gestion*, n° 65/66, 1987.

BORZEIX A., LINHART D., « La participation, un clair-obscur », in *Sociologie du Travail*, n° 1, 1988.
BRADFER A., « La gestion par le stress », in *Liaison Sociales*, mensuel, n° 35, janvier 1989.
BURCKLEN J.P., KAPLAN M.C., *Évolution de la nature de l'investissement intellectuel*, Crédit national, 1985.
CAMPAGNAC E., « L'ascension de F. Bouygues : pouvoir patronal et système d'entreprise », in *Sociologie du travail*, n° 4, 1988.
CASPAR P., « L'investissement intellectuel ». In *Revue d'Économie Industrielle*, n° 43, 1988.
CASPAR P., AFRIAT C., *L'investissement intellectuel. Essai sur l'économie de l'immatériel*, CPE, Paris, Éd. Economica, 1988.
CASTORIADIS C., *L'institution imaginaire de la société*. Paris, Éd. Seuil, 1975.
CERC, *La productivité globale dans l'entreprise*, Paris, Éd. d'Organisation, 1989.
CEREQ., « Dépenses de formation continue dans les entreprises », in Bref, n° 45, juillet 1989.
CHARLOT A., « Les universités, le marché du travail et les emplois : monopole, concurrence et déclassement », in *Formation Emploi*, n° 3, 1983.
CHASSAGNE Y., « Anticiper le progès », in *Ressources Temps Réel*, n° 45, 1988.
CHEVALIER F., « Les cercles de qualité à bout de souffle ? », in *Annales des Mines*, juin 1987.
CONSEIL NATIONAL DU CRÉDIT, « Modernisation et gestion sociale des établissements de crédit », *Rapport de mission*, 1989.
COSSALTER C., « D'une informatisation à l'autre : l'exemple des banques et des assurances », in *Formation Emploi*, n° 15, 1984.
CROZIER M., *Le phénomène bureaucratique*, Paris, Éd. du Seuil, 1963.
CROZIER M., *La société bloquée*, Paris, Éd. du Seuil, 1970.
CROZIER M., *État modeste, état moderne. Stratégies pour un autre changement*, Paris, Fayard, 1987.
CROZIER M., *On ne change pas la Société par décret*, Paris, Éd. Grasset, 1980.
CROZIER M., « La crise des régulations traditionnelles », in MENDRAS H., *La sagesse et le désordre*, Paris, Éd. Gallimard, 1980.
CROZIER M., *L'entreprise à l'écoute. Apprendre le management post-industriel*, Paris, InterEditions, 1989.
CROZIER M., FRIEDBERG E., *L'acteur et le système*, Paris, Éd. du Seuil, 1977.
DEGOT V., « La gestion grise », in *Revue Française de Gestion*, n° 61, 1987.
DELAUNAY G. et GADREY J., *L'évolution des sociétés de services*, Paris, FNSP, 1988.

DESJEUX D., *Stratégies paysannes en Afrique Noire. Essai sur la gestion de l'incertitude*, L'Harmattan. Paris 1987.
DOFNY J., DURAND C., REYNAUD J.D., TOURAINE A., *Les ouvriers et le progrès technique. Étude de cas : un nouveau laminoir*, Paris, Armand Colin, 1966.
DURAND C., in A. TOURAINE, *Les travailleurs et le changement technique*, Paris, Éd. de l'OCDE, 1965.
DU TERTRE C., *Technologie, flexibilité, emploi*. Coll. Logiques sociales, L'Harmattan Paris, 1989.
ENRIQUEZ E., *De la horde à l'État. Essai de psychanalyse du lien social*, Paris, Éd. Gallimard, 1983.
EYRAUD F., d'IRIBARNE A., MAURICE M., RYCHENER F., « L'apprentissage par les entreprises des technologies flexibles », in COHENDET P., HOLLARD M., MALSCH T., VELTZ P., *L'après-taylorisme*, Paris, Éd. Economica, 1988.
FAYOL H., *Administration industrielle et générale*, Paris, Éd. Dunod, 1941.
FLIPO J.P., BONAMY J., « Quand les services se mettent au service de l'industrie », in *Revue Française de gestion*, n° 53/54.
FONDATION CLAUDE-NICOLAS LEDOUX, « Les services : une nouvelle source de compétitivité des entreprises », in *FAST, Occasional Papers*, n° 181, avril 1987.
FOTINOS G., TARDIVEAU J., « Qualifier tous les jeunes à l'horizon 2000 », in *HCEE/Actualités*, n° 4, 1989.
FOURTOU J.R., « Privé, public ? Ce qui compte d'abord, c'est la compétition », in *Le Nouvel Economiste*, n° 683, 1989.
FREYSSENET M., « Peut-on parvenir à une définition unique de la qualification ? » in *La qualification, de quoi parle-t-on ?*, Paris, La Documentation Française, 1978.
FREYSSENET M., « La requalification des opérateurs et la forme sociale actuelle d'automatisation », in *Sociologie du Travail*, n° 4, 1984.
FRIEDMANN G., « L'automation. Quelques aspects et effets psychosociologiques », in *Annales ESC*, n° 4, 1958.
GADREY J., « Rapports sociaux de service : une autre régulation », in *Revue Économique*, n° 1, janvier 1990.
GAUDEMAR J.P., GALLE R., VATIN F., *Usines et ouvriers, figures du nouvel ordre productif*, Paris, Éd. Maspero, 1981.
GAUTRAT J., MARTIN D., *Cheminement inventif d'une démarche participative*, Paris, CRESST, 1983.
GERME J.F., « Un devoir ou un autel pour les entreprises », in *Projet*, n° 218, 1989.
GOLLAC M., « L'ordinateur dans l'entreprise reste un outil de luxe », in *Économie et Statistiques*, n° 224, 1989.
GREMION P., *Le pouvoir périphérique*, Paris, Éd. du Seuil, 1975.
GUILLAUME M., *Éloge du désordre*, Paris, Gallimard, 1978.

HETHY L., « Les nouvelles formes collectives d'organisation du travail dans les pays socialistes », in *Revue Internationale du Travail*, n° 6, 1986.
HIRSCHHORN L., « L'économie post-industrielle : quel travail, quelle compétence pour un nouveau mode de production ? », in *Économie et Humanisme*, n° 295, 1987.
HIRSCHMAN A.O., *Face au déclin des entreprises et des institutions*, Paris, Éd. Ouvrières, 1972.
HOLLARD M., MARGIRIER G., ROSANVALLON A., « L'automatisation avancée de la production dans les activités d'usinage », in *FAST, Occasional Papers*, n° 124, 1986.
IRIBARNE A. D', « Automatisation et travail : la nécessité de construire une dynamique de changement », in *Formation et Emploi*, n° 21, 1988.
IRIBARNE A. D', « La compétitivité : défi social, enjeu éducatif », Presses du CNRS, Paris, 1989.
JAEGGI U., WIEDMANN H., *L'automation et le travail de bureau : problèmes administratifs et humains*, Paris, Éd. de l'OCDE, 1965.
JEANTET A., TIGER H., *Des manivelles au clavier*, Paris, Éd. Syros, 1986.
JOHANSEN A., « Emploi, nouvelles technologies et évolutions de la distribution dans l'assurance », in *Travail et Emploi*, juin-septembre 1988.
KAPLAN M.C., « La montée de l'investissement intellectuel », in *Revue d'Économie Industrielle*, n° 40/41, 1987.
KERN H., SCHUMANN M., « Vers une professionnalisation du travail industriel », in *Sociologie du Travail*, n° 4, 1984.
LARCHER P., « Le marketing chez Arianespace », in *Revue Française de Gestion*, n° 71, 1988.
LATOUR B., *La science en action*, Paris, Éd. La Découverte, 1989.
LIU M., « Technologie, organisation du travail et comportement des salariés », in *Revue Française de Sociologie*, avril-juin 1981.
LIU M., « L'organisation dans les entreprises en mutation technologique », in *Travail et Emploi*, n° 40, 1989.
MAHIEU C., « Organisation et gestion de la production dans une unité d'emboutissage », in *Sociologie du Travail*, n° 3, 1986.
MARTIN D., « L'expression des salariés : technique de management au nouvelle institution ? », in *Sociologie du Travail*, n° 2, 1986.
MARTIN D., et alii, *Participation et changement social dans l'entreprise*. Coll. Logiques Sociales, Paris, Éd. L'Harmattan. 1990.
MAURICE M., EYRAUD F., IRIBARNE A. D', RYCHENER F., *Des entreprises en mutation dans la crise*, Aix-en-Provence, LEST/CNRS, 1985.
MERTON R.K., *Éléments de théorie et de méthodes sociologiques*, Paris, Éd. Plon, 1965.

MONJARDET D., « Organisation, technologie et marché de l'entreprise industrielle », in *Sociologie du Travail*, n° 1, 1980.
MOSCOVICI S., *La machine à faire des dieux*, Paris, Éd. Fayard, 1988.
MOTHE-GAUTRAT D., *Pour une nouvelle culture d'entreprise*, Paris, Éd. La Découverte, 1986.
NAVILLE P., *Vers l'automatisme social ? Problèmes du travail et de l'automation*, Paris, Éd. Gallimard, 1963.
PADIOLEAU J.G., *L'ordre social. Principes d'analyse sociologique*, Paris, Éd. L'Harmattan, 1986.
PARADEISE C., « Rhétorique professionnelle et expertise », in *Sociologie du Travail*, n° 1, 1985.
PARADEISE C., « Acteurs et institutions. La dynamique des marchés du travail, in *Sociologie du Travail*, n° 1, 1985.
PERROW C., *Organizational Analysis : A Sociological View*, Londres, Tavistock, 1970.
PETERS T., *Le chaos management*, Paris, InterEditions, 1987.
PETERS T., WATERMANS R., *Le prix de l'excellence*, Paris InterEditions, 1983.
PINARDON F., « La rentabilité : une affaire de point de vue », in *Gérer et comprendre*, n° 16, 1989.
PIOTET F., « L'amélioration des conditions de travail entre échec et institutionnalisation », in *Revue Française de Sociologie*, janvier-mars 1988.
PIOTET F., « Qualifiés fast-food », in *Projet*, n° 201, 1989.
RATIER-COUTROT L., *Le développement des activités de la haute technologie aux USA*, Rapport à l'Ambassade de France aux USA, 1985.
RATIER-COUTROT L., « Haute technologie et emploi aux États-Unis », in *Sociologie du Travail*, n° 1, 1986.
REYNAUD E., « Identités collectives et changement social : les cultures collectives comme dynamique d'action », in *Sociologie du Travail*, n° 2, 1982.
REYNAUD J.D., « Qualification et marché du travail », in *Sociologie du Travail*, n° 1, 1987.
REYNAUD J.D., « La régulation dans les organisations : régulation de contrôle et régulation autonome », in *Revue Française de Sociologie*, novembre 1988.
REYNAUD J.D., *Les règles du jeu. L'action collective et la régulation sociale*, Paris, Éd. Armand Colin, 1989.
RIBOUD A., *Modernisation, mode d'emploi*, Paris, Union Générale d'Éditions 10/18, 1987.
RIVARD P., SAUSSOIS J.M., TRIPIER P., « L'espace des qualifications des cadres », in *Sociologie du Travail*, n° 4, 1982.
RUYSSEN O., « Le tertiaire industriel en mutation », in *Fast, Occasional Papers*, n° 72, 1984.

SAIAS M., « Compétitivité des entreprises face à l'horizon 1993 », in *Revue Française de Sociologie*, n° 73, 1989.
SAINSAULIEU R., *L'identité au travail*, Paris Presses de la FNSP, 1977.
SAINSAULIEU R., *L'effet formation en entreprise*, Paris, Éd. Dunod, 1981.
SAINSAULIEU R., « La régulation culturelle des ensembles organisés », *L'Année Sociologique*, vol. 33, 1983.
SAINSAULIEU R., *Sociologie de l'entreprise et de l'organisation*, Éd. FNSP/Dalloz, 1988.
SAINSAULIEU R., « Du système à l'acteur », in *L'année sociologique*, vol. 31, 1981.
SAINSAULIEU R., SEGRESTIN D., « Vers une théorie sociologique de l'entreprise », in *Sociologie du Travail*, n° 3, 1986.
SAINSAULIEU R., TIXIER P.E., MARTY M.O., *Démocratie en organisation*, Paris, Librairie des Méridiens, 1983.
SCHUMPETER J., *Théorie de l'évolution économique*, Paris, Éd. Dalloz, 1935.
SEGRESTIN D., « L'entrée de l'entreprise en société », in *Revue Française de Science Politique*, n° 4, vol. 37, 1987.
SEGRESTIN D., *Le phénomène corporatiste*, Paris, Éd. Fayard, 1985.
SEYS B., « Les groupes socio-professionnels de 1962 à 1985 », in *Données Sociales*, Paris, INSEE, 1987.
SICARD J.P., CHIRACHE S., « L'avenir des cadres de gestion », in *Revue du Haut Comité d'Éducation-Économie*, n° 4, 1989.
SOLE A., « La grande panne », in N. Alter : *Informatique et management : la crise*, Paris, La Documentation Française, Coll. IDATE, 1986.
TAPIE B., *Gagner*, Paris, Éd. R. Laffont, 1986.
THEVENOT L., « Les investissements de forme », in *Conventions Économiques*, Cahiers du CEE, PUF, 1986.
TIJOU R., *Compétence et compétitivité*. Séminaire organisé par l'Université Paris-Dauphine, 1989.
TIXIER P.E., « Légitimité et mode de domination dans les organisations », in *Sociologie du Travail*, n° 4, 1988.
TONNEAU D., « Productivité et emploi dans l'entreprise », in *Travail et Emploi*, n° 36/37, 1988.
TOURAINE A., *Sociologie de l'action*, Paris, Éd. du Seuil, 1965.
TOURAINE A., *Production de la société*, Paris, Éd. du Seuil, 1973.
WEISZ R., « Efficacité du travail : Fausses pistes et vrais enjeux ». In *Revue Française de Gestion*, n° 62, 1987.
VELTZ P., « Informatisation des industries manufacturières et intellectualisation de la production », in *Sociologie du Travail*, n° 1, 1986.

VERDIER E., POIDEVIN G., « Formation Continue et Compétitivité Économique, CEREQ. Coll. Études n° 51, septembre, 1989.
WEBER M., *Économie et société*, Paris, Éd. Plon, 1971.
WOODWARD J., « Compte rendu de la conférence européenne de l'OCDE sur les implications pour la main-d'œuvre de l'automatisation et du changement technique », in *Revue Française du Travail*, avril-juin 1966.

TABLE DES MATIÈRES

PRÉFACE À LA TROISIÈME ÉDITION I
PRÉFACE À LA DEUXIÈME ÉDITION 5
INTRODUCTION 7

CHAPITRE I : LE TRAVAIL CHANGE DE NATURE 11

1. INVESTIR POUR INNOVER 11
   1.1. Les investissements immatériels 12
   1.2. Les investissements intellectuels 17
2. TERTIARISATION ET COMPLEXIFICATION DU TRAVAIL 19
3. DE LA PRODUCTION A LA GESTION DE L'INNOVATION 24
   3.1. Les cadres 24
   3.2. Les ouvriers 26
   3.3. Les employés 29
   3.4. Le déplacement du travail : un mouvement certain 31
4. VERS UNE NOUVELLE PRODUCTIVITÉ 34
   4.1 L'efficacité organisationnelle 34
   4.2. La panne des outils de mesure 39

CHAPITRE II : LE TROUBLE ORGANISATIONNEL 43

1. UN NOUVEAU PROFESSIONNALISME 43
   1.1. Le retour du savoir-faire 44
   1.2. Un professionnalisme toléré et inégal 48
   1.3. La fonction informative du réseau de professionnels 52
2. L'ECHEC RELATIF DU MANAGEMENT PARTICIPATIF 56
   2.1. Des expériences paradoxales 57
   2.2. Un bilan globalement négatif 60
3. UNE ORGANISATION AMBIVALENTE 64
   3.1. Des pratiques organisationnelles incertaines .. 64

3.2. La distorsion de l'organisation	68
3.3. De la dépendance à l'interdépendance	73
4. L'IMPOSSIBLE TRANSPARENCE DES RÉSULTATS	74

CHAPITRE III : LES ACTEURS DU DÉSORDRE ... 79

1. SOCIOLOGIE DES ORGANISATIONS	80
2. ACTEURS ET CHANGEMENT : LE CAS COMTEL	83
3. LA LOGIQUE DE L'INNOVATION	87
3.1. Le cas TAF	87
3.2. Le cas Autrement	90
3.3. Le cas Eldair	92
4. LA LOGIQUE DE LA RÈGLE	95
4.1. Le cas TAF	95
4.2. Le cas Autrement	97
4.3. Le cas Eldair	98
5. LA LOGIQUE DE L'EXCLUSION	100
6. LA LOGIQUE DE LA DIRECTION	103
6.1. L'incitation	104
6.2. Le laisser-faire	105
6.3. L'institutionnalisation régressive	107
6.4. Le désordre	108
7. L'ORDRE PAR LA CULTURE D'ENTREPRISE	110
7.1. L'esprit d'équipe	111
7.2. Le goût de l'efficacité	114
8. L'ECHEC DE L'ORDRE CULTUREL	116
8.1. Esprit d'entreprise contre esprit maison	116
8.2. Le malaise des légalistes	119
8.3. La distance des exclus	120

CHAPITRE IV : LES PROFESSIONNELS, LE DÉSORDRE ET L'INNOVATION ... 123

1. LA FORCE DE L'IMAGINAIRE : UN ATOUT DANS LA LUTTE	123
2. INVENTIVITÉ ET SENS TACTIQUE	127
3. UNE STRATÉGIE « PAYANTE » : TRAVAILLER ET LE MONTRER	130

4. L'EFFICACITÉ ORGANISATIONNELLE : UN ENJEU ... 134
5. LE SYSTÈME DE L'INNOVATION 140
   5.1. De la rétention à la diffusion d'information 140
   5.2. Le système informationnel 142

CHAPITRE V : LA LASSITUDE COMME LIMITE DU POUVOIR 147
1. DÉPENDRE OU ENTREPRENDRE 148
   1.1. Le réseau d'experts : une contrainte 148
   1.2. Le prix du conflit........................ 151
   1.3. L'autosurmenage 153
2. LES SORTIES DU JEU 156
   2.1. La lassitude d'entreprendre................ 156
   2.2. L'apesanteur sociale 161
   2.3. La fermeture du métier................... 163
   2.4. Le départ 165

CHAPITRE VI : LA GESTION DES INCERTITUDES 169
1. ACCEPTER LA DIFFÉRENCE..................... 169
2. SOUTENIR LA DÉVIANCE 172
3. PERDRE DU TEMPS POUR GAGNER DE LA FORCE .. 175
4. RÉTRIBUER L'ACTEUR, PAS L'AGENT 180
5. ACCEPTER LE CONFLIT 184
6. OUBLIER LES MODÈLES 187
7. GÉRER LES RESSOURCES INUTILISÉES 190
8. TROUVER UNE LÉGITIMITÉ AUX CHEFS 192

CONCLUSION 195

BIBLIOGRAPHIE 197

Collection Logiques Sociales
fondée par Dominique Desjeux
et dirigée par Bruno Péquignot

Chantal HORELLOU-LAFARGE, *Les rapports humains chez les penseurs du social*, 1999.
Maryse PERVANCHON, *Du monde de la voiture au monde social*, 1999.
Marie-Anne BEAUDUIN, *Les techniques de la distance*, 1999.
Joëlle PLANTIER, *Comment enseigner ? Les dilemmes de la culture et de la pédagogie*, 1999.
Christian RINAUDO, *L'ethnicité dans la cité*, 1999.
Sung-Min HONG, *Habitus, corps, domination*, 1999.
Pascale de ROZARIO (sous la direction de), *Passerelles pour les jeunes*, 1999.
Jean-Rodrigue PARÉ, *Les visages de l'engagement dans l'œuvre de Max Weber*, 1999.
Christine GAMBA-NASICA, *Socialisations, expériences et dynamique identitaire*, 1999.
Pascales BONNAMOUR, *Les nouveaux journalistes russes*, 1999.
Paul RASSE, *Les musées à la lumière de l'espace public*, 1999.
Jean-Claude DELAUNAY (ed), *La mondialisation en question*, 1999.
Marcel BOLLE DE BAL, *Les adieux d'un sociologue heureux*, 1999.
Philippe RIGAUT, *Une approche socio-historique de notre modernité*, 1999.
Gérard NAMER, *Rousseau sociologue de la connaissance*, 1999.

648562 - Avril 2016
Achevé d'imprimer par